短线炒股实战

股票交易策略与操盘心经

第2版

孟庆宇◎著

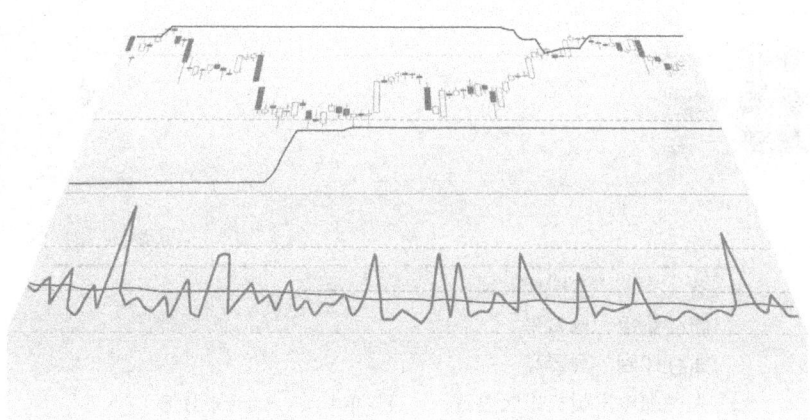

人民邮电出版社

北京

图书在版编目（CIP）数据

短线炒股实战：股票交易策略与操盘心经 / 孟庆宇著. -- 2版. -- 北京：人民邮电出版社，2020.10(2022.8重印)
ISBN 978-7-115-54687-6

Ⅰ．①短… Ⅱ．①孟… Ⅲ．①股票交易-基本知识 Ⅳ．①F830.91

中国版本图书馆CIP数据核字(2020)第160427号

内 容 提 要

本书将股票交易分成辨别趋势、概率统计、制定策略、资金管理4个部分进行介绍，从主旨到形式都有别于市面上的同类书籍。

趋势是所有策略的过滤器，顺应趋势不论对短线交易还是长线交易来说，都是首要法则。在趋势的基础上可以制定大概率获利策略，或低准确率高盈亏比策略，或高准确率低盈亏比策略。制定的策略越多，资金管理在策略的基础上的交易机会才越多。将这些模块分化解决后，才有可能获利。

本书适合那些误入交易迷途且多以亏损为常态的交易者阅读。这些人没有理顺交易的理念，没有以模块化处理交易问题的经验，所以在交易时，常常处于混沌的状态之中。读透本书，交易者将能解决大部分交易中遇到的问题。

◆ 著　　孟庆宇
责任编辑　恭竟平
责任印制　周昇亮

◆ 人民邮电出版社出版发行　北京市丰台区成寿寺路11号
邮编　100164　电子邮件　315@ptpress.com.cn
网址　https://www.ptpress.com.cn
北京虎彩文化传播有限公司印刷

◆ 开本：700×1000　1/16
印张：15　　　　　　2020年10月第2版
字数：229千字　　　2022年 8 月北京第 7 次印刷

定价：59.80 元

读者服务热线：(010)81055296　印装质量热线：(010)81055316
反盗版热线：(010)81055315
广告经营许可证：京东市监广登字 20170147 号

前言

我是曹雪芹先生的忠实粉丝,研究《红楼梦》是我的业余爱好。周汝昌先生是红学大家,我多选其晚年的著作来阅读,比如《石头记会真》。为什么呢?研究人文科学的人,其阅历越多,对于问题就想得越明白,所以其晚年著作乃是融合了其学识和阅历之作,大抵更能体现出研读的精髓。

熟悉我的人都知道我以前写的文章、评论,每个观点必有5个以上的论据支撑,虽然说起来有理有据,做起来却无处下手。正所谓,全是重点,就没有重点;全是观点,就是没有观点。

无招胜有招,实则是指阅招无数之后,才能返璞归真。只有经历了从肯定到否定、从否定到否定之否定这样的过程,你才能真正看透现象、直视本质。不经历,怎能成长;没有风雨,何来彩虹。

我认为求细节、求分化、求条理,求的是"为学日益",方法越多越好。但把书读薄,必须要"为道日损",规律越简单越好,道理越明确越好,方法越容易越好。总而言之,就是"损之又损,以至于无为,然后无为而无不为"。

股票交易是一件非常简单、平常的事,与一般的工作也并无区别。只因市场的反馈机制特别快,很多人就把股票交易归为一种特殊的行业。就连我母亲在耳濡目染十几年后,还在说我的工作就是碰运气。

如果你想开一家小超市,大概可以分成选址、租房、进货这三步,你要一步一步、有条不紊地进行下去。只是在交易中,谁会涨谁会跌,无从分析。但就开一家超市而言,你在选址的时候会查看客流量,在租房的时候会考虑性价比,在进货的时候会考虑成本。为什么交易者在交易中却不知道该考虑哪些因素呢?有人把这归结为隔行如隔山,股票交易太不世俗化了,很难让普通人融入。其实这种解释是错的。

你很难想象利用概率论是如何赢得博弈的,其实,博弈总结起来无外乎点数组合和牌型组合。最简单也最广泛的BlackJack(21点),应该用什么方法将其玩转呢?概率!怎么下注呢?根据概率总结,自有一整套方法。那么只要你了解了玩转BlackJack的内在含义,其实你就了解了股票交易的内在含义。

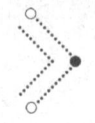

在股票市场中，交易总结起来无外乎就是价位组合和涨跌方向，这其实比最简单的 BlackJack 还要简单。博弈只有两步——策略和下注方法；交易也只有两步——策略和资金管理。所以在前两章中，在讲基本理念的同时，我会教大家如何用概率策略来玩转 BlackJack。

在解决所有模块之前，我会在第 3 章中教给大家一个非常重要的过滤器。使用这个过滤器，你将能够在上升趋势中，过滤掉你所有做空的想法；在下降趋势中，过滤掉你所有做多的想法。它会给你一个大方向，并且在方向没有改变之前，让你只追随这个方向，使你的策略有更高的准确率。

这个过滤器是什么？是道氏理论。可能有人会嘲笑我拿这么"老"的理论来忽悠大家。"下士闻道，大笑之，不笑不足以为道。"道氏理论确实太"老"了，"老"到大家可能已经忘记它了。但我想告诉大家的是，技术分析的发展史就是一部对道氏理论的量化史。本书第 10 章分别阐述了趋势线、价格形态、波浪理论、混沌理论等 4 种经典技术分析方法，对道氏理论进行 4 次量化。技术分析越向后发展，对道氏理论的量化越精密。所以你平常所看到的，不过是"为学日益"的表现形式，而真正的"为道日损、损之又损"，最终还是要回归道氏理论。

求细节，求分化，就是将交易解构成两个模块，每个模块分别解决。关于策略部分的解决方案，本书提供了我一直在用的 RangeBreak（区间突破）系统、海龟法则、三重滤网、ATR（平均真实波动）通道、菲阿里四价等 5 套解决方案。本书第 5 章到第 7 章和第 9 章，都在详细讲解这些解决方案。你会在其中看到这些策略为什么会被发明，它们的理论基础是什么，它们的优势如何被发挥，它们的劣势如何被回避。策略由大量的统计数据、系统优化数据、回测数据和系统评测数据构成。本书有大量的回测数据，并且绝不是拟合而来的。我在书中会告诉你，这种回测是用什么算法得出的，这种回测的进化算法得到的回测数据其实就是真实的交易数据。

如果你翻看了本书的前半部分会发现，一本教人如何进行交易的书竟然几乎没有图例。确实如此，这也是本书的最大特色之一。市场上大多数的书教给你的都是预测方法，而本书将要告诉你，交易从来不是预测，而是跟随。

第 8 章是另一个模块——资金管理。为什么策略有那么多的内容，而资金管理却很少呢？难道策略比资金管理更重要吗？其实恰恰相反，策略随手可得，而资金管理却是让你能永远不下"牌桌"的保证。只要不下"牌桌"，你总能等到机会。但真实的情况是，资金管理虽然重要，但展开以后并没有太多的话可说。资金管理的方法

很简单，顶多就是加减乘除四则运算，所以它的地位虽然重要，但在本书中所占的篇幅却不是很大。

大道至简，不论采用哪种技术分析方法，都只是道氏理论的不同的表现形式，因此应该用最基本、最简单的方法来界定道氏理论，进一步说就是界定趋势。我在文中反复提及3个非常简单易行的工具——123法则、2B法则、反出击日法。

交易是什么？辨别趋势、统计概率、制定策略、管理资金，细分后只有这4步。交易很简单，制订你的计划、执行你的计划，不过如此。交易的关键在于执行，所以我在最后一章讲解了如何做到知行合一。做到了知行合一，就掌握了交易的全部秘密，你最后需要的仅仅是时间罢了。收益靠时间沉淀，靠概率放大。希望知行合一成为你的手段，时间能成为你的朋友，帮助你沉淀收益、放大收益。

目录

第 1 章 别走弯路

1.1 铲牛粪的故事——绕弯子 /2

1.2 少犯错误——输家的游戏 /4

1.3 复利——第八大奇迹 /5

1.4 违背常识——随手可建交易系统 /7

第 2 章 短线的精髓是效率

2.1 我要做短线——你肯定有极强的控制欲 /12

2.2 短线不是时间短 /13
    2.2.1 势如扩弩，节如发机 /13
    2.2.2 短线要的是效率 /14

2.3 BlackJack——最简单的博弈 /15
    2.3.1 BlackJack 规则 /16
    2.3.2 利用概率 /16
    2.3.3 为什么还是你输 /19

2.4 用数学战胜发牌方 /20
    2.4.1 算牌法 /20
    2.4.2 5 分以上出手 /21

2.5 交易市场中的概率统计——倾听市场的声音 /23

I

第3章 策略的过滤器

3.1 趋势 /26
- 3.1.1 上升、下降趋势 /26
- 3.1.2 绘制趋势线 /27
- 3.1.3 动态绘制趋势线 /29

3.2 上证指数趋势界定 /32
- 3.2.1 2013年8月至2015年9月趋势界定 /32
- 3.2.2 2015年6月至8月趋势界定 /34
- 3.2.3 2015年8月至12月趋势界定 /35
- 3.2.4 2016年1月至4月趋势界定 /35
- 3.2.5 2016年4月至8月趋势界定 /36

3.3 趋势反转方法论拓展 /37
- 3.3.1 2B法则 /37
- 3.3.2 反出击日法 /39

3.4 一致性交易 /41
- 3.4.1 123法则应用 /42
- 3.4.2 哪种情况适合突破跟进 /45
- 3.4.3 掐头去尾 /47
- 3.4.4 加仓 /48
- 3.4.5 更积极的买入方法 /49

第4章 基础数据统计

4.1 拟合参数——刻舟求剑的交易方法 /60
- 4.1.1 渔网放置前后 /60
- 4.1.2 顺变求变 /62

4.2 进化算法——从进化论得到的灵感 /62
- 4.2.1 变异和遗传 /62
- 4.2.2 历史统计数据 /64

4.3 连续性统计——规避跳空影响 / 67
    4.3.1 以相邻两天收盘价进行对比——规避跳空影响 / 67
    4.3.2 涨跌概率并不等于涨跌幅度 / 68
    4.3.3 日、周、月皆可统计 / 72

第 5 章　RangeBreak 短线交易系统

5.1 建仓点位量化——爆炸点 / 76
    5.1.1 幅度 / 76
    5.1.2 起始点 / 77

5.2 推进速率——打破平衡 / 78
    5.2.1 RangeBreak 系统 / 78
    5.2.2 优化系数 / 79

5.3 如何进行系统评测 / 82
    5.3.1 净利润总额 / 82
    5.3.2 平均交易回报 / 82
    5.3.3 最大获利和最大亏损 / 83
    5.3.4 盈亏比 / 83
    5.3.5 平均毛利和平均毛损 / 83
    5.3.6 最大连续获利、最大连续亏损次数和获利次数百分比 / 84

5.4 RangeBreak 系统评测 / 84
    5.4.1 上证指数周线系统评测 / 84
    5.4.2 商品期货日线系统评测 / 85

5.5 RangeBreak 系统应用问题与视觉呈现 / 86
    5.5.1 关于止损 / 86
    5.5.2 与基础统计数据结合应用 / 87
    5.5.3 视觉呈现 / 87

第6章 海龟法则

6.1 海龟法则是短线交易吗 /95

6.2 海龟法则的优势 /95
6.2.1 锚定心理 /96
6.2.2 突破锚定形成趋势 /97

6.3 海龟法则详解 /98
6.3.1 市场——买卖什么 /98
6.3.2 头寸规模——买卖多少 /99
6.3.3 入市——何时买卖 /102
6.3.4 止损——何时退出亏损的头寸 /106
6.3.5 离市——何时退出获利的头寸 /110
6.3.6 策略——如何买卖 /111

6.4 海龟法则交易系统评测 /113
6.4.1 上证指数日线系统评测 /113
6.4.2 螺纹钢指数日线系统评测 /115

6.5 海龟法则优化 /122
6.5.1 理想中的海龟交易 /122
6.5.2 修改加仓条件 /123
6.5.3 过滤器 /126

6.6 海龟法则的视觉呈现 /126

6.7 ATR通道 /128
6.7.1 在 RangeBreak 系统中加入 ATR /128
6.7.2 ATR 通道的收益与原版 RangeBreak 系统的收益对比 /130
6.7.3 ATR 通道交易系统评测 /132
6.7.4 ATR 通道的视觉呈现 /133

第 7 章 三重滤网

7.1 再买低一点 / 136

7.2 原版三重滤网的第一重滤网 / 137
    7.2.1 先定方向 / 138
    7.2.2 详解 MACD / 140

7.3 原版三重滤网的第二重滤网 / 142
    7.3.1 寻找反弹高点、回调低点 / 142
    7.3.2 详解 KD / 143

7.4 原版三重滤网的第三重滤网 / 145
    7.4.1 寻找建仓点 / 145
    7.4.2 一次完整的三重滤网法交易 / 147

7.5 三重滤网优化 / 149
    7.5.1 第一重滤网优化 / 149
    7.5.2 第二重滤网优化 / 150
    7.5.3 第三重滤网优化 / 151

7.6 一些经验和教训 / 155
    7.6.1 不要随便更换标的 / 155
    7.6.2 有明显不适信号时不交易 / 155
    7.6.3 不要主观臆测 / 155
    7.6.4 一致性交易 / 156
    7.6.5 不要用钱试 / 156

第 8 章 资金管理

8.1 BlackJack 中的下注方法 / 160

8.2 凯利公式 / 161

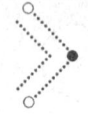

8.3　真实情况怎么样　/ 163

8.4　重新想办法　/ 165

第 9 章　菲阿里四价

9.1　冠军菲阿里　/ 170

9.2　菲阿里四价　/ 171
　　9.2.1　基本策略　/ 171
　　9.2.2　正常情况的交易　/ 171
　　9.2.3　来自内部的支撑　/ 173
　　9.2.4　来自外部的威胁　/ 175

9.3　菲阿里四价系统评测　/ 178

9.4　菲阿里四价系统的资金管理应用　/ 179

9.5　菲阿里四价系统的视觉呈现　/ 180

第 10 章　为什么要量化

10.1　量化就是程序化吗　/ 184
　　10.1.1　程序化就在身边　/ 184
　　10.1.2　量化堆积成策略　/ 185
　　10.1.3　不要畏惧未来函数　/ 186

10.2　技术分析史是一部量化史　/ 187
　　10.2.1　查尔斯·道　/ 188
　　10.2.2　道氏理论方法论　/ 188
　　10.2.3　第一次量化——123 法则　/ 190
　　10.2.4　第二次量化——价格形态　/ 194
　　10.2.5　愿闻将军之志　/ 196
　　10.2.6　波浪理论方法论　/ 200

10.2.7　第三次量化——波浪理论　/207
10.2.8　大盘的时间窗口　/212
10.2.9　第四次量化——混沌理论　/213

第11章　简明的交易

11.1　解构交易　/218
11.1.1　概率统计　/218
11.1.2　构建策略　/219

11.2　多策略不纠结　/220
11.2.1　小数定律　/220
11.2.2　随手交易　/222

11.3　一致性焦虑　/224
11.3.1　盈亏比计算交易规模　/224
11.3.2　试图说服你的一些数据　/225

11.4　收益靠时间沉淀、靠效率放大　/225

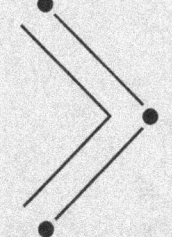 # 别走弯路

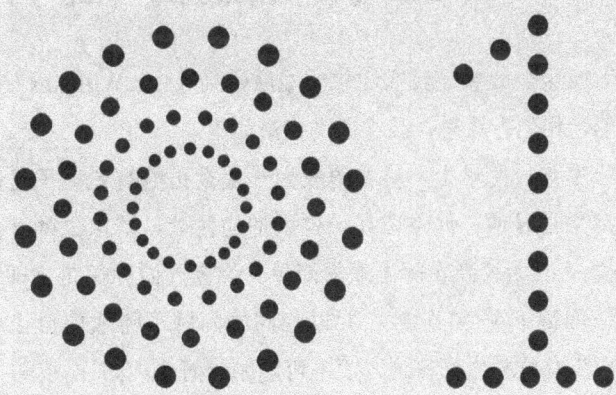

本书开篇不能立即给你一个方法，让你照着它去做，当然，给了你方法，你听了也未必会照着做，所以我还是决定先讲解理念方面的内容。通过我的讲解，你将以全新的视角看待整个市场。

1.1 铲牛粪的故事——绕弯子

下面这个故事是我在比尔·威廉姆斯（Bill Williams）的《混沌操作法》中看到的，相当有意思，我将原文摘录如下。

印度有一位学生，他希望成为一位真正的智者。于是，他离开家去寻找一位大师来指导他。他停留在一位大师的住处，请求大师开导他成为智者。这位大师说："成为智者实际上非常简单。你需要做的仅是立即回家，然后每天晚上坐在一面镜子前30分钟，并以相同的问题不断地问自己。这个问题是'我是谁？'"这位学生回答道，"不可能如此简单。"

"不，就是如此简单。"这位大师说，"如果你还需要参考其他意见，那么这条街上还住着几位大师，你可以去请教他们。"

"非常感谢您。"这位学生说，"我打算继续向其他大师请教。"

这位学生来到第二位大师的住处，并提出了相同的问题："我如何成为一位智者呢？"

第二位大师说："这非常困难，而且需要相当长的时间。事实上，你必须

随同修行所内的其他学员从事沙哇（sava）。沙哇是'无私工作'的意思，所以你必须从事没有报酬的工作。"

这位学生十分高兴，因为这位大师的说法较接近他自己对于智者的看法。他听说从事沙哇是一种非常艰难的修行。第二位大师告诉这位学生，修行所内目前仅有清洗牛栏的工作。如果这位学生真心想成为智者，大师将分派他去铲牛粪，并负责牛栏的清洁工作。这位学生欣然接受，并相信自己已经踏上了正确的道路。

这位学生每天不断地铲牛粪并清洗牛栏，漫长的5年过去了，他逐渐失去耐性，而且觉得很失望。于是他向第二位大师请教："尊贵的老师，我已经忠诚地为您服务了5年，清洗修行所内最污浊的地方。我不曾休息一天，也不曾抱怨。现在是否是启发我成为智者的时候了呢？"

"当然，我相信你已经准备妥当了。现在我告诉你该怎么做。你立即回家，然后每天晚上用30分钟的时间望着镜中的自己，并以相同的问题不断问自己。这个问题是'我是谁？'"大师回答道。

这位学生非常惊讶地说："对不起，尊贵的老师，这条街上另一位大师在5年前便如此告诉我了。"

"嗯，他说得没错。"大师回答道。

本书的主旨是短线交易。短线交易意味着不关注宏观经济，不关注几年内的大趋势，不关注货币政策，不关注生产成本，不关注财务报表，或者可以说只关注当下。短线交易者去研究宏观经济的5年计划，那纯粹是浪费时间。就好像你要从哈尔滨开车到成都，却拿着一张阿尔巴尼亚的地图，是根本找不到正确的路的。

直奔短线主题，找到短线关键。只有使用正确的地图，才能把我们指引到正确的地方。所以，千万不要以非短线的眼光去看待短线交易，别走弯路。

其实，获利的交易方法非常简单，10年来，我就是靠着这些简单的方法在维持并改善生活。这种方法，一个不是十分愚笨的人，在不到一天的时间里就能掌握。换一个角度来说，如果你的投资大都是亏损的，那对你来说，亏损是很容易的。那么你试着想一下，把这一切都反过来，那么获利也一样容易。

在交易行业中，只有输和赢，并且是瞬息可证的。没有沿途的风景多美好这一说，我们只以成败论英雄。而成败的衡量标准就是获利，看对做不对，那还是失败，且没有任何意义。

1.2　少犯错误——输家的游戏

我和一个朋友初玩斯诺克（英式台球）的时候，比分咬得很近，从这一点说明我们俩都是新手。如果你也有过同样的经历，你能体会到，自己赢的分数大都不是因为打进了球，而是因为对手犯规了。

自己得分和对方失分看起来结果是一样的，但两者绝对不是一回事。

在证券市场中，市场永远不会犯错，它不会"失分"给你，相反只有你会"失分"给市场。所以你肯定不能靠着市场犯糊涂而获利，你只能靠你自己的能力让自己"得分"。在两个新手之间的游戏中，没有一方打败另一方的情况，因为双方都是输家，而所谓赢的一方只不过是犯错比较少的一方而已。自己不断地犯错，给对方送分，说到底是自己打败了自己。

由于市场不会犯错，或者说市场很少犯错，你如果不能与市场势均力敌，你就很难"得分"。

所有在市场中的人，都是输家，这是输家的游戏。如果你犯的错误少，其他人会给你"送分"；如果你犯的错误多，你会给别人"送分"。如果说整个市场是人与人的战争，也一点都不过分。

而战争就是最极致的输家游戏。在战争中，错误无可避免，决定战争输赢的基础是对敌方力量以及敌方意图的评估和情报。这种评估经常发生错误，情报从来也不会完整，还经常出现假情报导致对敌方判断失误。所以在其他一切条件相同时，最少犯战略错误的一方会赢得战争。这段话出自塞缪尔·艾略特·莫里森（Samuel Eliot Morison）海军少将的著作《策略与妥协》。这段话说得比较冗杂，《孙子兵法》中用一句话就概括了："不可胜在己，可胜在敌。"

这就是为什么那些大师总是说一些原则正确却没有操作性的话，比如"获利的秘诀是避免亏损"。但这是至理，其实大师们就是想告诉你——少犯错。

由此，我们可以得出这样的结论：如果你想在输家游戏中获利，唯一的方法就是发现并且利用其他人的错误，或者走在他们的前面。

1.3 复利——第八大奇迹

别想着暴富，凡是超过长期存款利率或者长期债券利率的投资，都存在较大的风险。一般人只看到了收益，却忽略了风险的存在。即使有风险意识的人，也会对自己的能力和自己会交好运的假设太过乐观。

想在市场中获利，就要做好长远的打算，特别是年轻人。运气谁都有，但不是总会有，人不能靠运气活着。所以股票投资是一项工作，而不是游戏。在这里你要先端正三观，才能有所作为。

为什么说年轻人在市场中端正三观特别重要呢？这就需要仔细地算一笔账。很多人以为，一入股市没有足够的资金怎么能行呢？其实不然，股市的最少交易量是 100 股，也有价格较低的股票，因此年轻人是可以在刚开始的时候以较少的钱入市的。

但这么说有些太极端了，假如你现在能拿出 10 000 元，每年的利润率为 20%。第一年的本利和为 12 000 元，第二年的本利和为 14 400 元，5 年共有约 24 883 元，10 年共有约 61 917 元，20 年共有约 383 376 元。

你可能觉得 38 万元不算多，那我再给你算一笔账。年利率依然为 20%，但是每年再投入 10 000 元。那么第一年年末时的本利和为 12 000 元，加入新投入的 10 000 元，变成 22 000 元。第二年年末时的本利和变成 26 400 元。第二十年年末的本利和将变为大约 225 万元。具体见表 1-1。图 1-1 所示为两种方法的资金增长曲线。

表 1-1 连续 20 年 20% 复利收益表

年数	只投入 10 000（元）	每年投入 10 000（元）
1	12 000	22 000
2	14 400	36 400
3	17 280	53 680
4	20 736	74 416
5	24 883	99 299
6	29 860	129 159
7	35 832	164 991
8	42 998	207 989
9	51 598	259 587
10	61 917	321 504
11	74 301	395 805

续表

年数	只投入 10 000（元）	每年投入 10 000（元）
12	89 161	484 966
13	106 993	591 959
14	128 392	720 351
15	154 070	874 421
16	184 884	1 059 306
17	221 861	1 281 167
18	266 233	1 547 400
19	319 480	1 866 880
20	383 376	2 250 256

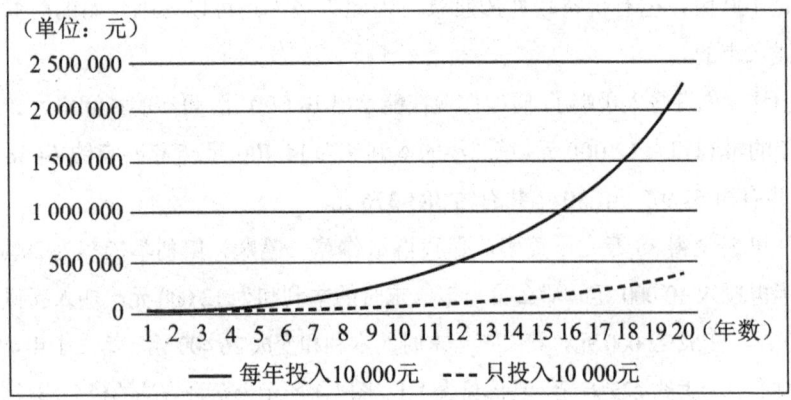

图 1-1 两种投资方法的资金增长曲线

经过 20 年，只投入 10 000 元的收益虽然比每年投入 10 000 元的收益少很多，但是本金也少。不过 38.34 万元的结果对于 10 000 元的本金来说，已经很多了。如果我们一次性投入 20 万元呢？图 1-2 所示为年利率为 20% 时，一次性投入 20 万元和连续 20 年每年投入 10 000 元的收益对比。

这就是云泥之别了，但这一秒的钱比下一秒的钱更值钱，因为不是所有人都可以一次性投入 20 万元的。你选择哪种投入方法，结果都不会太差，都能获益。

不论是给自己，还是给父母、子女，都可以制订一个这样的计划。我给任何一个向我咨询的人算这笔账时，大部分人会提出两个问题。

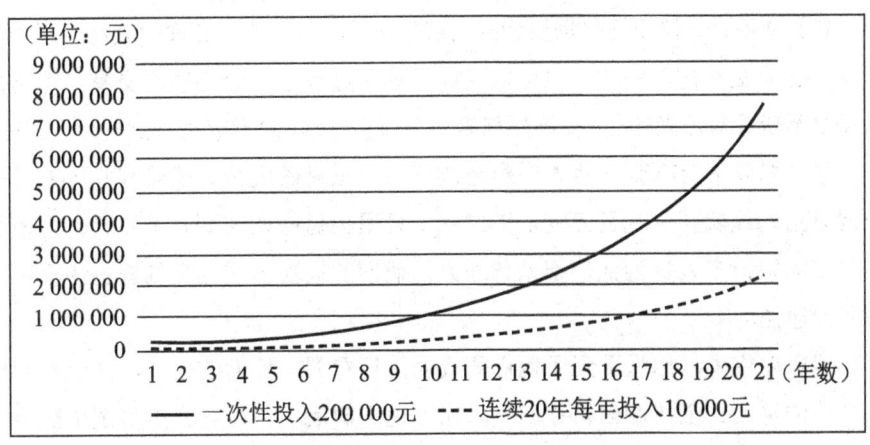

图 1-2 一次性投入 20 万元与连续 20 年每年投入 10 000 元的收益对比

第一，我怎么才能每年获利 20%，不会亏损吗？

我写这本书的目的就是要告诉你每年获利 20% 的方法，只要你不贪婪，都可以做得到。这个问题可以拆解成两个步骤。首先你认为获利 20% 不难，难的是每年都获利 20%，其实方法有，就看你的执行力了；其次，如果你认为获利 20% 也很困难，那每次获利 5%，你一年内交易 4 次也可以达到 20% 了；或者每次获利 2%，一年内交易 10 次；甚至 1%，一年做 20 次。

第二，虽然 20 年后有两百多万元，可那时候的钱还值现在意义上的两百多万元吗？

这纯粹属于逻辑混乱的问题。你不要考虑到时候会怎么样，如果你现在不这样做，20 年后，你连这些钱都没有。

因此，在市场中要先端正三观，不急不躁。收益一靠时间沉淀，二靠概率放大。

1.4 违背常识——随手可建交易系统

在交易中获利是一件非常简单的事，任何人在任何时间的任何一笔交易中都有可能获利。黑猩猩掷飞镖比专家厉害，这个故事你一定听说过吧。可交易获利难在哪儿呢？难在持续稳定获利，比如说你在今后的 10 年中都能获利，再加一个条件，在此期间资金回撤最好不要超过原始资金的 20%。你是不是会觉得这也太难了？

其实并不难,这里还是需要绕回到铲牛粪的故事中去。在你的交易生涯中,总有一部分交易是获利的,也可以说成是你总进行过一些正确的交易。那么你只需要不断重复正确的交易,不断积累一个个小正确,最后就能得到一个大正确。

你可能经常会听到一些人的传奇故事,张三只做底背离就获利几十万元,李四只用均线就获利几百万元,王二麻子只用头肩底就获利几千万元。是他们运气好吗?很多人认为他们都是普通人,他们的成功一定是运气好,绝不可能有其他途径。

其实你错了,你只看到了他们的成功,只看到了他们的运气,却没看到他们背后的努力、坚持和耐得住寂寞。比如说头肩底,你可以在走势图中随手找出来十个八个,头肩底的成功率也相当高。可一年能出几个头肩底?没有头肩底的时候,这些人都要默默地等待下一个头肩底的出现,他们忍受的寂寞我们难以想象。出了头肩底,就要拿住多单让利润奔跑。但上涨并不是直线上涨,利润"回吐"的时候,他们坚守着自己的理念,默默地承受着大幅回调,他们忍受的煎熬我们也难以想象。因此,他们的成功绝对不是偶然。

再往深处挖,如果你只做正确的事,并且重复做正确的事,就可以轻松获利。但正确的事往往违背了我们的天性,让我们在情感和理智上很难接受。比如,让你在已经大幅上涨的日子买进,在已经大幅下跌的日子卖出,你肯定不情愿。

我举个例子,随手编一套程序化交易系统:如果当日收盘价处于当日价格区间的 75% 以上,当天按收盘价做多;如果当日收盘价处于当日价格区间的 25% 以下,当天按收盘价做空。我们分别计算持有 1 天、5 天、10 天、15 天、20 天、25 天后平仓的情况。

请注意,在这套随手编制的程序化交易中,需要注意以下 3 点内容。第一,当日收盘价靠近 K 线顶部的时候才买进,靠近 K 线底部的时候才卖出。绝对没有强迫你在回调时买进或在反弹时卖出,直接抢攻,形成股市涨就买、形成股市跌就卖的局面。第二,长时间持有,不为中间价格波动所动。第三,为了计算方便,这里没有加入止损。所以就这 3 点来说,绝对违背了你平时的交易习惯,在这种情况下,我们还能不能获利呢?

我用螺纹钢从 2009 年 4 月到 2017 年 10 月这 8.5 年之间的数据来进行计算。图 1-3 为统计数据对比图。(本金为 1 万元)

持有 1 天,共获利 26 570 元,年平均获利 3 125.88 元。

持有 5 天，共获利 45 740 元，年平均获利 5 381.18 元。

持有 10 天，共获利 97 570 元，年平均获利 11 478.82 元。

持有 15 天，共获利 160 530 元，年平均获利 18 885.88 元。

持有 20 天，共获利 161 060 元，年平均获利 18 948.24 元。

持有 25 天，共获利 163 600 元，年平均获利 19 247.06 元。

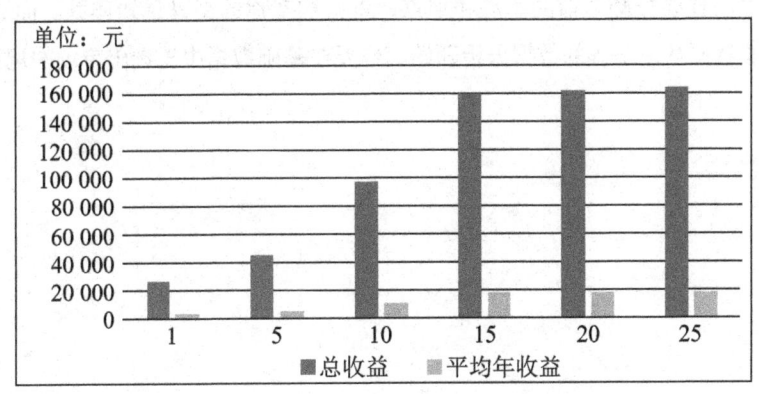

图 1-3　螺纹钢持有天数与总收益、平均年收益数据

按最多的持有 25 天来计算，一年赚 1.9 万元，你认为不够多是吗？我再来给你进一步计算：螺纹钢的保证金为总交易额的 8%，再拿出一些富余来抵抗价格波动，那么剩下的 1 万元足够你交易了。也就是说，你从一开始就秉承着这个方法，8 年后，你的 1 万元就变成了 16.36 万元。如果你开始投入的是 10 万元，8 年后就会变成 163.6 万元。资金平均增长速率为 38.93%，并且这还是只按 1 手交易量来交易，如果你获利后加仓操作呢？最后的数字会非常可观。

由于股市中个股太多，不能逐一计算，所以我用上海证券综合指数（简称上证指数）来代替。在其他条件不变的情况下，从 1991 年 12 月到 2016 年 6 月，持有 1 天将获利 4 697.97 点。由于它不是股指期货，所以只能单向做多。那么股指的走势如何换算成实际收益呢？

有两种方法：一种是出现买点后买入全部上市股票，持有 1 天后全部卖出，所获得的收益即为股指走势转换而来的收益。一种是随便找一个大盘股，只要它们的走势基本和大盘吻合，也可以替代地计算出收益。

获利将近 4 700 点是一个什么概念？我国历史上最大的牛市是从 2005 年的 998 点涨到 2007 年的 6 124 点，增长幅度为 5 126 点。也就是说，你从这波大牛市的最低点抓到最高点，也不过比之前提到的那种方法多获利400多点而已。而能有这样成绩的人却寥寥无几。

与你以往认知的抢攻买法不同，我们随手做一个程序化的交易系统，就可以令你大受裨益。所以说，正确的事可能会违背你的常识，但它很可能就是反常识的颠覆性观点。

所以，你要推翻之前的想法和观点，重新构架你的交易认知体系。而这种体系的重建就要从最基础的数据分析开始，你要在基础数据中挖掘出市场的规律。

第 2 章

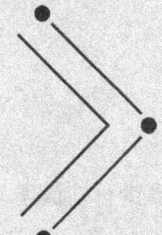

短线的精髓是效率

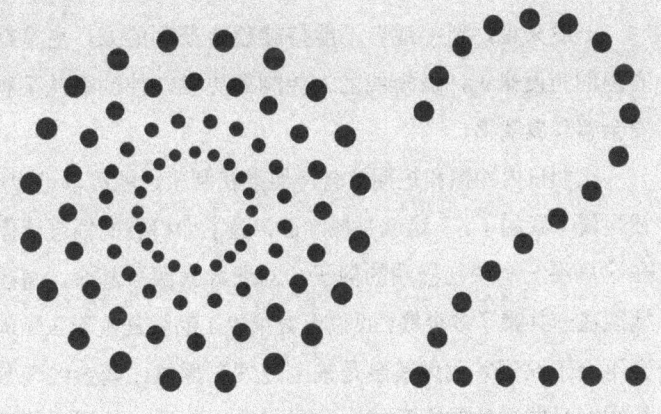

"风风火火的人喜欢做短线,老成持重的人喜欢做长线",这多少有些道理。但不论做短线还是长线,做到极致之时,就会出现共性。

2.1 我要做短线——你肯定有极强的控制欲

一般来说,新手或者不能持续稳定获利的人,更喜欢做短线。从行为分析心理的角度来说,做短线的人控制欲更强,控制欲从某种程度上可以给人带来安全感和成就感。

比如日内冲销和短期持仓,如果获利了,就可以迅速地把资金收回来。"这钱是属于我的了。"这就是控制欲,进了你口袋的钱会让你感到无比欢愉、踏实。在这里举一个特别极端的例子。刘老太太买了基金,每份赚了1毛钱,她问我她现在一共赚了多少钱。我说份数乘以1毛就是她现在赚的钱。她紧接着又问我,会不会下跌啊?我说基金是基金经理在操盘,基金经理具体的买卖操作我们不知道,只能看他的操盘能力和我们的运气了。她说她好害怕下跌,要不先把它卖了,然后再买回来,这赚的钱不就是她自己的了吗?

卖了基金把钱放到兜里,赚到的钱确实是自己的钱了。可按照原价位再买回来,并不能抵御下跌的风险。但在这些人的眼中,下跌远不如没把赚到的钱放进兜里那么可怕。先不管是否会下跌,她图的是可以控制自己的钱,心里踏实。

隔夜有风险,在股市里当然没办法当日就冲销干净,但在期货市场中,有着太多的日内冲销交易者。在期货市场中，绝大多数品种的换手率达到了100%。

为了规避时间上的风险，最好的交易方法就是，当日事当日毕。因为持仓睡不着觉的人比比皆是，为了不把这种担忧带到餐桌，上、下班途中和睡梦中，索性不持仓过夜或少持仓过夜。这种心理源于持仓的不安全感，源于在不开盘的时间内失去了对仓位控制的茫然。

虽然未来具有不确定性，这种不确定性会带来风险，但风险的控制不全由时间来衡量。风险从来都是由人来控制的，心中有风险意识，你就能控制风险；心中没有风险意识，时间再短，不确定性再小，也会产生巨大的风险。现在的交易工具较10年前使用起来方便了很多，云端挂单足以让你睡个安稳觉了。

2.2　短线不是时间短

满足控制欲其实是满足心理的需求。但心理上的满足并不能带来实际的收益。所以我们想要寻求收益，就要以做正确的事为第一目标。

2.2.1　势如扩弩，节如发机

没有概念就是无的放矢，所以想在短线中获利，必须先明白什么是真正意义上的短线。《孙子兵法·兵势篇》说："势如扩弩，节如发机。"在这里可以想象一下头肩底和扩弩的结构，如图2-1和图2-2所示。

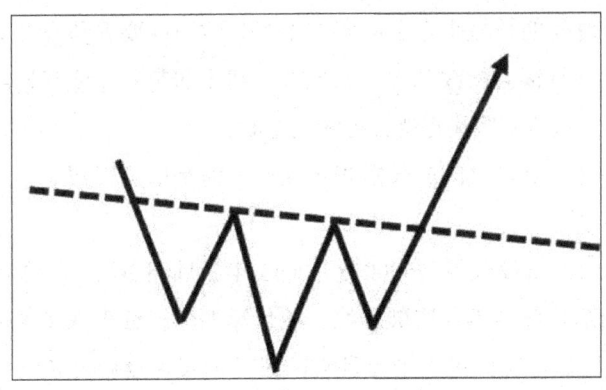

图2-1　头肩底

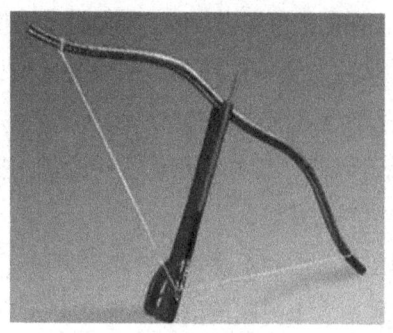

图 2-2 扩弩

这两张图十分相似,头肩底的构建过程其实就是"扩弩"的过程。当股价突破颈线后,快速上涨,就是"发机"的瞬间。扩弩是为发机造势,所以称为势如扩弩。那么,从头肩底的运行过程中,如何理解短线的定义呢?

发射弩机的时候,你需要进行取箭、扩弩、置箭、瞄准、发射等一系列过程。如果我们做短线的话,前面取箭、扩弩、置箭的过程全部不要,你只要耐心等待,关注瞄准、发射的那部分。从头肩底的过程中来理解,短线就是在构建左肩、头部、右肩的过程中不动,耐心等待,只关注股价突破颈线后的那部分。

这就是短线的精髓,只攫取速度最快、时间最短、效率最高的部分,其他部分通通舍弃。在股价突破颈线之后,行情就启动了,如果你只关注启动之后最快的那部分,那你在股价上升速度逐渐变慢之前就会离场,这就是真正意义上的短线。

2.2.2 短线要的是效率

短线是靠时间的长短来定义的吗?不是!做短线要看势有多大,如果在周线中造势,短线行情会持续几周;如果在日线中造势,短线行情会持续几天;如果在小时线中造势,短线行情会持续几小时。

所以短线并不是以时间的长短来定义的,而是以是否攫取了速度最快、效率最高的行情来定义的。

图 2-3 所示为新疆天业(600075)2013 年 3 月到 2015 年 10 月的走势图,在头肩底成势后,股价迅速突破颈线。股价短期内持续上涨了 5 周,收益率大约为 36%。5 周后,股价进入平台盘整阶段,如果你要做真正意义上的短线,此时股价停滞不前,应当立即出场。至于盘整之后的再次快速上涨,则是下一

次短线交易机会,与本次无关。那么 5 周的收益率为 36%,年收益率就约为 370%。5 周的"节如发机",在这里体现得淋漓尽致,效率最高就是短线的精髓。

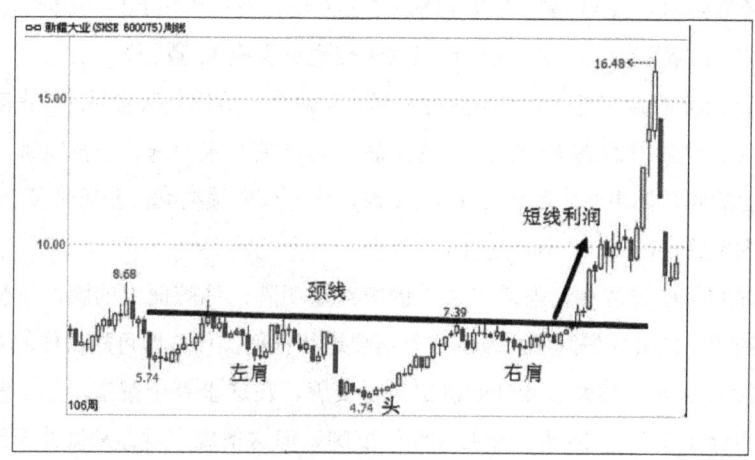

图 2-3 新疆天业头肩底

从这个例子我们可以看出,短线的第一特征是效率,而不是时间。

在价格形态形成之初,寻找短线效率最高处不失为一种捷径。但这期间有两个弊端:首先,经典价格形态出现的频率并不高,而且展示的形态并没有规律,若只寻找经典价格形态来进行交易的话,难免会陷入丧失多个机会、不能轻易决断的境地;其次,在价格突破颈线后,并非都会出现短期直线单边市,大多会在颈线附近再次振荡,也就是所谓的"回踩"或"回试",此时的效率并不高。所以我们必须找到一种更高效的方法来寻找短线效率高点。

我一直在强调,要倾听市场。那市场用什么方式说话?说什么?市场只会说 6 个词,分别是开盘价、最高价、最低价、收盘价、成交量、持仓量。持仓量在期货市场中也被称为持仓兴趣,在股市中则为股本总数。我们要做的,就是从这 6 个词中倾听出市场在表达什么。

2.3 BlackJack——最简单的博弈

BlackJack 也被称为 21 点,是一种扑克玩法。

2.3.1 BlackJack 规则

21点的规则非常简单，一副扑克牌中除去大小王，共有52张，分为4种花色，每种花色2到10、J、Q、K、A共13张。2到9不论花色都按其自身的点数计算。10、J、Q、K都计为10点，A既可当成1点也可当成11点。

BlackJack的设定是，你与发牌方对局。发牌方先给你发两张牌：一张明牌、一张暗牌。然后发牌方再给自己发两张牌，同样是一张明牌、一张暗牌。你先看你自己的牌，如果两张牌相加小于21点，你可以继续要牌，若超过了21点，则被称为爆牌（Bust），你就输了。

在你叫牌的过程中，发牌方发来的牌都是明牌，你牌面上的牌，发牌方是可以看到的。如果你爆牌了，发牌方不需要进行任何操作，即可赢得你的筹码。如果你没有爆牌，发牌方才开始决定是否要牌。在这里有个规定，如果发牌方的牌面累计小于等于16点，就必须继续要牌。但这条规定对你来说并无约束，即使你只拿到了两张2，也可以停止要牌。

这是BlackJack的最基本玩法，不包括"买保险"和同点数分牌。如果是你，你要怎么玩？换一句话说，交易就是博弈，价格有涨有跌，你想要怎样进行交易呢？

2.3.2 利用概率

概率学最初就是从博弈游戏中衍生出来的，著名的博弈游戏爱好者梅森（Mersenne）爵士和著名的数学家帕斯卡（Pascal）是概率学的先驱。伯恩斯坦（Bernstein）的《与天为敌》、拉里·戈尼特（Larry Gonick）和沃尔科特·史密斯（Woollcott Smith）合著的《漫画统计学入门》就讲了不少数学家和博弈游戏之间的有趣故事。

既然概率学从博弈中衍生而来，那么概率学最早的应用场所其实就是各种博弈游戏了。回到我们的问题，想要高效地玩转BlackJack，必须先学会概率学的基本应用。

你和发牌方的初始设置都是小于21点的两张牌（任意两张牌组合点数皆小于等于21点），所以初始牌局没有任何变量可以提供。BlackJack中，除了双方在21点的限制之内比大小外，只有一个额外的规定：发牌方牌面点数相加小于等于16时，必须要牌。所以我们解开这道题的唯一变量就是小于等于16了。

在21点之内，你和发牌方比的是运气。加上限制发牌方的条件后，你比发牌方多了一份运气，你能赢发牌方的重点不在于你的点数比发牌方大，而在于迫使发牌方爆牌。只有知道了这场比赛的关键点，你才有机会获胜。既然关键点在于让发牌方爆牌，那么你必须保证自己不爆牌。下面我们就要进行计算了。

如果发牌方恰好拿到了 16 点，他必须至少再要一张牌，此时他爆牌的概率是多少？他拿到 6、7、8、9、10、J、Q、K 都会爆，而一副牌中出现 6 的概率是 4/52，出现 7 的概率也是 4/52。发牌方如果拿到这 8 张牌中任何一张牌都会爆，所以发牌方此时的爆牌率约为 61.54%。换句话说，发牌方拿到 16 点时，他输的概率约为 61.54%，赢的概率约为 38.46%。

当然这只是很粗略的计算，因为这种算法没有包含你和发牌方手里拿到的牌，剩余牌的总数也简单地保持为 52 张不变。在同样的条件下，如果你手中的牌为 6、6、7，发牌方手中还有一张 J，那么下一张牌为 6 的概率就变成了 2/52、下一张牌为 7 的概率为 3/52、下一张牌为 J 的概率为 3/52，8、9、10、Q、K 出现的概率还是 4/52。此时发牌方爆牌的概率约为 53.85%（2/52+3/52+4/52+4/52+4/52+3/52+4/52+4/52），这个概率还是相当大。

那么你爆牌的概率有多大呢？为了让发牌方爆牌，你必须要拿到一个非常完美的点数。那多少点数才算完美呢？小于或等于 12 点！如果你的点数为 11 点，接下来即使来一张点数为 10 的牌，你也不会输，此时你爆牌的概率为 0。但若你现在恰好是 12 点呢？下一张牌不论是 10，还是 J、Q、K，都会爆牌，爆牌概率为 30.77%（4×4÷52）。表 2-1 为手牌点数与下一张牌的爆牌概率的理论数据。图 2-4 所示为手牌点数与下一张牌的爆牌概率数据图。这是一种简单的统计，因为没有计算发到你和发牌方手中的牌是哪 4 个点数，所以是以全副牌为基础来计算的。

表 2-1　手牌点数与下一张牌的理论爆牌概率

手牌点数	下一张牌的理论爆牌概率
1	0
2	0
3	0
4	0
5	0

续表

手牌点数	下一张牌的理论爆牌概率
6	0
7	0
8	0
9	0
10	0
11	0
12	30.77%
13	38.46%
14	46.15%
15	53.85%
16	61.54%
17	69.23%
18	76.92%
19	84.62%
20	92.31%
21	100%

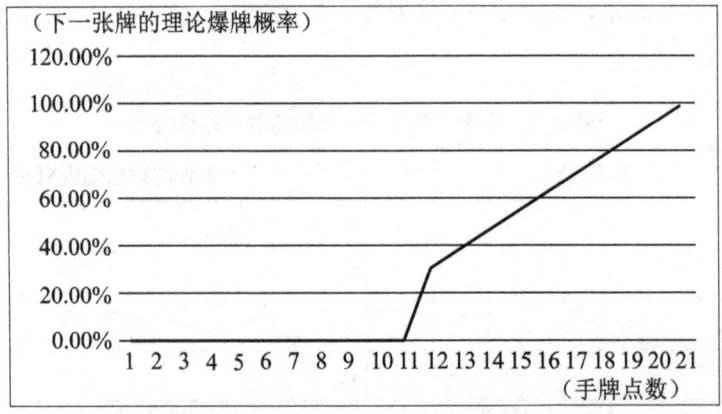

图 2-4　手牌点数与下一张牌的理论爆牌概率

爆牌概率从 0 一下子跃升为 30.77%，这个变化是相当大的。而且你的点数越大，爆牌概率越高。所以 12 点是你不爆牌的点数上限。发牌方坐拥 61.54% 的爆牌概率，而你的点数只要小于等于 12 点，爆牌概率即为 0，那么牌局足够多的话，你仅凭概率就可以打败发牌方。

　　理论上，玩 1 000 局，你大概会赢 615 局，输 385 局。一局输赢 1 元的话，你最终会赢 230 元。于是，在交易中，如果你有一套策略有较大的概率能够获胜，你要做的就是坚持使用这种方法，哪怕在 1 000 次交易中亏损 385 次，你也还有 615 次的获利。当然你要控制好每次交易的亏损，长期下去，你会在 230 次净获利中赚取高额利润。

　　要想找到一套高概率获利的策略，那么交易的第一步就应该是统计基础数据的概率。

2.3.3　为什么还是你输

　　既然我们有如此高的胜率，为什么 BlackJack 游戏还会存在呢？如果我们每个人都按这个方法玩，发牌方岂不是要赔光了？这就是症结所在。

　　首先我们计算的概率是设定每玩完一局后，立刻再换一副新牌，才能保证概率是不变的。但是实际的发牌规则并不是这样，一局过后，一部分牌离开了牌堆，剩下的牌出现的概率就会相应发生变化。若在前几局中大牌（10～K）出现了很多。那么在剩下的牌中，出现大牌的概率就会变小，出现小牌（2～9）的概率则会变大。

　　还记得我们的策略吗？点数高于 12 时，停止要牌。如果此时牌堆中的小牌变多，大牌变少。我们拿到的点数分布在 15 点左右（这里不展开计算，感兴趣的读者可以去读一读永野裕之的《写给所有人的极简统计学》）。而发牌方呢，低于 17 点就必须要牌，而随着大牌的减少，发牌方爆牌的概率也随之降低，这样发牌方获胜的概率就大大提升了。

　　其次，你是被动的，发牌方是主动的。因为按照规矩，你先要牌，如果你爆牌了，发牌方直接收走你的筹码。所以很多人一听到发牌方在 17 点以下必须要牌的时候，就会觉得如果自己不超过 17 点，就一定会输了。如果你这么想，你就没有充分利用你自有的优势，你也会和发牌方一样坐拥 61.54% 的爆牌率。

　　基于以上两点，虽然理论优势在你这一边，但发牌方天然会拥有其他一些优势。你可能会感到疑惑,为什么一本教你如何交易的书,要从博弈游戏开始说起呢?从某种意义上来说,交易就是博弈!而只要是博弈,就会涉及概率。所以,你想做好交易,就必须了解博弈,了解概率,了解如何在博弈中应用概率。

为什么掌握了概率的你在交易中还是输?原因只有一个,你没有充分利用概率的优势。

2.4 用数学战胜发牌方

爱德华·索普(Edward Thorp)在19世纪60年代初发明了Black Jack的算牌法,在战术上战胜了发牌方。索普教授的方法称为算10法,这种方法在操作上比较困难,需要极高的注意力。因此后人根据索普教授的方法总结出了另一套方法,电影《决胜21点》讲的就是这种方法。

2.4.1 算牌法

我们在使用算牌法之前,先要给每张牌赋值,如表2-2所示。

表2-2 点数赋值

牌面	牌数	值	总计
2、3、4、5、6	20	+1	20
7、8、9	12	0	0
10、J、Q、K、A	20	−1	−20

我们说过,发牌方有先天优势,同时也有先天劣势。如果你是一个碰运气的人,你先要牌,你的爆牌概率远高于发牌方,这是发牌方的先天优势;如果你是一个懂得概率的人,当你手中牌的点数小于12时,你的爆牌概率为0,发牌方爆牌的理论概率为61.54%,这是发牌方的先天劣势。所以,在牌局进行一段时间后,若牌堆里剩下的大牌(值为−1 的牌)多于小牌(值为1的牌),而发牌方在小于17点时必须要牌,大牌的存在对于发牌方来说,就是他的劣势。

举个例子,如果在前期牌局中,共出现了11张小牌,2张大牌,牌堆里还剩9张小牌、18张大牌和12张中牌(值为0的牌)。此时,发牌方拿到了2张

最小的中牌共 14 点,他的爆牌概率有多大——只要他没拿到小牌就会爆。牌堆中有中牌 10 张、大牌 18 张、小牌 9 张,他的爆牌概率约为 75.67%(28/37),你大概率会赢。

当然这只是理论上的概率,因为在牌局进行的过程中,你也会持有牌堆中的某 2 张牌,如果你拿到的是 2 张大牌,那么牌堆中只剩下 16 张大牌了,按照上面的例子,发牌方的爆牌率约为 74.29%(26/35)。虽然发牌方的爆牌率下降了,但你拿到两张大牌后不是 20 点就是 21 点,你赢的概率也非常高了。说到这里,我们似乎忘掉最开始给每张牌赋过值了。其实赋值法是为了让你更方便地计算概率,或者说,让你知道发牌方拿到大牌的概率是多少。

我们重新开始牌局,发牌方发了 4 张牌,分别是 1 张大牌、2 张小牌、1 张中牌,此时的分值为 +1(-1×1+1×2+0×1)。如果此时发牌方的点数小于 16,发牌方再拿 1 张牌,拿到大牌的概率是多少呢?52 张牌已发出 4 张,牌堆剩余 48 张,大牌剩余 19 张,中牌剩余 11 张,小牌剩余 18 张。发牌方拿到大牌的概率约为 39.58%(19/48),概率比较低,所以此时你要小心一点。

一轮一轮这样玩下去,每发一张牌,你都要计算一下分值,比如大牌出现 7 张,小牌出现 15 张,中牌出现 6 张,共 8 分。牌堆剩余牌的总数为 24 张,大牌剩余 13 张,小牌剩余 5 张,中牌剩余 6 张,发牌方下一张拿到大牌的概率约为 54.17%(13/24),此时你赢的概率似乎比刚刚高了一些,但还不够。如果此时发牌方拿到的牌数恰好为 16 点,他必须再要一张牌,那么他拿到中牌也会爆,他爆牌的概率约为 79.17%(19/24)。此时你赢的概率已经很大了。

牌局进行一段时间后,发牌方拿到的牌的点数越大,他的劣势就会越来越明显,所以当你计算分值时,分值越高,发牌方输的概率就越高。反之,分值越低,你输的概率就越高。如果你足够理智,不靠碰运气,而是按概率来计算的话,赢的概率比较大。

我们在交易中可以利用概率,但对你有利的概率并不会一直出现。所以你需要等待、计算。

2.4.2　5 分以上出手

当然了,你可能会想,BlackJack 用的一副扑克牌只有 52 张,怎么可能小牌都集中在前面出现呢?再说组织者就是凭概率来赚钱的,他们会不知道这里面的玄机吗？当然知道，所以他不是用一副牌来玩，基本上 BlackJack 游戏中，一次牌局需要 6 到 8 副扑克牌混在一起用。并且还要设定洗牌率，比如 8 副扑克牌共 416 张，设定洗牌率为 70%，发到 291 张左右时就要另外换新的牌。

洗牌率的设定并不会改变下一张牌出现的概率，所以对算牌法几乎没有任何影响，设定洗牌率只不过是防止极端情况出现。如果你认为算牌法计分为 10 的时候，你就可以出手了，那么 8 副牌，你至少要计算到 80 分。也就是实际分值除以牌的副数，得出的才是真实的分数。

其实我们不需要等到那么高的分数才开始动手，斯坦福·王（Stanford Wong）在他的书《BlackJack Secrets》中说道，平均分数每高一点，可增加约 0.5% 的优势。分数为 0 时，发牌方占 0.5% 的优势；分数为 1 时，双方基本上平衡；分数为 2 时，你就会比发牌方多 0.5% 的优势。分数值越大，你所占有的优势会随着分数的增长呈指数级增长。所以一般情况下，在 5 分以上你就可以出手了。

我们还是具体计算一下，见表 2-3。

表 2-3　分值为 5 时的残局情况 1

	大牌	中牌	小牌
出现的牌	2 张	1 张	7 张
牌堆中的牌	18 张	11 张	13 张

此时牌堆中共剩余 42 张牌，总分值为 5（18-13），发牌方拿到中牌和大牌的概率为 69.05%（29/42）。牌局继续，大牌、中牌、小牌陆续各出现 2 张，分值还是 5。具体如表 2-4 所示。

表 2-4　分值为 5 时的残局情况 2

	大牌	中牌	小牌
出现的牌	4 张	3 张	9 张
牌堆中的牌	16 张	9 张	11 张

此时牌堆中共剩余 36 张牌，总分值为 5（16-11），发牌方拿到中牌和大牌的概率为 69.44%（25/36）。牌局继续，大牌、中牌、小牌陆续各出现两张，分值还是 5。具体如表 2-5 所示。

表 2-5　分值为 5 时的残局情况 3

	大牌	中牌	小牌
出现的牌	6 张	5 张	11 张
牌堆中的牌	14 张	7 张	9 张

此时牌堆中共剩余 30 张牌，分值为 5，发牌方拿到中牌和大牌的概率为 70%（21/30）。所以在牌局进行中，分值只要能持续保持在高位，发牌方拿到大牌和中牌的概率基本上是稳中有升的。你可以用手机 App 下载一款 BlackJack 游戏来验证我们的理论，其操作非常简单，相信你会比那些碰运气的选手获胜的概率更大。

做短线交易靠什么？靠图？靠盘感？靠技术分析？都不是，靠的是概率。既然交易就是一场博弈，我们为什么不能用概率来打败它呢？

在交易中，一旦对你有利的概率出现，就要果断进场。

2.5　交易市场中的概率统计——倾听市场的声音

我们先学最直接的方法，一年 365 天，除去周末节假日，大约有 240 个交易日。而这 240 个交易日，按星期一、星期二、星期三、星期四、星期五来分布，有没有可能，一周 5 天中隐藏着某种规律呢？或者说高速的上涨或下跌会不会集中出现在某一天呢？

这需要统计，表 2-6 所示为从 1990 年 12 月 19 日至 2016 年 7 月 8 日的上证指数上涨与下跌的天数、概率数据。图 2-5 所示为上证指数的涨跌天数对比图。

表 2-6　上证指数上涨与下跌天数、概率数据

日期	上涨天数	上涨概率	下跌天数	下跌概率
星期一	660	53.48%	574	46.52%
星期二	674	53.66%	582	46.34%
星期三	679	53.93%	580	46.07%

续表

日期	上涨天数	上涨概率	下跌天数	下跌概率
星期四	617	49.16%	638	50.84%
星期五	714	57.26%	533	42.74%

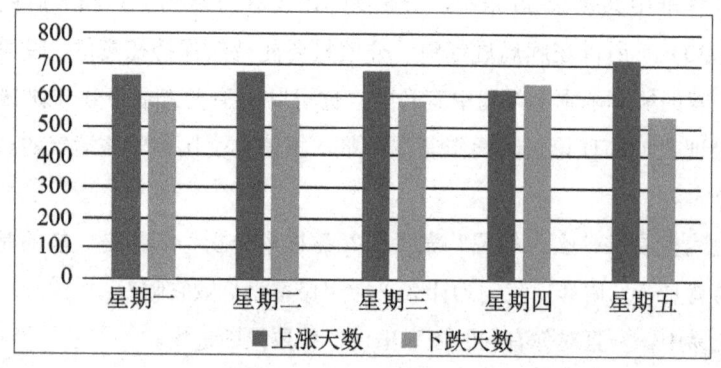

图 2-5　上证指数涨跌天数对比图

这种最基本的统计得出的最基本的结论，就是市场的声音。当然这也只是市场的一方面而已，我还会从其他方面继续分析这些基础数据。

从这张表来看，星期四的上涨概率小于 50%，那么你想买股票的话，至少应该避开星期三。星期五的上涨概率最高，所以你要买股票，应该在星期四收盘后或在星期四盘中的低点买进。仅从这一点，你就比那些没有分析过基础数据的人略胜一筹了。基础数据的统计，是我们找到对我们有利的概率的最重要的一步。

第 3 章

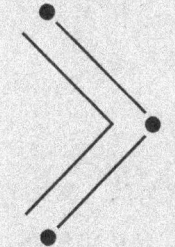
策略的过滤器

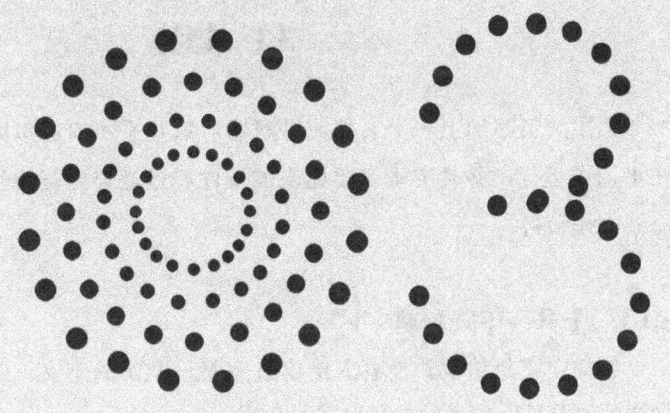

很多人都以为策略是最重要的,但海龟法则不是以策略闻名的,著名的RangeBreak日内冲销法也不是以策略闻名的,菲阿里四价更不是以策略闻名的。它们都以资金管理和一致性而闻名。所以,策略不是交易时的重点,资金管理和一致性才是。

3.1 趋势

如果给策略加上一个条件或过滤器,那几乎所有的策略都可以安然无恙地在市场中运行,并且准确率要比未加条件和过滤器时高出很多。这个条件或过滤器就是趋势。

3.1.1 上升、下降趋势

怎样定义趋势呢?没有人给出过完整、准确的定义。但这不重要,你只要知道趋势是什么样子的就可以了。

大多技术分析方法都是从道氏理论出发的,所以道氏理论所定义的趋势,应该是对趋势最准确的描述了。

上升趋势:上升趋势是一种价格走势,它由一系列的上升波段构成;每一上升波段都向上穿越先前波段的高点,中间夹杂着下降波段,但每一个下降波段的低点都不会向下跌破先前下降波段的低点;也就是说,上升趋势是由一系列高点与低点都不断走高的波段构成的。

下降趋势：下降趋势是一种价格走势，它由一系列的下降波段构成；每一下降波段都向下穿越先前波段的低点，中间夹杂着上升波段，但每一个上升波段的高点都不会向上穿越先前上升波段的高点；也就是说，下降趋势是由一系列高点与低点都不断走低的波段构成的。

图3-1为上升趋势，图3-2为下降趋势。

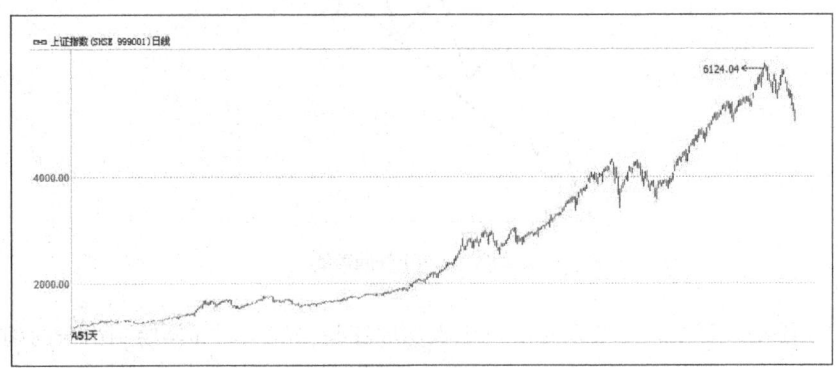

图3-1　上升趋势

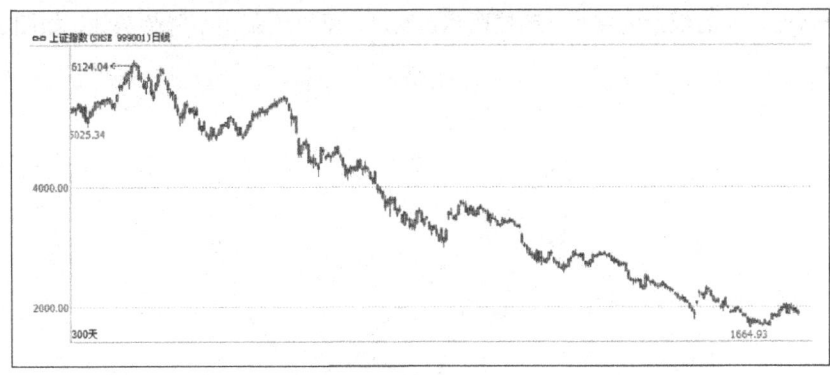

图3-2　下降趋势

3.1.2　绘制趋势线

量化趋势的最佳工具是趋势线，但很多人并不会绘制趋势线。趋势线的绘制有着严格的规定，并不是随便找两个高点或低点将其连接起来，就可以绘制出一条趋势线。

绘制上升趋势线，必须囊括趋势中所有的低点，其间不能存在"毛刺"穿叉，这与约翰·默菲（John Murphy）的《期货技术分析》一书中的描述略有出入。上升趋势线的起点必须是趋势的最低点，终点必须是最后一个高点之前的低点，如图 3-3 所示。

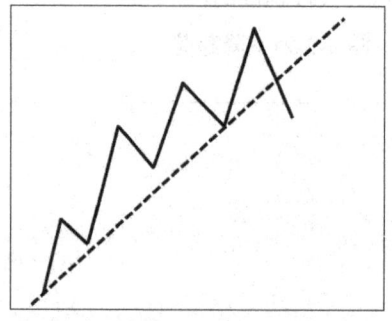

图 3-3　绘制上升趋势线

在绘制过程中，不要求将所有低点都放在趋势线上，那样绘制出来的趋势线虽然好看，但这样的趋势线在实际趋势中可遇不可求，因此，在绘制趋势线时，不要刻意追求美观。将所有低点都纳入趋势线之内，以最低点为起点，以最后一个高点之前的低点为终点，连接两点。反之，可以绘制出下降趋势线，如图 3-4 所示。

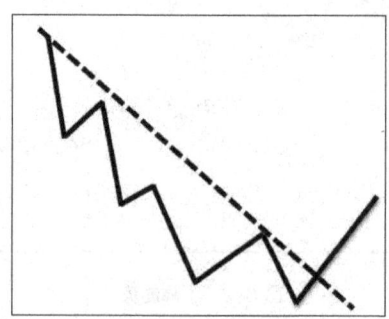

图 3-4　绘制下降趋势线

这是标准情况下的绘制方法，但还有两种情况不属于标准情况。

第一种情况，标准情况下的趋势线都是内凹型的，如果是外凸型的，标准的绘制方法就很难将所有高低点都纳入趋势线内。在图 3-5 所示的这种情况下就不能再直接按照标准程序来绘制趋势线了。此时，应选择一个外凸最严重的高点为起点，再选择最后的低点之前的一个高点为终点，连接两点，如图3-6所示。其实解决第一个难点的方法就是囊括所有的高低点。

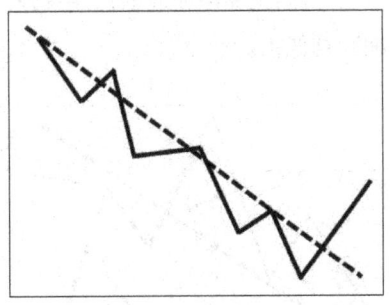

图 3-5　外凸型走势

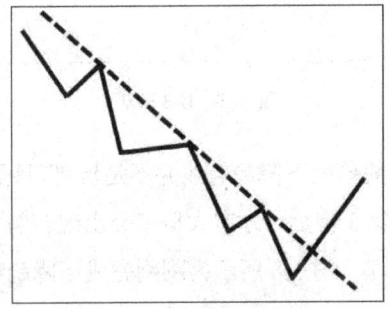

图 3-6　修正后的趋势线

第二种情况，也是我一直强调的，我不能用一个静态图为你解释所有问题，这是非常不负责任的做法。必须动态分析，因为动态分析可以告诉我们当行情变成这样，应该怎么办；当行情变成那样，又该怎么办。

3.1.3　动态绘制趋势线

为了解决这个问题，必须要用123法则讲解，如图3-7所示。

（1）趋势线被突破。价格穿越绘制的趋势线。

（2）上升趋势不再创新高，或下降趋势不再创新低。例如，在上升趋势的回档走势之后，价格虽然回升，但未能突破前期高点，或仅稍做突破又回档。类似的情况也会发生在下降趋势中。这通常被称为试探高点或试探低点，这种情况通常（但不是必然）发生在趋势变动的过程中。若非如此，则价格走势几乎总是受重大消息的影响而向上或向下跳空，并造成异于常态的激烈价格走势。

（3）在下降趋势中，价格向上穿越先前的短期反弹高点。或在上升趋势中，价格向下跌破先前的短期回档低点。

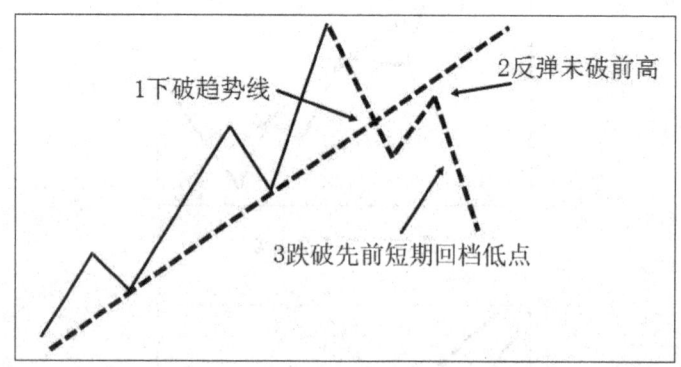

图 3-7　123 法则

123 法则告诉我们，简单的下降趋势线并不是转势，只是完成了转势的第 1 步，只有在完成了第 2 步和第 3 步后，才有大概率会出现转势。那么我们来看一下，在动态行情中该如何处理。图 3-8 所示为刚刚完成下降趋势并转为上升趋势的瞬间——123 法则完成。

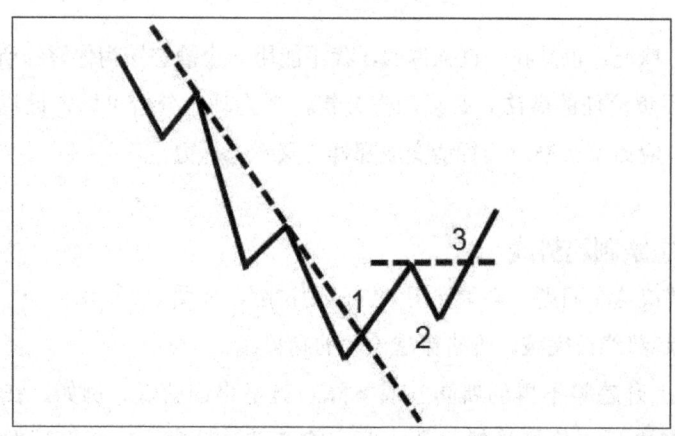

图 3-8　完成转势 123 法则

此时你可以绘制趋势线，也可以不绘制趋势线。可能你会问，不是说趋势线是对道氏理论最好的量化方法吗？为什么可以不用画趋势线呢？因为上升趋势的定义是一波高于一波，并夹杂着下降波段，在每一次下降波段中，其低点只要不低于前一波的高点，那么上升趋势就没有完结。所以在价格没有跌破前一波高点之时，完全可以不绘制上升趋势线。

如果你非要绘制的话，连接两个连续新形成的低点，就是一条新的上升趋势线了，如图3-9所示。

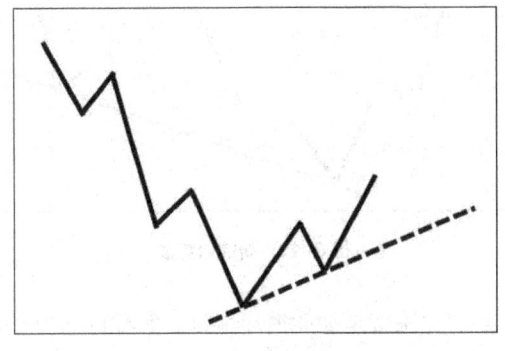

图3-9 新的上升趋势线

但这条新的上升趋势线并不是最后确定的趋势线，它只不过是用于暂时界定一下上升的走势而已。如果它在此处就完成一个向下转势的123法则，那么这条趋势线也许会派上用场。价格继续一波一波向上走，某一时刻，价格向下跌破（后文简称下破）趋势线，但是它并没有下破前期高点，如图3-10所示。

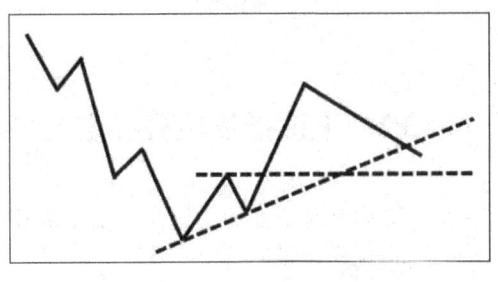

图3-10 下破趋势线

目前只是完成了123法则的第1步，后两步还没有完成，并且还没有插入前期高点，所以即使现在价格突破了趋势线，也不能确定这就是转势，还要看价格如何继续发展。若它继续向下，插入前期高点，或者完成 123 法则的后两步，则短暂的上升趋势将变为下降趋势。若它折返向上，并且突破了之前的高点，则上升趋势不变，只不过此时我们就需要调整一下趋势线了。以囊括所有低点为目的，以现在的起点为起点，以最后一个高点的前一个低点为终点，连接两点，形成新的趋势线，如图 3-11 所示。

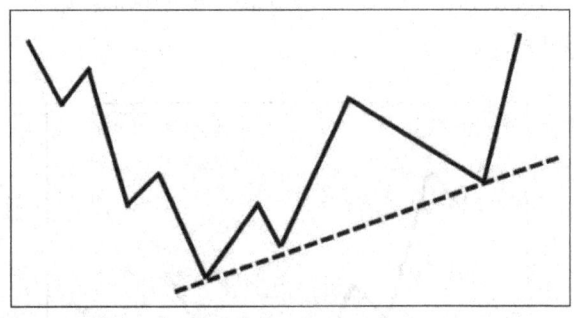

图 3-11 新的趋势线

动态的趋势线绘制方法就是如此循环往复。如果价格反转，完成 123 法则，则原有趋势完结，即将发生转势，需要重新绘制趋势线。如果价格只是穿越趋势线，既未影响原有趋势，也未完成 123 法则后两步，则可重新调整趋势线，等待最后的反转穿越。

如果你能用这种方法来定义所有趋势，那么就可以在上升趋势中做多，在下降趋势中做空。其间，你可以用任何一种策略，哪怕是掷硬币，也比你胡乱交易要强得多。当然也需要配合好资金管理，共同做出决策。

3.2 上证指数趋势界定

让我们来看一下上证指数目前所处的位置是上涨走势还是下降趋势。我们从之前的一次"牛市"开始分析。

3.2.1 2013 年 8 月至 2015 年 9 月趋势界定

图 3-12 所示为上证指数 2013 年 8 月至 2015 年 9 月的周 K 线。

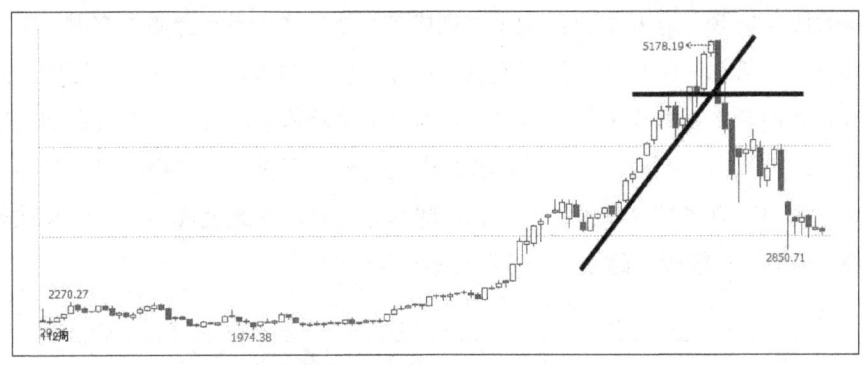

图 3-12　上证指数 2013 年 8 月至 2015 年 9 月周 K 线

这种绘制方法囊括了上升趋势中的所有低点，但在我绘制这条趋势线的同时，有朋友质疑我，他的绘制方法也可以囊括上升趋势中的所有低点，为什么我的画法才是正确的呢？他的绘制方法如图 3-13 所示。

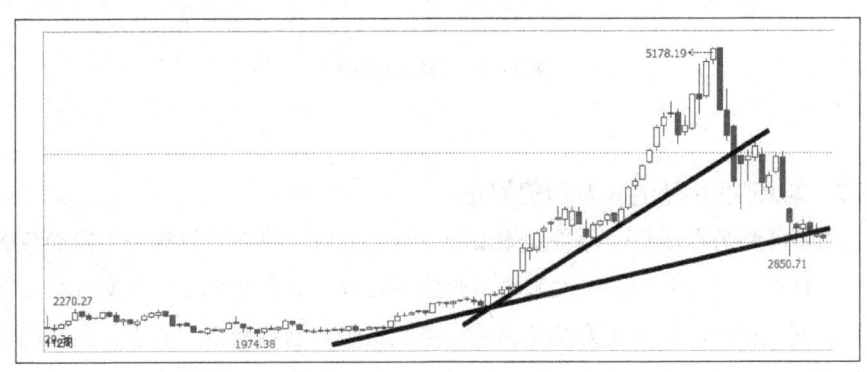

图 3-13　错误的趋势线

他的绘制方法只满足了趋势线绘制方法的一条原则，就是囊括了所有低点，但是忽略了最重要的一条——以最后一个高点之前的低点为终点，所以图 3-12 中的趋势线才是正确的趋势线。指数在下破上升趋势线的同时，插入了前期高点，按照上升趋势的定义，此时上升趋势完结。

但上升趋势的完结并不代表着马上出现下降趋势，它有可能出现旗形、三角形、矩形等各种持续形态。当持续形态完成之后，还可能继续向上。所以以图 3-12 的趋势线为标准，此时我们应当平掉多单，但不一定要做空（股指期货可以做空），还应该再等待。

如图 3-14 所示，指数继续向下，完成第一波反弹，但反弹高度有限，距离前期高点非常远，随后继续向下跌破了反弹行情的起点，完成了 123 法则，此时我们才能断定指数进入了下降趋势。确认下降趋势后，可以通过股指期货进行放空，但我们要明确第一目标价位，也就是前方可见的阶段高低点。我将在海龟法则那一章讲解这里涉及的知识，即锚定心理，在此处或多或少都存在着支撑，当然事后证明，此处的支撑还是非常强烈的。

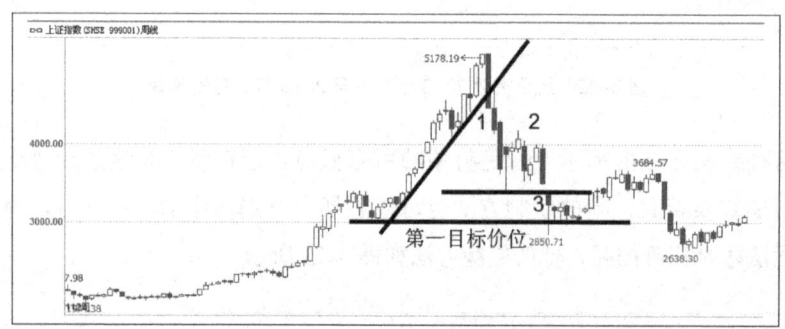

图 3-14　下降趋势确认

3.2.2　2015 年 6 月至 8 月趋势界定

当下降趋势形成后，即可开始绘制下降趋势线。我们可以等待下降趋势的完成，直到新的上升趋势再次来临。如图 3-15 所示，此次的 123 法则几乎是在同一时间完成的。此处上升趋势来临，可以做多。当然从事后来看，此次的上升趋势也不过是一次小反弹而已。不过不论幅度有多大，通过趋势线的量化，我们还是可以在此获利的。

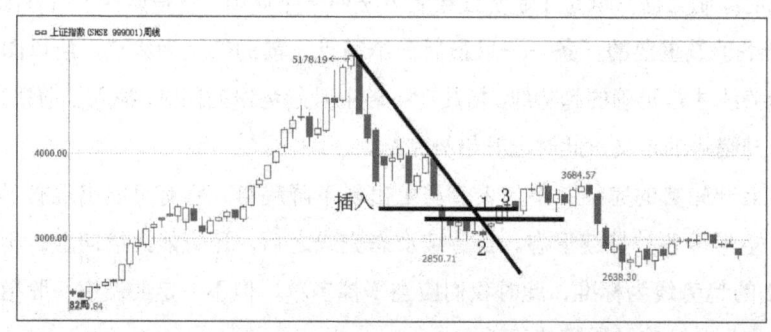

图 3-15　上升趋势 123 法则

3.2.3 2015年8月至12月趋势界定

如图3-16所示，用趋势线来进行量化，指数突破趋势线之时，应平掉之前获利的多单，虽然获利不多，但不至于亏损。

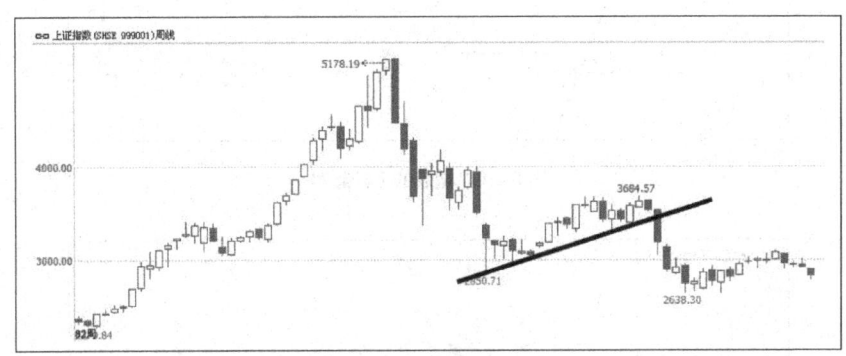

图3-16 新的上升趋势线

虽然在周线上新的一波下降趋势并没有进行123法则的第2步，此时在股指期货上放空暂无理论依据，但是周线上没有进行123法则的第2步，并不代表日线上没有进行123法则的第2步。如图3-17所示，在日线上有两个交易日的反弹，可以完成123法则的所有步骤。

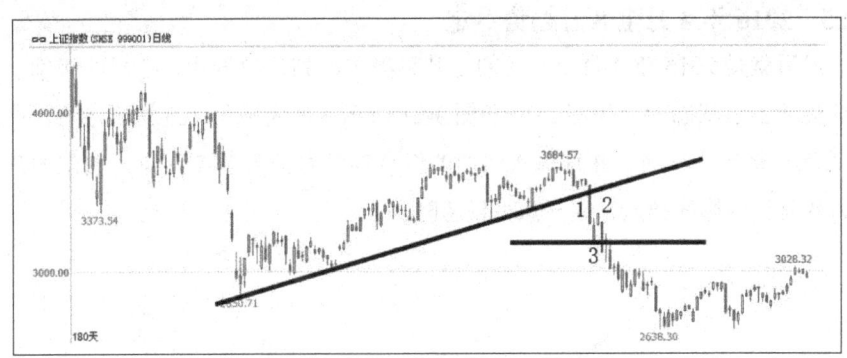

图3-17 日线级别的123法则

3.2.4 2016年1月至4月趋势界定

观察日线趋势，图3-18所示为随后的上升趋势，图3-19所示为随后的下降趋势。

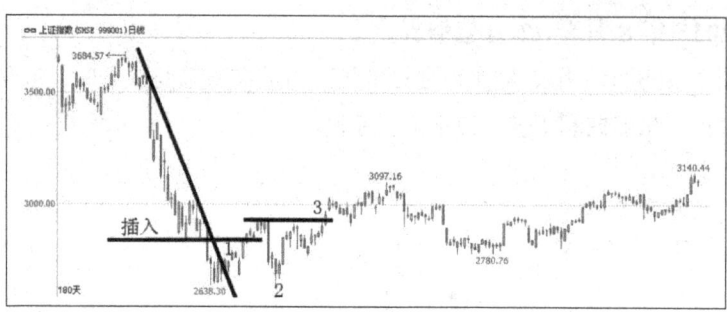

图 3-18 随后的上升趋势

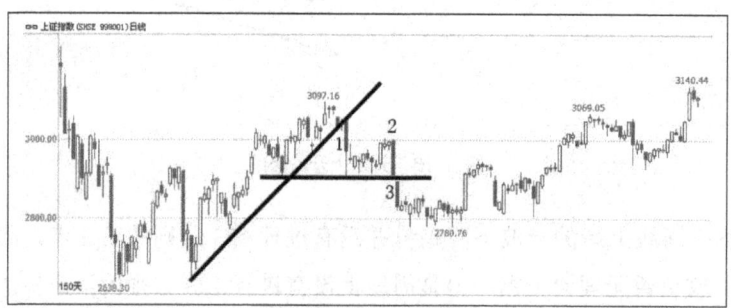

图 3-19 随后的下降趋势

3.2.5 2016 年 4 月至 8 月趋势界定

最后就是 2016 年 4 月至 8 月的上升趋势了，到目前为止，在日线级别上，它还处于上涨状态中，如图 3-20 和图 3-21 所示。在完成了 123 法则之后，高点和低点不断向上移动，并且每次回调的低点都没有插入前期高点，偶尔的几次插入也是日内影线插入，这一点可以忽略。

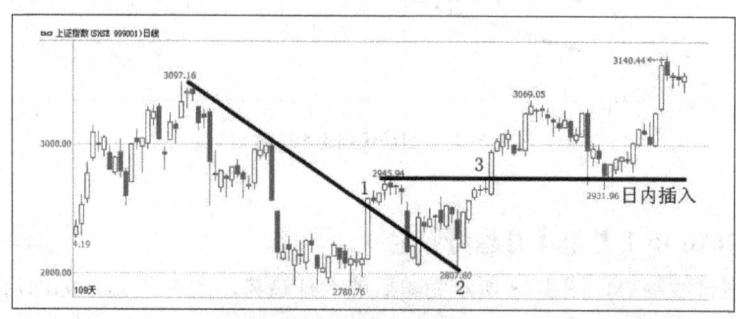

图 3-20 目前的上升趋势

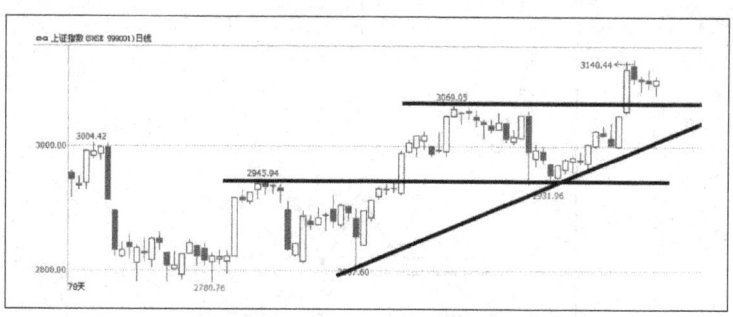

图 3-21　符合的定义的上升趋势

3.3　趋势反转方法论拓展

以下内容为道氏理论的量化方法，123 法则的拓展法则，可以配合 123 法则使用。这两种拓展法则分别是 2B 法则和反出击日法，这两种方法殊途同归，但这两种方法是由不同的资深交易员提出来的。123 法则和 2B 法则是由维克托·斯佩兰迪奥（Victor Sperandeo）提出的，反出击日法是由拉里·威廉姆斯（Larry Williams）提出的。

3.3.1　2B 法则

2B 法则是指在上升趋势中，如果价格已经穿越先前的高价而未能持续上涨，稍后又跌破先前的高点，则趋势很可能会发生反转，下降趋势也是如此，如图 3-22 与图 3-23 所示。

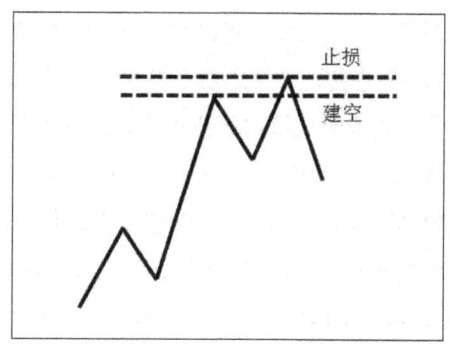

图 3-22　上升趋势中的 2B 法则

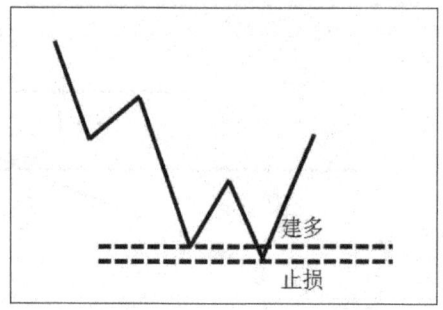

图 3-23 下降趋势中的 2B 法则

  2B 法则是不是 123 法则中第 2 步的演化呢？也许是，也许不是。如果说 2B 法脱胎于 123 法则，那么必须完成第 1 步也就是突破趋势线后，再突破前高低点，才能称为 2B 法则。2B 可能是 the sencond back。

  维克托·斯佩兰迪奥在他的书中虽然将 2B 法则写在了 123 法则之后，但他并没有着重提出突破趋势线的问题。如果不涉及突破趋势线的问题，也就不涉及 123 法则的第 1 步的问题。所以 2B 法则跟 123 法则无关，它只是根据上升趋势的定义回插了前期高点，此时，上升趋势有可能结束，或者说目前这一阶段的上升趋势结束了。那为什么还叫 2B 法则呢？这明显就是 123 法则中的 2。其实并不一定，你听过波浪理论中的"牛市双回撤"原理吗？它与 2B 法则几乎是一样的。所以也可以把 2B 解释成 two times back。

  维克托的原文中还说了这样一段话："我从来没有用严格的统计方法测试 2B 法则的有效性，因为完全没有这种必要。即使每三次 2B 法则中仅出现一次有效的趋势变动，我们还是可以根据这项法则赚钱，尤其是将它运用在中期趋势中时。这是因为 2B 法则几乎可以让你精确地掌握顶部与底部，并建立具有非常理想的风险报酬关系的交易。以上升趋势为例，运用 2B 法则最佳的方法，是在价格重新跌破先前的高点时做空。做空之后，将回补的止损点设定在 2B 的高点。如果你是中期趋势交易，则报酬风险的比率几乎总是高于 5∶1。即使你因此被连续震荡出场两三次甚至四次，你成功一次的获利都将多于先前的所有损失。"

  通过维克托的这段话，我认为 2B 法则略有左侧交易的嫌疑，所以 2B 法则根本不用附加突破趋势线的条件。但维克托也说了，这种方法的盈亏比比较高，我们只要严格止损，就可以用高准确率和高盈亏比来弥补略有左侧交易嫌疑的缺憾。

  图 3-24 所示为上证指数 2015 年 9 月 2 日至 2016 年 2 月 23 日走势图。指数

前期高点为 3 678.27 点，再次冲高的高点为 3 684.57 点，随后迅速回落，当指数 回穿 3 678.27 点时，我们可以在股指期货中放空，以 3 684.57 点止损。其后可以利用 123 法则来确认下降趋势。

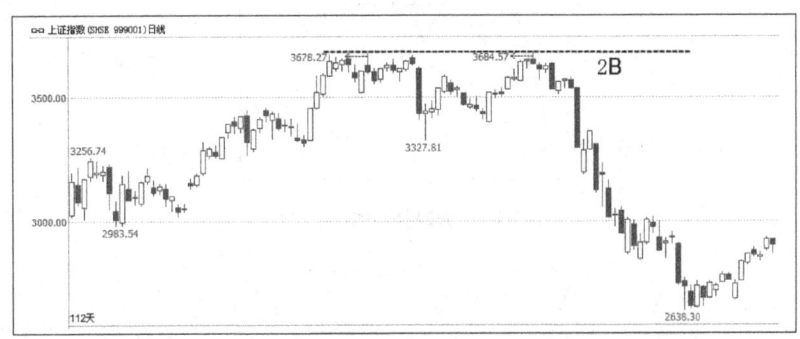

图 3-24　上证指数 2015 年 9 月 2 日至 2016 年 2 月 23 日走势图

图 3-25 为白云机场 2015 年 11 月 12 日至 2016 年 8 月 3 日走势图。价格 10.83 元处突破了前期低点，再次反向穿越，形成 2B 法则。此处应背靠 10.83 元止损做多。随后出现了 123 法则，可以继续在 123 法则完成之时，再次加仓做多。两个策略相互配合。

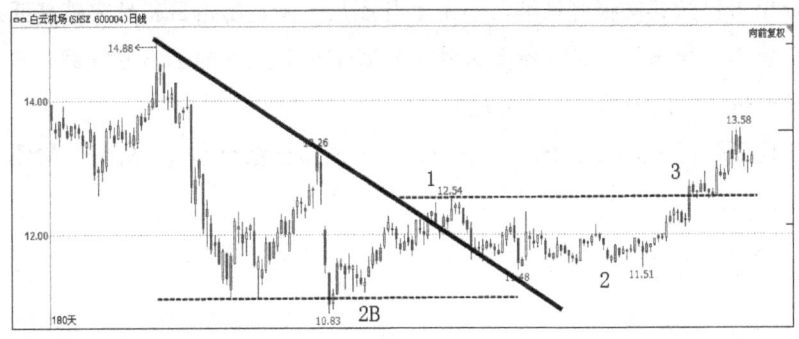

图 3-25　白云机场 2015 年 11 月 12 日至 2016 年 8 月 3 日走势图

3.3.2　反出击日法

与此相同的是拉里·威廉姆斯提出的反出击日法，这个方法记录在他的《短线交易秘诀》一书中。什么是出击日呢？就是突破前期高点（低点），或者突破一个震荡平台的高点（低点）的那根 K 线。一旦价格反突破出击日线了，就是反出击日，如图 3-26 和图 3-27 所示。

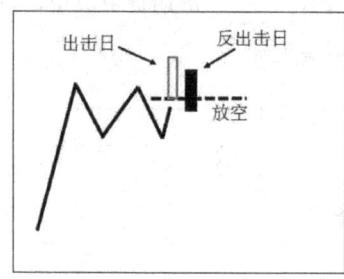

图 3-26　上升趋势中的反出击日法

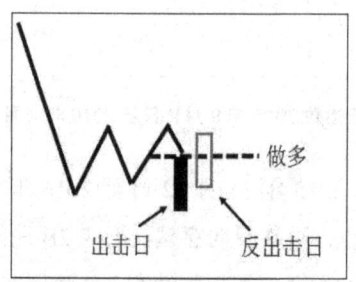

图 3-27　下降趋势中的反出击日法

反出击日法其实很好理解，不论上升还是下降，出击日就是突破高低点，它们高喊着"出击"，结果没多久就被打败了，并且吞掉了出击日那天的最高价（最低价），出击结束，趋势发生反转。

我们还是用 3.3.1 节中的两个例子，用反出击日法对其进行解释，如图 3-28 和图 3-29 所示。

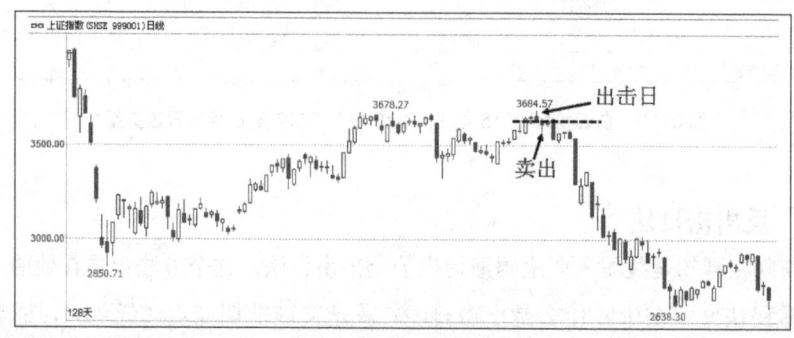

图 3-28　上证指数反出击日法

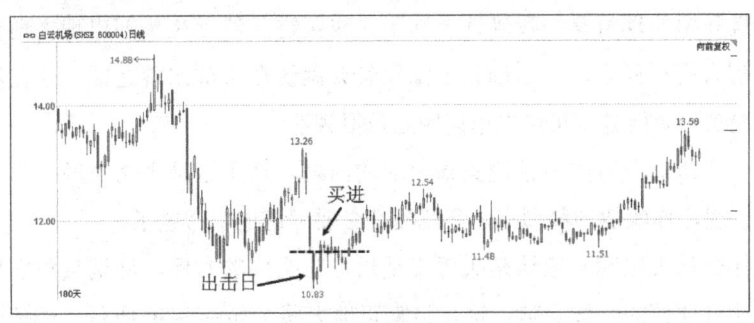

图 3-29　白云机场反出击日法

这些交易策略基本上都是从道氏理论衍生出来的。"为学日益",你也可以写出大量的交易策略;"为道日损",但归根结底,这些交易策略的本源还是道氏理论。所以在策略上你不必花费太多的精力,道氏理论给你定义了上升趋势和下降趋势,在趋势未改变之前,可以持有多单不动或持有空单不动。根据123法则、2B法则和反出击日法,则可以完美地找到趋势的转折点,平多翻空或平空翻多。

在上升趋势中,可以用 RangeBreak 系统只做多单,可以使用三重滤网法中第一重滤网,还可以在使用菲阿里四价时,只做向上突破后的多单。在下降趋势中,反向使用以上方法即可。趋势是一个大过滤器,它帮你界定了方向,让你不会在交易中迷失。现在你再看那些所谓的预测策略,无异于火中取栗。其实,策略(技术分析)的精髓在于跟随,而不是预测。

策略不重要,那什么重要?资金管理和一致性获利。策略系统随手可建,我们在第1章就说过,只要有了统计数据,根据数据的倾向性,站在概率大的一边即可。而资金管理则是你长久不下"牌桌"的保证,只要在"牌桌"上,总会有机会。

知行合一,是一致性获利的关键。可有很多人知道正确的方法,却未必真的按照正确的方法去做。制定策略、进行资金管理都是次要的,这些只要你学习就可以达成,但是知行合一,做到的人却少之又少。

3.4　一致性交易

"掐头去尾只要中段"这种说法,是在我刚刚入行的时候,一些老师跟我说的。趋势启动之前不考虑,趋势结尾不考虑,只考虑中间增长最快的一段——掐头去尾我最开始的理解是：我确认上涨了，我买进，然后在头部出现之前离开。这种理解有两点问题，怎么确认上涨？怎么确认在头部出现之前？现在我能很好地解决第一个问题，可第二个问题还是很棘手。

我一直在思考着如何预测头部出现的问题，其实这是个伪命题。你能预测头部的出现，你就能预测顶点，那就没有必要讨论这个命题了。

那什么是去尾呢？应该是头部出现后，在头部的右侧，确认头部之后，再出手，让过顶部的一段走势，这才是真正地去尾。如图 3-30 所示，两条虚线之间的部分，才是我们追求的中段利润。

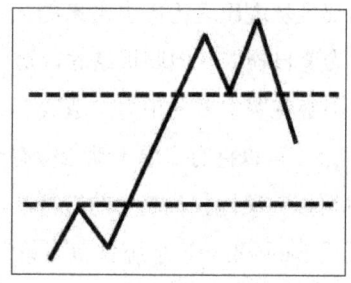

图 3-30　掐头去尾取中段

3.4.1　123 法则应用

理念问题解决了，剩下的就是操作层面上的问题了。如何确认涨势，还得从 123 法则说起，来看豆粕 1701 合约 2015 年 12 月 15 日至 2016 年 7 月 26 日的走势图，如图 3-31 所示。

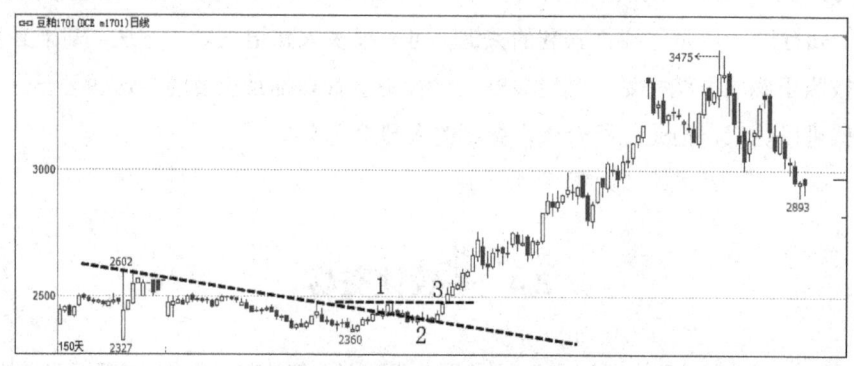

图 3-31　豆粕 1701 合约走势图

买点由 123 法则来确认，也就是确认了上升趋势。1 处的高点为 2 472，2 处的低点为 2 390 元，那么在 3 处价格为 2 473 元时可建立多单（后文简称建多）。再以 2 389 元为止损位，止损幅度为 84 元，每手 840 元。如果你有 10 万元，那么 10 万元的 2% 为 2 000 元，用 2 000 元去冒险，除以止损幅度 840 元，约等于 2.38，也就是你只能做两手。感觉太少了是吗？别着急，在市场中并不是只有豆粕 1701 合约这一个品种有这种行情，你还可以同时做其他的品种。

根据趋势的定义，只要每次回调的低点不超过前期高点，原本的趋势就没有改变。所以在行情上涨的中期、后期，我们一直不用平仓。豆粕持有过程如图 3-32 所示，直到价格下破了前期高点，或者你可以再激进一点，等价格下破了趋势线后，才平掉多单。

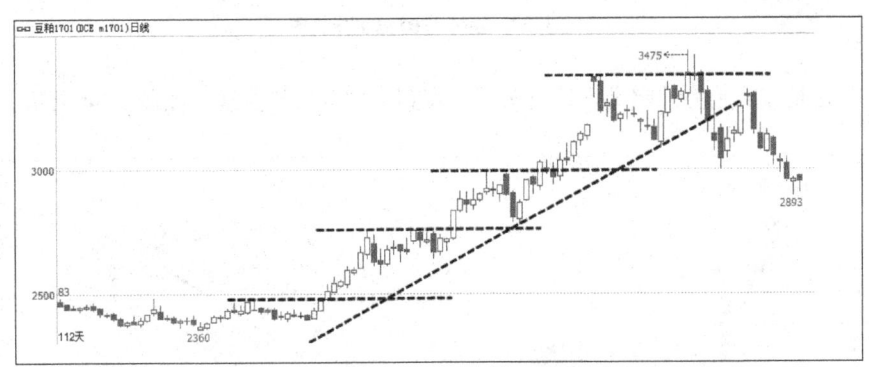

图 3-32　豆粕 1701 合约持有过程

若在价格下破趋势线后平仓，价格大约为 3 200 元，则每吨可获利 727 元（3 200-2 473），每手则获利 7 270 元。两手获利 14 540 元，10 万元本金，收益率为 14.54%。看着很少是吗？两手豆粕在建仓时，资金占用量最多 6 000 元，所以按照资金使用量来计算，收益率约为 242%。同时你还可以在其他品种出现信号时进行交易，如果有 3 个品种同时出现信号，这 3 个月大约可以获利 40% 左右。这只是保守估计，有些品种的杠杆更大。

但这只是一个非常标准化的例子，有时候我们还能遇见其他特殊的情况，如铁矿 1701 合约的情况。图 3-33 所示为铁矿 1701 合约 2016 年 4 月 13 日至 2016 年 7 月 8 日的走势图。

根据 123 法则，在突破 1 处高点（329.5 元）时建多，在 2 处的低点（319.5

元）止损，止损幅度为10元，每手1 000元。如果你有10万元，2%的资金2 000元除以止损幅度1 000元，可做两手。

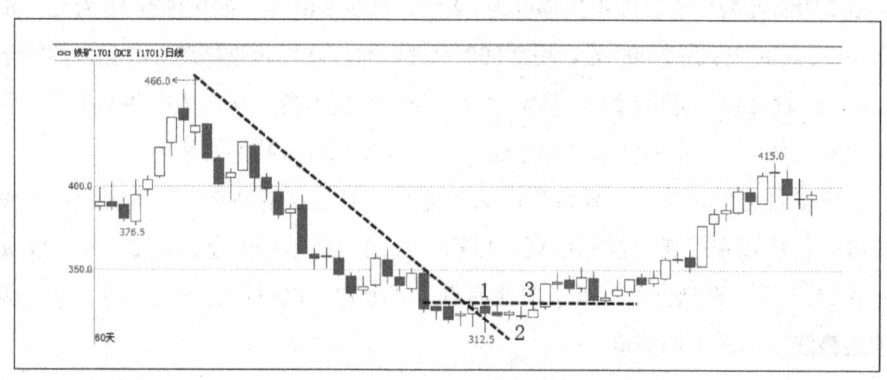

图3-33　铁矿1701合约走势图

还是按照趋势的定义，持有多单，直到点数下破趋势线，如图3-34所示。

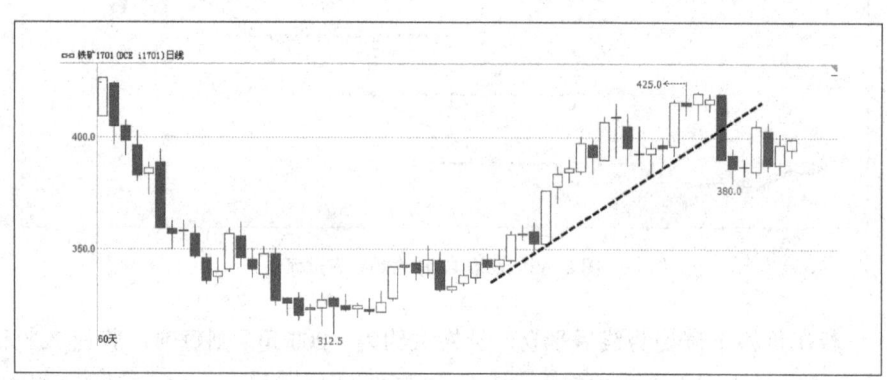

图3-34　铁矿1701合约持有过程

如果在点数下破趋势线后平仓，我们理所当然地要等待下降趋势的123法则形成，但从图3-35来看，它并没有形成123法则，而是再次向上破高了。

此时的情况很尴尬，多单平掉了，空头趋势没有形成，此时的多单还跟不跟呢？事后来看，多单跟进，止损位不好设置。此时你肯定会想，当时如果不平多单就好了，但是你有没有不平多单的理由呢？应该是没有理由，毕竟价格已经下破趋势线了，并且我们也不太好把握后续的走势。

图 3-35　铁矿 1701 合约下破趋势线后并未形成下降趋势的 123 法则

如果你坚持突破跟随的原则，在价格破高后再次跟进多单，我们可以演示一下后面的走势，如图 3-36 所示。

虽然价格下破了趋势线，但没有形成向下的 123 法则，并且价格再次向上破高，所以上升趋势未变。根据趋势线的绘制要求，图 3-36 中所示的趋势线是新修改的趋势线。趋势线不断向右上方延长，直到价格下破趋势线后才平仓。如果运气足够好，可能会有更大一个级别的上涨；如果运气不好，你只是浪费了更多的时间，并没有获得更多的利润。

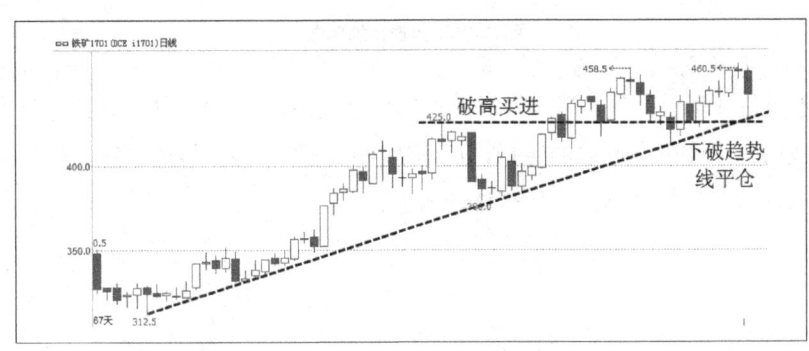

图 3-36　破高后重新修订趋势线

3.4.2　哪种情况适合突破跟进

那突破跟进有问题吗？没问题，我再给你一个条件。当一段趋势结束之后，若其后形成持续型价格形态，则可以继续跟进多单。比如矩形、三角形。我们在这里暂时不谈旗形，先说矩形和三角形。图 3-37 所示为三角形持续形态，图 3-38 所示为矩形持续形态。

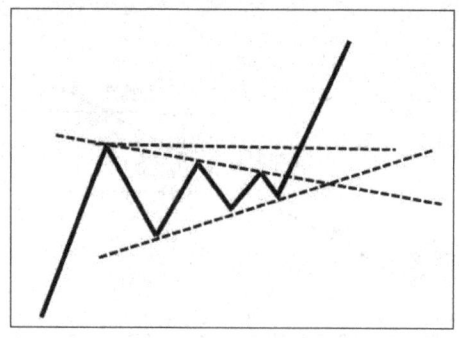

图 3-37 三角形持续形态

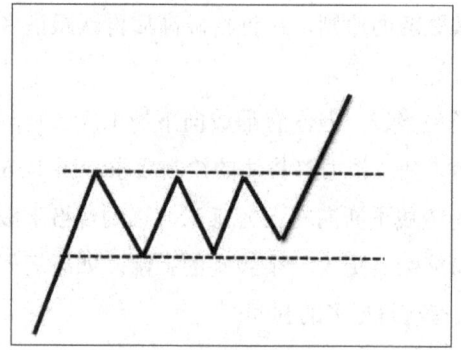

图 3-38 矩形持续形态

形成持续型价格形态后再跟进,成功率会提高。如铁矿 1701 合约,只有一个波段向下,并没有更多的转折,后面的走势很不牢固,最好不跟。然后我们再来说旗形,图 3-39 所示为旗形持续形态。

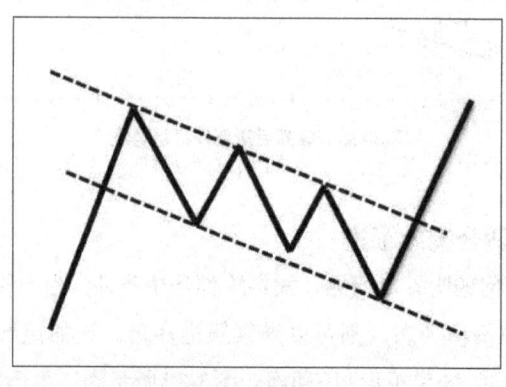

图 3-39 旗形持续形态

旗形其实在内部已经形成了下降趋势的 123 法则，所以在旗形的内部，我们就可以做空。但是在旗形内部做空，可能最终达不到我们期望的结果，如图 3-40 所示。在旗形内部做空，虽然得不到更多的利润，但终归亏不了多少钱。

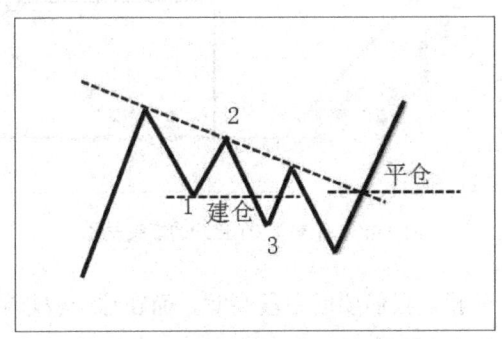

图 3-40　旗形内部小级别下降趋势的 123 法则

现在我们再回到铁矿 1701 合约中，建多位大约位于 329.5 元，平仓位大约位于 402.5 元，每吨获利 73 元，每手获利 7 300 元。两手获利 14 600 元，10 万元本金的收益率为 14.6%。两手的资金占用量约为 10 000 元，所以真正的收益率为 146%。

那么以总资金收益率来看，10 万本金同时投资豆粕 1701 合约和铁矿 1701 合约，一共可获利 29%，且市场上同时出现信号的品种还有很多。以这种安全的方法，每次只冒 2 000 元的风险，在较短的时间内你就能把 10 万元变成 20 万元。

3.4.3　掐头去尾

那什么是掐头去尾呢？我们把两张走势图从头到尾再看一下，如图 3-41 和图 3-42 所示。

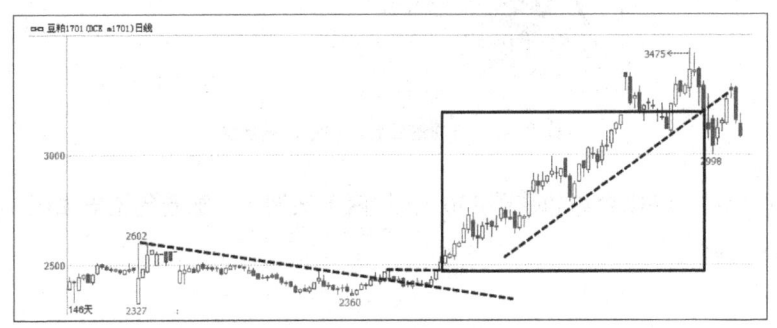

图 3-41　豆粕 1701 合约的掐头去尾

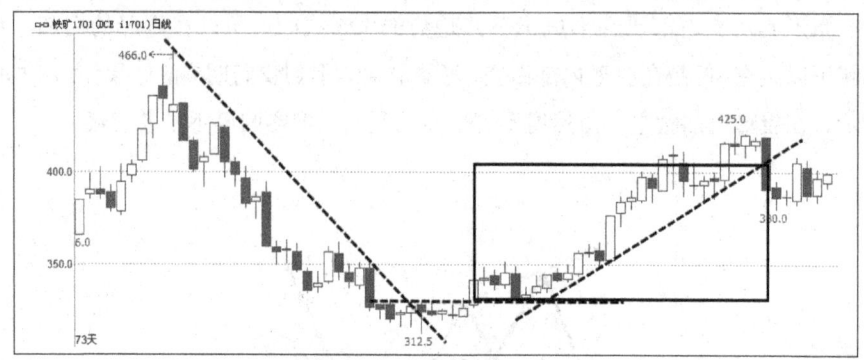

图 3-42 铁矿 1701 合约的掐头去尾

方框框住的部分就是我们要的中段利润，而在这一波趋势中，方框的下方和方框的上方，就是被掐掉的头和去掉的尾。

3.4.4 加仓

还有一个扩展的问题——加仓。如果趋势一直朝一个方向运行，为了让利润奔跑，最好的方法就是加仓，那么在什么位置加仓比较合适呢？其实，只要趋势给出一个新的买进信号就可以加仓，如图 3-43 所示。

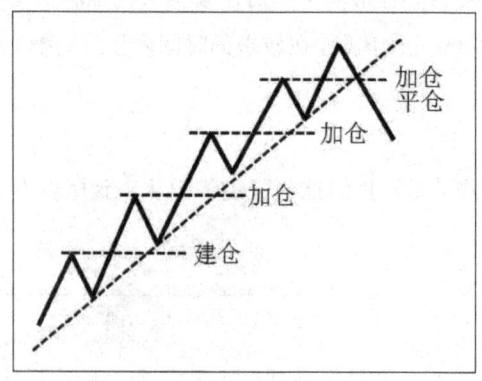

图 3-43 理想的建仓、加仓、平仓位

回到豆粕 1701 合约和铁矿 1701 合约两个案例中，加仓的位置如图 3-44 和图 3-45 所示。

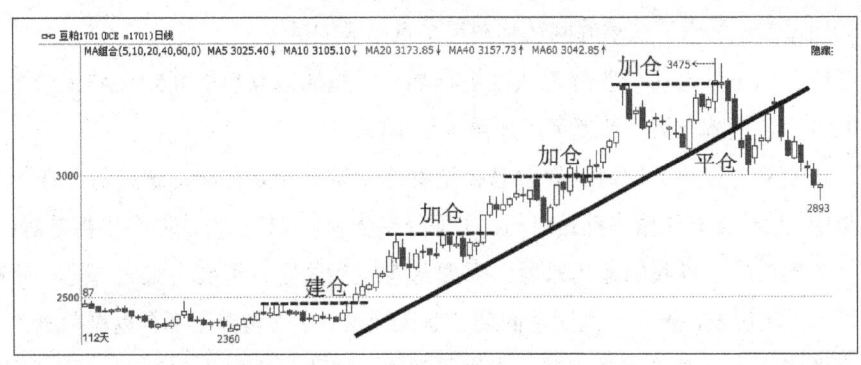

图 3-44　豆粕 1701 合约建仓、加仓、平仓位

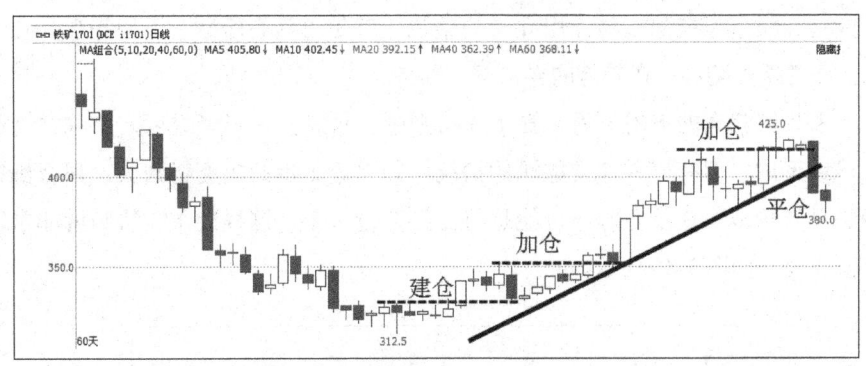

图 3-45　铁矿 1701 合约建仓、加仓、平仓位

在价格每一次回调结束再次突破前期高点时，即可加仓。如果你没有从起点开始做起，我还是建议你不要加仓太多。至于加多少才合适？随着行情的不断上涨，它的盈亏比就越来越小。假设从趋势刚刚开始形成时，盈亏比达到10∶1，但行情不断上涨，不断兑现，盈亏比也会逐渐减小，变为 5∶1、3∶1，直到最后趋势转换。盈亏比减小，意味着风险越来越大，所以我不建议等量加仓，那就更不用说倒金字塔加仓了。我建议正金字塔加仓，比如开始时你建仓 10 手，下一次可以加仓 5 手，第三次可以加仓 2 手，最后加仓 1 手。如果你只能做 1 手，那就先别考虑加仓的问题了，等赚到足够多的钱再说。

3.4.5　更积极的买入方法

当然这只是加仓的一种方法，如果你很熟悉三重滤网法的话，你可以用趋势的界定作为第一重滤网，在更小的级别中，根据三重滤网的操作方法，在价格的回调低位加仓。三重滤网法将在第 7 章中详细讲述。

或者你可以直接借鉴海龟法则进行加仓，按照建仓后的 0.5 倍 ATR 或 1 倍 ATR 加仓，基本在第一波就可以加满 4 个单位。

在趋势允许的范围内，你想怎么做就怎么做。如果你能理解趋势，在上升趋势中，用什么方法做多都是对的，在下降趋势中，用什么方法做空也都是对的。

关于策略，以我的经历来看，需要从肯定到否定、再到否定之否定。策略从道氏理论出发，转了一大圈又回到了道氏理论。不知道算不算是返璞归真了。那么还得再说一遍"为学日益、为道日损"。"为学日益"的时候，我们总结经验，要这么做、要那么做。当达到了"为道日损"的时候，总结经验就变成了，不能这么做、不能那么做。用孔子的话说，就是"从心所欲，不逾矩"。在规定的条件下，随心；在趋势的界定下，顺势。

那我们就真的来看一看，在 123 法则中，只有第 3 步形成后，才称得上趋势已经形成。但有一种非常尴尬的情况，如果第 1 步的幅度特别大，那么确认趋势反转形成第 3 步之时，可能趋势已经走过大半，这样的 123 法则就非常没有操作性，如图 3-46 所示。

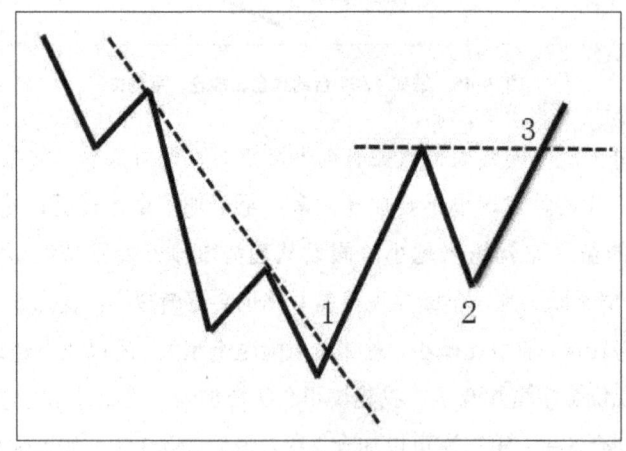

图 3-46　非常尴尬的 123 法则

如果能更早一点建仓就可以获得更多的利润。其实利润是其次的，更重要的是在完成第 3 步后，后面的操作没有优势可言。那么是在 1 处建仓，还是在 2 处建仓呢？

1 处虽然突破了趋势线，但在没有形成一波涨势之前，它也有可能是下降趋势的一波回调，1 处的不确定性非常大。所以我们只能考虑在 2 处建仓，价格涨上去，再调回来，在 2 处建仓恰好合适。这与三重滤网法非常相似：第一重滤网确定趋势，第二重滤网找到回调低位、反弹高位，第三重滤网确定建仓点。我们对这个方法进行一下修改，从这个角度上来说，也看得出策略随手可得。

第一重滤网由 123 法则的第 1 步代替，只要价格突破趋势线后，完成了第 1 步，我们就静候第 2 步的低位。怎么确定呢？我们可以对三重滤网的第二重滤网进行一个简化处理，如果此时处于上升趋势，小时线图中 KD（随机指标）经由 30 以下形成金叉后即可买进。反过来，如果是下降趋势，小时线图中 KD 经由 70 以上形成死叉后即可卖出。当然具体的参数，也可以根据你的风险偏好进行更改。

图 3-47 所示为郑棉 1701 合约 2016 年 5 月 6 日至 8 月 1 日的走势图。形成完美的 123 法则后价格开始下跌，按照我们修改的三重滤网法则，能不能在 2 的高点处就建立空单（后文简称建空）呢？根据三重滤网的规定，要在更小的一个级别中寻找卖出点，即从小时线图中寻找卖出位。于是，我们可以在小时线图中找到对应位置。

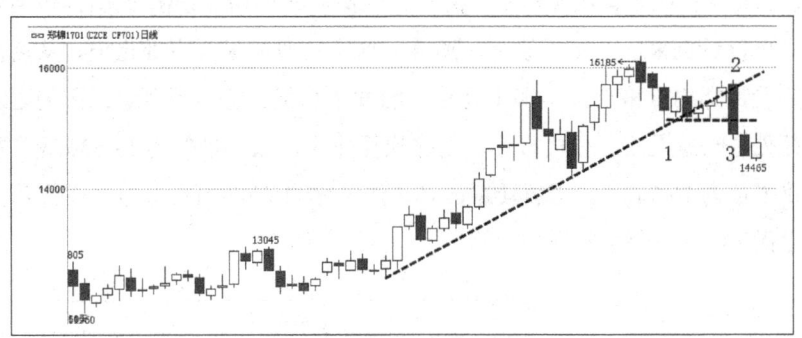

图 3-47　郑棉 1701 合约走势图

图 3-48 所示为郑棉 1701 合约日线所对应的小时线图，在图中圆圈所示位置，即在第 2 步的高点处，KD 经由 80 以上形成死叉，可建空。你可能会问，在小时线图中 KD 在 80 形成上下叉时为什么不放空？你仔细看，它们都在趋势线上，且都处于上升趋势中，当然不能放空。你可能还会问，在最后放空的位置处，价格也处于趋势线之上，为何还要放空。你还要仔细看，价格在此之前已经下叉趋势线，所以后面的价格处于线上还是线下，已经不由趋势线控制了。也许你还会问，为什么是这条趋势线，是不是看到这个点开始下跌了，才绘制出了这条趋势线。如果你提出这个问题，那就只能回头再看一遍了，前面严格地定义了趋势线的绘

制方法：囊括所有低点为主，以最后一个高点前的低点为终点，连接而成趋势线。

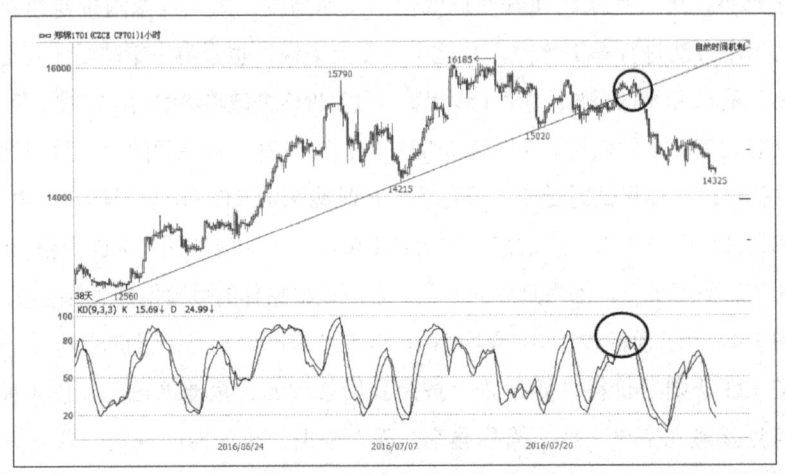

图 3-48　郑棉 1701 合约日线对应的小时线图

那么止损位应设置在哪儿呢？我们需要放大一下小时线图，如图 3-49 所示。从图中可以看到 KD 下叉后放空，那就在这个波段的最高点处止损。从后面的走势来看，郑棉价格上破了那个高点，触发了止损。但是不要紧，因为这种做法的好处之一就是止损幅度极小。在这次操作中，放空价位为 15 635 元，前期高点止损位为 15 775 元，我们加高一个档位，在 15 780 元处止损，这一次交易每吨亏损 140 元，每手亏损 700 元。

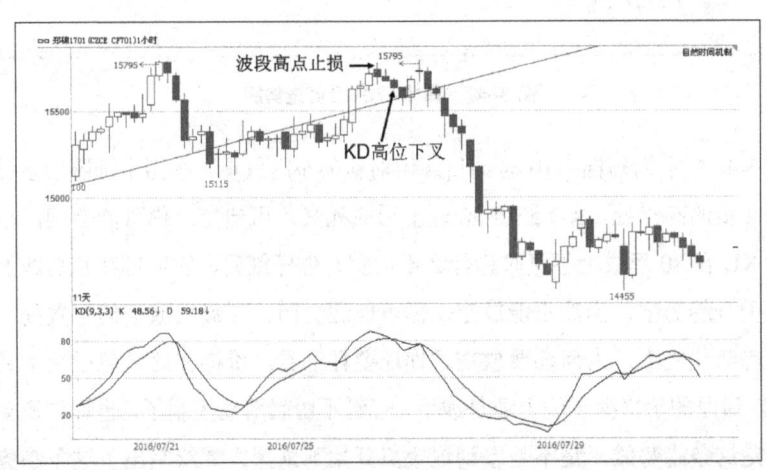

图 3-49　第一次放空

但是后面的机会又来了,如图 3-50 所示。KD 高位再次下叉,再以新的波段高点为止损位,再一次放空。后面就是连绵不绝的下降趋势了。

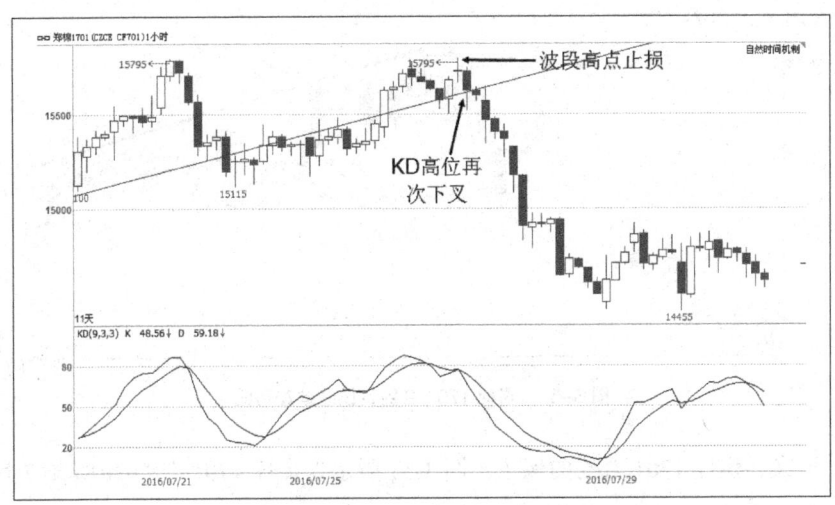

图 3-50　第二次放空

图 3-51 所示为郑棉 1701 合约放空后的小时线图。放空价位为 15 625 元,2016 年 8 月 27 日止收盘价为 13 945 元,每吨获利 1 680 元,每手获利 8 400 元,减掉之前的亏损,每手获利 7 700 元。

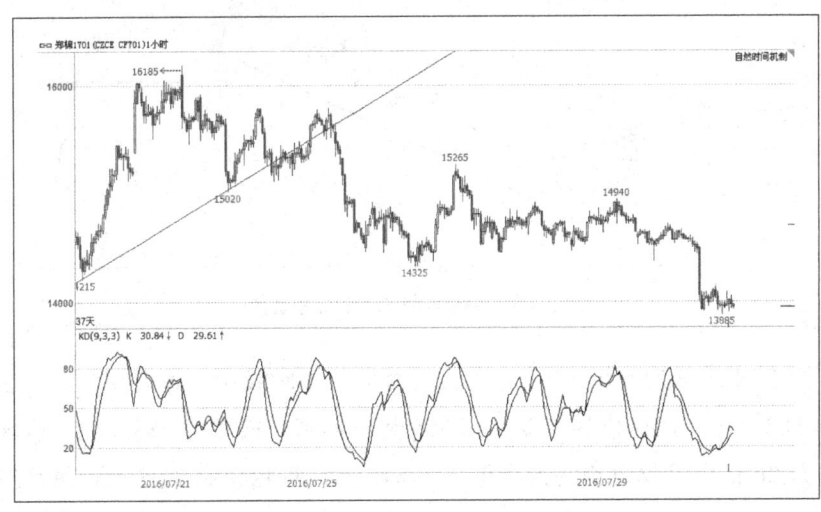

图 3-51　郑棉 1701 合约小时线后续走势图

我们再看一下日线图，在这期间，郑棉 1701 合约的走势严格遵守着我们定义的趋势，所以这期间不会出现止盈，利润是实实在在的，如图 3-52 所示。

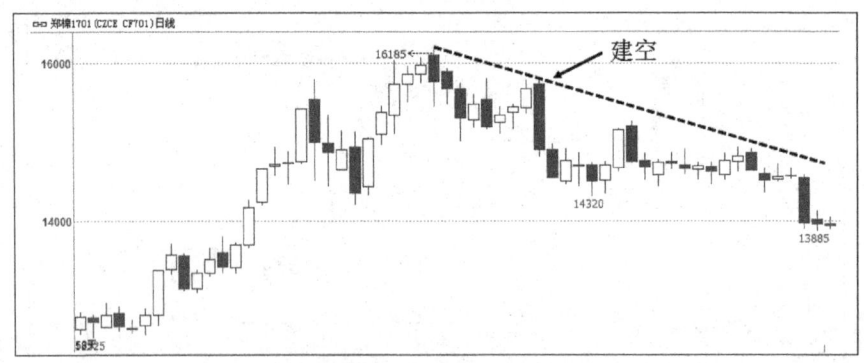

图 3-52　郑棉 1701 合约日线后续走势图

再来看焦煤 1701 合约的例子。图 3-53 所示为焦煤 1701 合约 2016 年 7 月 6 日至 8 月 26 日的日线走势图。如果按照 123 法则的要求，在第 3 步形成时再放空也不迟，但我们能不能在第 2 步形成时就放空呢？或许可以试一试，此时就要看小时线图是否配合了。

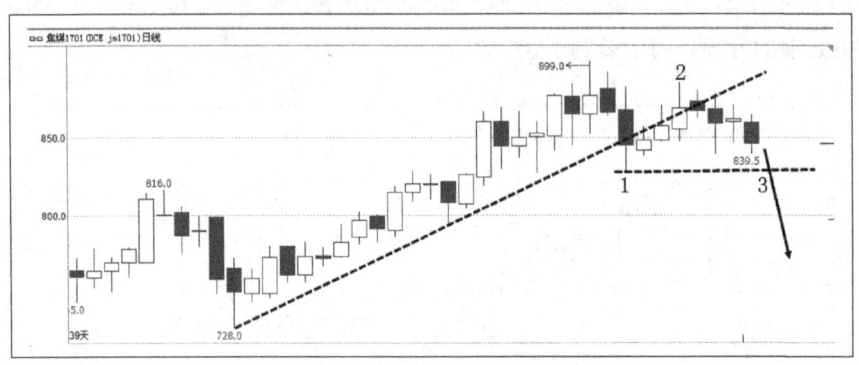

图 3-53　焦煤 1701 合约日线走势图

图 3-54 所示为焦煤 1701 合约日线对应的小时线图。道理相同，放空价位为 868.5 元，止损位为前期高点 885 元，再高一档则为 885.5 元。以现在的 8 月 26 日夜盘收盘价为准，价格为 846 元，每吨获利 22.5 元，每手获利 1 350 元。

图 3-54 焦煤 1701 合约小时线图

最后来看在上升趋势中如何应用这一方法。图 3-55 为豆粕 1701 合约 2015 年 12 月 11 日至 2016 年 7 月 22 日的走势图。在底部完成 123 法则后,我们此时的目的是要看在第 2 步的低点处能不能建多。

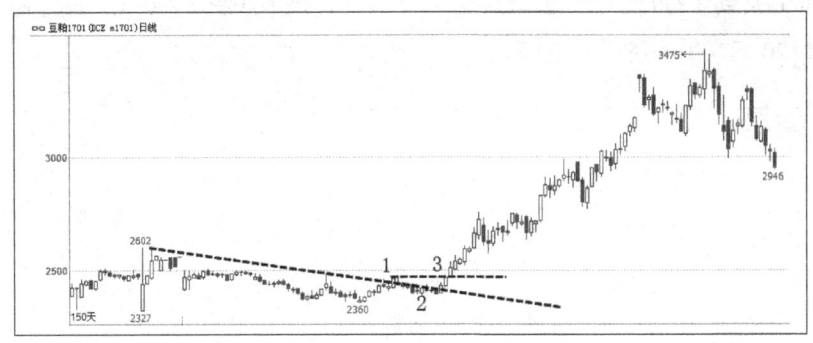

图 3-55 豆粕 1701 合约日线走势图

图 3-56 为豆粕 1701 合约日线对应的小时线图。第一次建多价位为 2 408 元,止损位为 2 396 元。豆粕 1701 合约后期走势下破了 2 396 元,达到了 2 390 元,止损幅度为 12 元,每手亏损 120 元。不过没关系,后面还有机会。

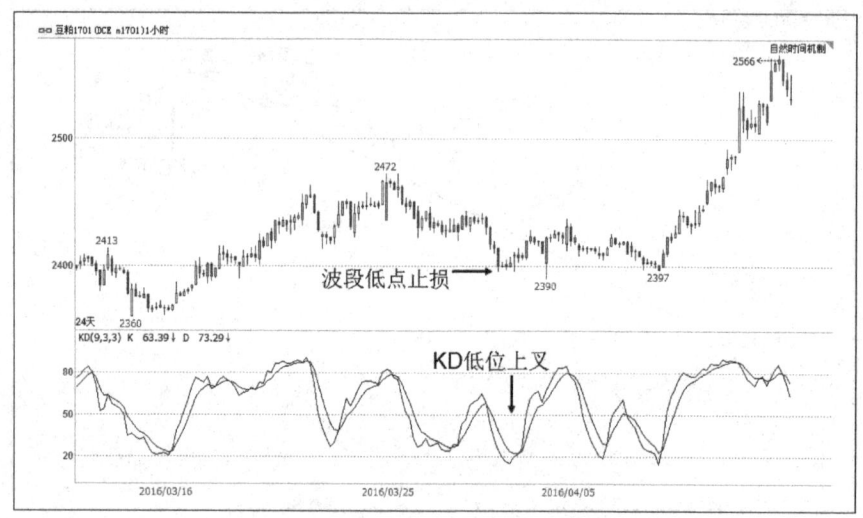

图 3-56　豆粕 1701 合约第一次建多止损

图 3-57 为第二次建多示意图，KD 再次经由 20 以下上叉，建多价位为 2 422 元，以前期低点 2 390 元为止损位。后面一路上涨，一帆风顺，本章在前面讲过这个例子，从日线来看，第二次建仓时间为 2016 年 4 月 5 日，直到 2016 年 7 月 6 日价格达到 3 200 元时平仓。每吨获利 778 元，每手获利 7 780 元。减掉前面止损的 120 元，每手获利 7 660 元。

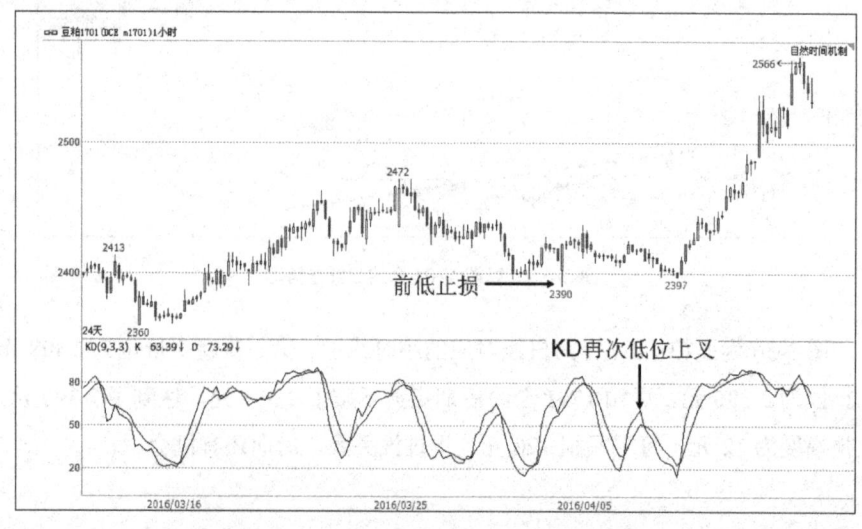

图 3-57　豆粕 1701 合约小时线第二次建多

同样，每一次买进信号都可以作为加仓信号，图 3-58 为豆粕 1701 合约小时线后续走势图，在低位的 KD，只要经由 30 以下上叉，此时都可以加仓，并且会有多次加仓机会。

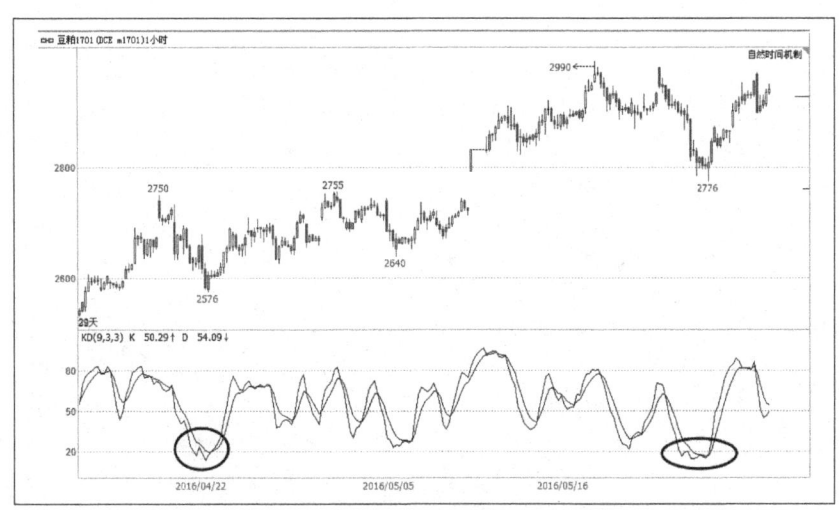

图 3-58　豆粕 1701 合约小时线出现的加仓机会

写完这一章之时，期货市场中至少已有 5 个品种同时给出了交易信号，有多有空。在股票市场中，有近 3 000 只股票，交易的机会就更多了。123 法则并不难，KD 并不难，难的是一致性。坚持你的一致性，也就是我们常说的那句话，计划你的交易，交易你的计划。

第 4 章

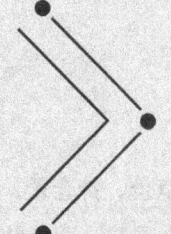

基础数据统计

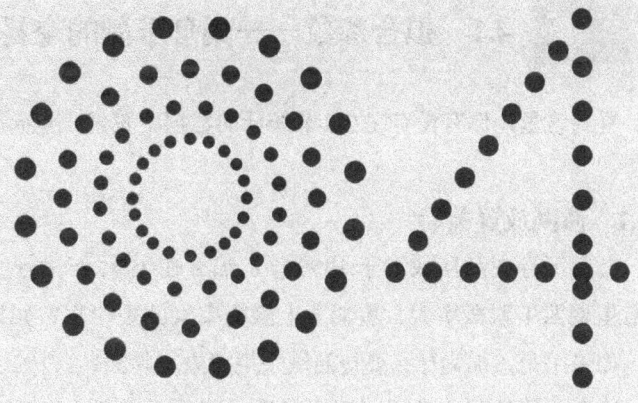

所谓基础数据，无外乎 6 种：开盘价、最高价、最低价、收盘价、持仓量、成交量。其中开盘价、最高价、最低价和收盘价这 4 个价位最为重要，所以统计数据要先从这 4 个价位入手。但在进行统计之前，我们先回顾一下上一章的统计例子，其中存在着某些问题，你看出来了吗？

4.1　拟合参数——刻舟求剑的交易方法

看到这里，你有没有在 2.5 节统计的数据中发现一点问题——拟合参数。

4.1.1　渔网放置前后

上海证券交易所成立于 1990 年，那么在 1991 年进行交易时，是不是也遵循着星期四下跌概率大、星期五上涨概率大的规律呢？如果是，那是怎么知道的；如果不是，那为什么要按照这个规律来交易呢？

这个规律的得出使用了拟合参数。那什么是拟合参数呢？拟合参数就是已知试验或真实数据，然后寻找一个模型对其规律进行模拟，在过程中求取模型中未知参数的一个过程。下面举个例子，帮助你更好地理解拟合参数。

给你一个渔网去捞鱼，你能看到水中鱼的位置，那你应该怎样放置渔网？我选择把渔网放在鱼最多的地方，如图 4-1 所示。此时，鱼是静态的，我是动态的，我可以随时调整渔网的位置。然后，我固定渔网，等待鱼入网，过了一会儿，如图 4-2 所示。鱼是会动的，当我固定渔网后，我就变成了静态的，而鱼成了动态的。我是无法控制鱼的位置的。所以我固定渔网的位置反倒成了鱼很少的区域了。

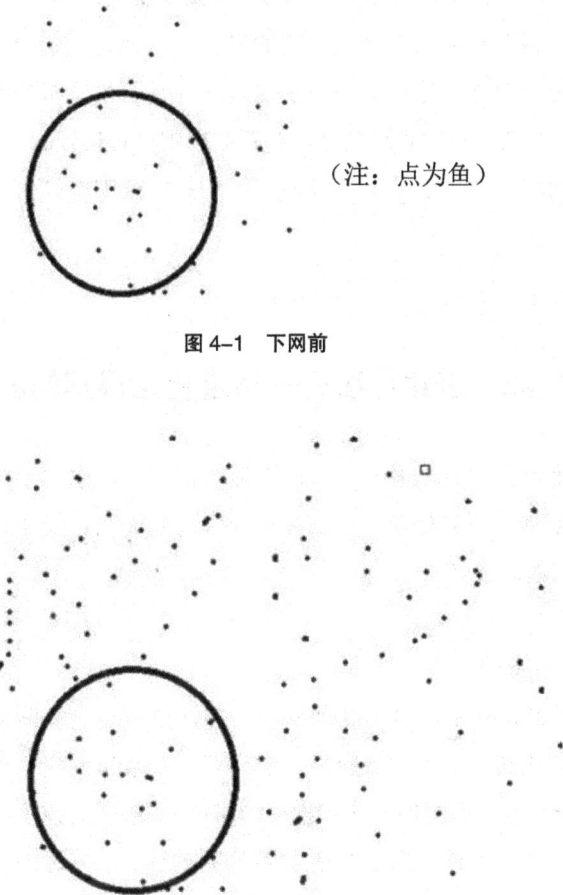

图 4-1　下网前

（注：点为鱼）

图 4-2　下网后

下网之前，我所得到的数据都是已知的数据，我当然知道在哪儿下网最合适。可随着交易时间的拉长，新数据不断增多，那么更多的数据变成了未知数据。未知数据并不一定适合用已知数据找出来的规律，也就是，下网后的位置的鱼的数量未必是最多的了。

4.1.2 顺变求变

有一次我和一个朋友去吃火锅,他儿子想吃一根鹅肠,就把鹅肠放到火锅里煮,过了一会儿他再去那里找鹅肠,发现鹅肠不见了。这个孩子出现的问题和我们说的拟合参数基本是一个道理。

所以有"时移则事异,事异则备变"的说法。想要捕到鱼,就要不断改变渔网的位置,甚至我们需要改变渔网的形状,这就是"备变"了。对很多网上售卖的各种分析软件,你一定要识别这些软件是否用了拟合参数,如果用了,它只在分析过去的数据时表现良好,对新数据则没有良好的分析能力。

那我们刚刚举的例子是不是应该进行一些修改呢?如何修改才能避免拟合参数呢?

4.2 进化算法——从进化论得到的灵感

如果不用拟合参数,很多想法都不能付诸实践,但用了拟合参数,又不知道如何解决刻舟求剑的处境。直到读了《物种起源》,我才知道应该如何处理拟合参数的问题。

4.2.1 变异和遗传

物种是不断演化的,这与新数据所产生的规律也是不断变化的相近。那么物种为什么演化呢?是为了适应当下的环境。新数据的变化也是为了符合当时的需要。这样看来,数据的变化和物种的演化其实是可以类比的。

物种一方面为了适应当下的环境而发生变异,一方面为了将自己的基因延续下去而有遗传性,所以物种适应的环境以当下为主。但物种也不是在每一个环境改变的瞬间都会发生变化,于是可以推导出物种适应的是,以当下为终点向前推至一段时间的环境。这里要注意的问题是:物种适应的是一段时间的环境,而不是地球诞生以来至今的平均环境。

从数据的层面来理解,总结数据的规律需要以一定时间为基础,时间不能太长,不能是全部数据的平均化;也不能太短,不能是一两个月或一两年的规律。

所以我们选择以 14 年为"一段时间",将 1991 年至 2004 年作为一个基数来总结规律,如表 4-1 所示。然后把这个规律用于 2005 年,再将 1992 年至 2005 年的数据作为一个基数,总结出新的规律,如表 4-2 所示,再把这个规律用于 2006 年。以此类推。图 4-3 为 1991 年至 2004 年的数据对比图,图 4-4 为 1992 年至 2005 年的数据对比图。

表 4-1　1991 年 1 月 2 日至 2004 年 12 月 31 日,14 年数据

日期	上涨天数	上涨概率	下跌天数	下跌概率
星期一	312	46.71%	356	53.29%
星期二	352	51.69%	329	48.31%
星期三	344	50.74%	334	49.26%
星期四	328	48.45%	349	51.55%
星期五	384	56.97%	290	43.03%

表 4-2　1992 年 1 月 3 日至 2005 年 12 月 30 日,14 年数据

日期	上涨天数	上涨概率	下跌天数	下跌概率
星期一	305	45.05%	372	54.95%
星期二	343	49.85%	345	50.15%
星期三	338	49.13%	350	50.87%
星期四	318	46.42%	367	54.58%
星期五	373	54.69%	309	45.31%

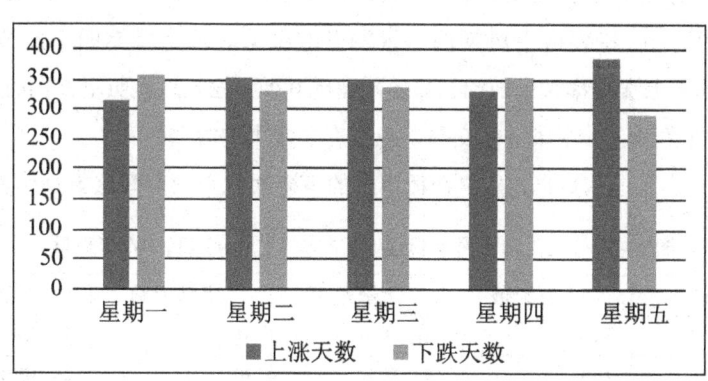

图 4-3　1991 年至 2004 年的数据对比图

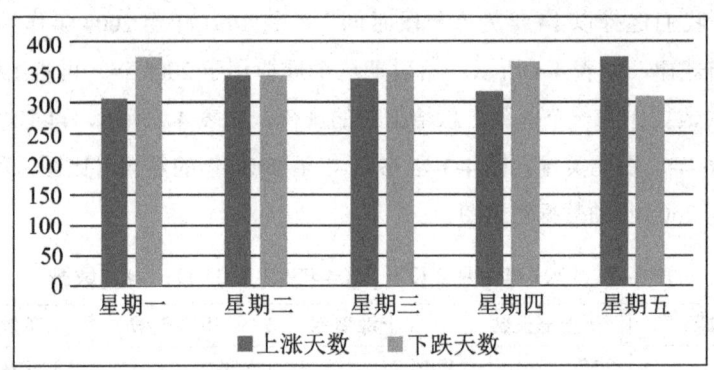

图 4-4　1992 年至 2005 年数据对比图

从表 4-1 可以看出，星期五上涨的概率最大，所以 2005 年我们可以在星期四收盘时买进，再在星期五收盘时卖出。当然还有另一种方法，由于星期一和星期四的下跌概率大，其他三天的上涨概率大，也可以在星期一收盘时买进，星期三收盘时卖出，星期四收盘时买进，星期五收盘时卖出。从表 4-2 可以看出，只有星期五的上涨概率超过了 50%。2006 年我们可以只在星期四买进，星期五卖出。

4.2.2　历史统计数据

表 4-3 至表 4-12 为 1993 年开始至 2015 年结束的所有以 14 年为基数的数据。从这些数据展示出的规律中，你可以思考该如何制订下一年的交易规律了。并且纵观所有这些表格中星期四、星期五的数据，都是星期四下跌概率大于 50%，星期五上涨概率大于 50%。即便不使用其他方法，只按照星期四收盘买进，星期五收盘卖出这一规律进行交易，也会有非常大的收益。

不要小看这些数据，建立在概率上的策略回测必须有些这数据作为支撑。

表 4-3　1993 年 1 月 4 日至 2006 年 12 月 29 日，14 年数据

日期	上涨天数	上涨概率	下跌天数	下跌概率
星期一	313	46.30%	363	54.70%
星期二	353	51.53%	332	48.47%
星期三	341	49.64%	346	50.36%
星期四	315	45.99%	370	54.01%
星期五	370	54.17%	313	45.83%

表 4-4　1994年1月3日至2007年12月28日，14年数据

日期	上涨天数	上涨概率	下跌天数	下跌概率
星期一	332	49.33%	341	50.67%
星期二	360	52.79%	322	47.21%
星期三	348	50.95%	335	49.05%
星期四	314	46.04%	368	53.96%
星期五	370	54.33%	311	45.67%

表 4-5　1995年1月3日至2008年12月30日，14年数据

日期	上涨天数	上涨概率	下跌天数	下跌概率
星期一	339	50.45%	333	49.55%
星期二	356	52.20%	326	47.80%
星期三	350	51.24%	333	48.76%
星期四	316	46.47%	364	53.53%
星期五	370	54.57%	308	45.43%

表 4-6　1996年1月2日至2009年12月31日，14年数据

日期	上涨天数	上涨概率	下跌天数	下跌概率
星期一	358	54.19%	315	46.81%
星期二	359	52.64%	323	47.36%
星期三	357	52.35%	325	47.65%
星期四	320	47.27%	357	52.73%
星期五	364	54.01%	310	45.99%

表 4-7　1997年1月2日至2010年12月31日，14年数据

日期	上涨天数	上涨概率	下跌天数	下跌概率
星期一	360	53.65%	311	46.35%
星期二	361	53.01%	320	46.99%
星期三	355	52.05%	327	47.95%
星期四	321	47.49%	355	52.51%
星期五	362	53.79%	311	46.21%

表 4-8　1998年1月5日至2011年12月30日，14年数据

日期	上涨天数	上涨概率	下跌天数	下跌概率
星期一	353	52.92%	314	47.08%
星期二	365	54.60%	316	46.40%
星期三	359	52.56%	324	47.44%

续表

日期	上涨天数	上涨概率	下跌天数	下跌概率
星期四	317	46.76%	361	54.24%
星期五	356	52.74%	319	47.26%

表4-9　1999年1月4日至2012年12月31日，14年数据

日期	上涨天数	上涨概率	下跌天数	下跌概率
星期一	359	54.90%	307	46.10%
星期二	370	54.57%	308	45.43%
星期三	360	52.79%	322	47.21%
星期四	320	47.20%	358	52.80%
星期五	358	52.88%	319	47.12%

表4-10　2000年1月4日至2013年12月31日，14年数据

日期	上涨天数	上涨概率	下跌天数	下跌概率
星期一	370	55.47%	297	44.53%
星期二	374	55.24%	303	44.76%
星期三	358	52.57%	323	47.43%
星期四	320	47.27%	357	52.73%
星期五	355	52.44%	322	47.56%

表4-11　2001年1月2日至2014年12月31日，14年数据

日期	上涨天数	上涨概率	下跌天数	下跌概率
星期一	366	54.87%	301	45.13%
星期二	378	55.67%	301	44.33%
星期三	362	53.00%	321	47.00%
星期四	316	46.61%	362	53.39%
星期五	366	53.98%	312	46.02%

表4-12　2002年1月4日至2015年12月31日，14年数据

日期	上涨天数	上涨概率	下跌天数	下跌概率
星期一	376	56.37%	291	43.63%
星期二	376	55.21%	305	44.79%
星期三	370	54.01%	315	45.99%
星期四	323	47.57%	356	52.43%
星期五	372	54.95%	305	45.05%

4.3 连续性统计——规避跳空影响

在设计交易系统时,我们要考虑到持仓过夜的问题。因为我国股市是 T+1 制度,所以必须持仓过夜。如果我们星期四收盘买进,一直持有到星期五卖出,那么就要考虑我们的统计方法是否正确。

4.3.1 以相邻两天收盘价进行对比——规避跳空影响

如果星期四确实收阴线,假设它的收盘价为 3 000 元。然而星期五低开 100 元后收阳线,收盘价为 2 980 元。虽然星期四下跌、星期五上涨的规律没有变化,但实际上星期五是下跌的。那么我们就有必要修正一下统计方法,不能以当天收阴线还是收阳线来论涨跌。而应以当天的收盘价对比前一天的收盘价高低来确定涨跌,如图 4-5 和图 4-6 所示。

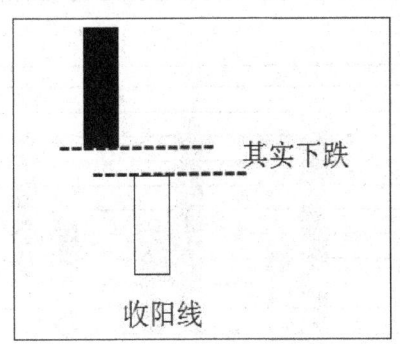

图 4-5　虽然收阳线其实下跌

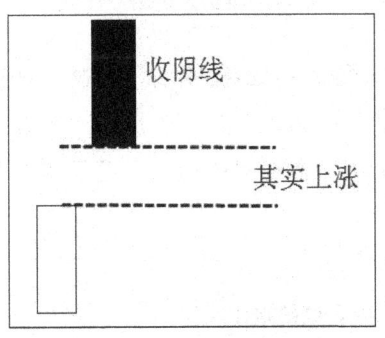

图 4-6　收阴线其实上涨

但是你不用担心,我们刚刚统计过的数据已经没用了。原因在于股市跳空事件,特别是综合指数跳空事件发生得极少。即使有小跳空的存在,基本不影响以阴线和阳线来确定涨跌的规律。但我们在统计期货数据时,就要特别小心了。

为了验证此说法,我用全样本数据,按对比相邻两天收盘价的方式来确定涨跌,看看规律是否有变化,如表 4-13 所示,图 4-7 为相邻两天数据对比图。

表 4-13 相邻两天收盘价对比

日期	上涨天数	上涨概率	下跌天数	下跌概率
星期一	662	54.73%	570	46.27%
星期二	681	54.22%	575	45.78%
星期三	675	53.66%	583	46.34%
星期四	595	47.45%	659	52.55%
星期五	678	54.37%	569	45.63%

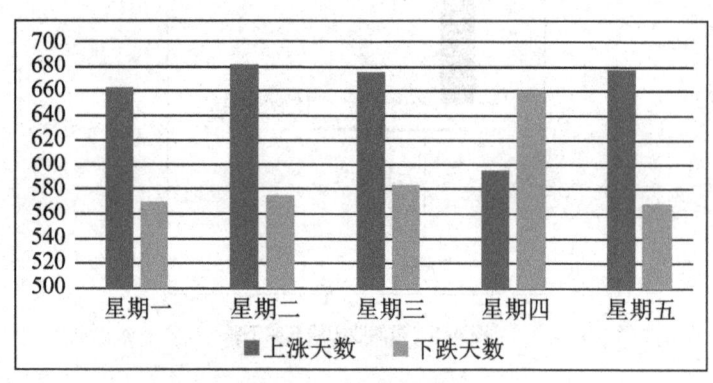

图 4-7 相邻两天数据对比图

看来规律是没有太大变化的,还是星期四下跌概率最大,星期五上涨概率最大。

或者我们可以总结为:如果你是一个日内冲销者,要用当日收阴线还是收阳线来确定涨跌;如果你需要隔夜持仓,要用相邻两天收盘价的对比来确定涨跌。

4.3.2 涨跌概率并不等于涨跌幅度

如果某一天上涨概率极高,但它上涨时间内平均上涨 1 点,而下跌时间内平均下跌5点，即使它的上涨概率再高，对实际操作来说也是没有帮助的。但如果某一天上涨概率一般，平均上涨10点，平均下跌1点。我们宁愿选择后者。

所以我们统计了每周特定时间的上涨概率和下跌概率后，必须要结合它们的涨跌幅度共同应用，才能达到最佳效果。表4-14所示分别为当日平均涨跌幅度和相邻两天对比平均涨跌幅度。图4-8为当日平均涨跌幅度与相邻两天对比平均涨跌幅度示意图。

表4-14 平均涨跌幅度

日期	当日平均涨跌幅度（点）	相邻两天对比平均涨跌幅度（点）
星期一	1.092 2	1.576 8
星期二	−0.161 7	−1.674 2
星期三	4.268 3	2.145 3
星期四	−1.501 9	−1.424 1
星期五	2.537 6	1.711 0

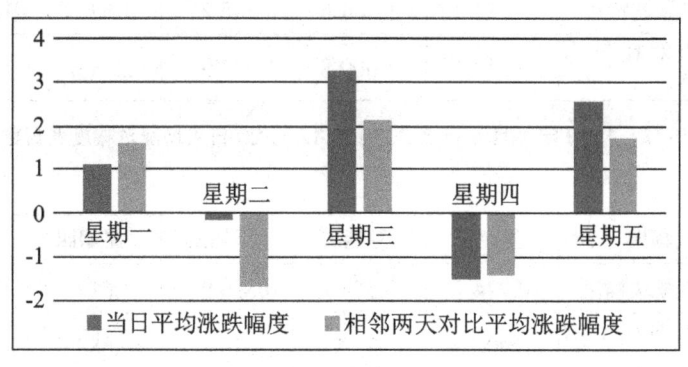

图4-8 平均涨跌幅度对比图

平均涨跌幅度表与相邻两天涨跌概率表都是应用全样本数据进行统计的。将这两张表进行对比可以看到，在相邻两天涨跌概率表中，星期二也是高概率上涨的，但它的真实平均涨跌幅度却是负值。也就是说星期二虽然收阳线的天数多、收盘价高于星期一的天数也多，但幅度不大，总体来说星期二还是下跌得更多一些。所以在买入并持有的日子中，我们除了排除星期四，再次就是排除星期二了，而且星期二还隐藏得比较深。

如此一来，如果我们按照统计出来的规律做短线的话，可以选择在星期二买进，星期三卖出；星期四买进，星期五持有一天，星期一卖出。

虽然根据规律就能给出系统设计的框架，但还是不要忘记，这是我们最后总结出来的规律，也就是说，这还是刻舟求剑的方法。我们还需要用进化算法来对每个阶段进行统计，如表 4-15 至表 4-26 所示。

表4-15　1991年1月2日至2004年12月31日平均涨跌幅度各日数据

单位：点

涨跌幅度	星期一	星期二	星期三	星期四	星期五
当日平均涨跌幅度	-2.025 3	-1.267 4	0.336 3	-1.349 2	1.049 5
相邻两天对比平均涨跌幅度	-0.822 0	-0.868 6	0.839 7	0.537 8	1.454 9

表4-16　1992年1月3日至2005年12月30日平均涨跌幅度各日数据

单位：点

涨跌幅度	星期一	星期二	星期三	星期四	星期五
当日平均涨跌幅度	-2.073 2	-1.304 6	0.545 2	-1.542 5	1.088 9
相邻两天对比平均涨跌幅度	-0.940 4	-1.009 8	1.027 9	0.274 0	1.908 0

表4-17　1993年1月4日至2006年12月29日平均涨跌幅度各日数据

单位：点

涨跌幅度	星期一	星期二	星期三	星期四	星期五
当日平均涨跌幅度	-0.974 7	-0.554 1	0.590 9	-1.612 5	1.295 5
相邻两天对比平均涨跌幅度	0.190 7	0.130 5	1.636 6	-0.688 4	1.449 9

表4-18　1994年1月3日至2007年12月28日平均涨跌幅度各日数据

单位：点

涨跌幅度	星期一	星期二	星期三	星期四	星期五
当日平均涨跌幅度	2.181 1	0.149 3	1.731 1	-2.321 3	2.153 0
相邻两天对比平均涨跌幅度	4.550 3	0.948 0	2.423 7	-1.703 2	1.317 3

表 4-19　1995 年 1 月 3 日至 2008 年 12 月 30 日平均涨跌幅度各日数据

单位：点

涨跌幅度	星期一	星期二	星期三	星期四	星期五
当日平均涨跌幅度	0.834 7	-1.466 1	2.508 7	-2.179 9	1.902 2
相邻两天对比平均涨跌幅度	2.204 4	-1.893 5	2.904 6	-2.106 3	0.644 7

表 4-20　1996 年 1 月 2 日至 2009 年 12 月 31 日平均涨跌幅度各日数据

单位：点

涨跌幅度	星期一	星期二	星期三	星期四	星期五
当日平均涨跌幅度	2.217 4	-1.150 9	2.852 2	-1.483 1	1.796 6
相邻两天对比平均涨跌幅度	4.626 1	-1.681 3	4.023 1	-1.632 5	0.720 1

表 4-21　1997 年 1 月 2 日至 2010 年 12 月 31 日平均涨跌幅度各日数据

单位：点

涨跌幅度	星期一	星期二	星期三	星期四	星期五
当日平均涨跌幅度	2.177 7	-1.385 3	2.902 3	-1.380 9	1.998 2
相邻两天对比平均涨跌幅度	4.542 0	-1.995 4	2.488 0	-1.783 4	0.559 2

表 4-22　1998 年 1 月 5 日至 2011 年 12 月 30 日平均涨跌幅度各日数据

单位：点

涨跌幅度	星期一	星期二	星期三	星期四	星期五
当日平均涨跌幅度	2.023 8	-1.145 6	4.386 6	-1.734 1	1.801 7
相邻两天对比平均涨跌幅度	2.689 8	-2.057 2	2.596 9	-2.140 2	0.392 9

表 4-23　1999 年 1 月 4 日至 2012 年 12 月 31 日平均涨跌幅度各日数据

单位：点

涨跌幅度	星期一	星期二	星期三	星期四	星期五
当日平均涨跌幅度	2.119 4	-0.651 1	4.322 4	-1.445 3	2.162 4
相邻两天对比平均涨跌幅度	2.530 4	-1.720 6	2.346 0	-2.134 4	0.706 3

表 4-24　2000 年 1 月 4 日至 2013 年 12 月 31 日平均涨跌幅度各日数据

单位：点

涨跌幅度	星期一	星期二	星期三	星期四	星期五
当日平均涨跌幅度	2.620 3	-0.320 2	4.248 8	-1.747 3	2.326 4
相邻两天对比平均涨跌幅度	2.845 5	-1.702 8	2.058 7	-2.807 5	0.687 4

表 4-25　2001 年 1 月 2 日至 2014 年 12 月 31 日平均涨跌幅度各日数据

单位：点

涨跌幅度	星期一	星期二	星期三	星期四	星期五
当日平均涨跌幅度	2.588 8	0.078 8	4.760 7	-1.548 7	2.951 6
相邻两天对比平均涨跌幅度	2.683 1	-1.590 3	2.445 5	-2.858 9	1.019 6

表 4-26　2002 年 1 月 4 日至 2015 年 12 月 31 日平均涨跌幅度各日数据

单位：点

涨跌幅度	星期一	星期二	星期三	星期四	星期五
当日平均涨跌幅度	4.891 6	0.852 6	5.213 9	-1.028 8	4.029 4
相邻两天对比平均涨跌幅度	4.975 1	-2.037 5	2.848 3	-2.500	0.612 7

如果当日涨跌幅度大于相邻两天涨跌幅度，说明当日低开；如果当日涨跌幅度小于相邻两天的涨跌幅度，说明当日高开。

例如，对照 2002 年至 2015 年的涨跌幅度和平均涨跌幅度，首先能够确定的就是星期二和星期四不能持仓，只能在星期一、星期三和星期五持仓。又因为星期一的当日平均涨幅小于相邻两天对比平均涨幅，说明当天是高开的，所以最好是在星期一之前就买入并持仓。星期三和星期五恰好相反，所以最好是在星期三和星期五当天开盘时买入。

所以 2016 年短线的交易系统设计最好是：星期三当天开盘买入，持有至星期四收盘时卖出；然后在星期五当天开盘时买入，持有至星期一收盘时卖出。

4.3.3　日、周、月皆可统计

基于这些统计数据，我们可以制定一些基本策略的框架。短线交易系统应该建立在概率之上，当然由于 T+1 制度不能让我们当天买进当天卖出，但你至少可以在高概率下跌的日子将手中的股票卖掉,等到它收盘时再买回来,可以看成是变相的日内短线。

一年大约有52周,如果不能灵活地应用以日为单位的统计数据,也可以以周为单位进行统计,终归还是有规律可循的。

这种方法还可以应用到外汇市场、商品期货市场、国债期货市场、股指期货市场。方法不变,变的只是标的物。表4-27所示为以月为单位进行统计的平均涨跌幅度、最高涨跌幅度、最低涨跌幅度以及当月涨跌幅度的中位数。图4-9为每月平均涨跌幅度和中位数对比图。

表4-27 月单位数据

时间	平均涨跌幅度	最高涨跌幅度	最低涨跌幅度	中位数
1月	1.01%	44.57%	-22.65%	0.735%
2月	4.2%	16.42%	-5.15%	2.97%
3月	1.67%	18.68%	-30.9%	4.5%
4月	4.65%	46.75%	-15.88%	1.16%
5月	6.6%	177.23%	-31.15%	0.71%
6月	0.13%	32.06%	-20.31%	-1.275%
7月	-1.42%	17.2	-28.85%	-0.93%
8月	4%	135.19%	-21.81%	0.05%
9月	-0.55%	8.1%	-14.69%	-0.2%
10月	-0.65%	20.83%	-27.78%	-0.83%
11月	4.94%	42.85%	-18.19%	4.48%
12月	2.05%	27.61%	-15.34%	-0.15%

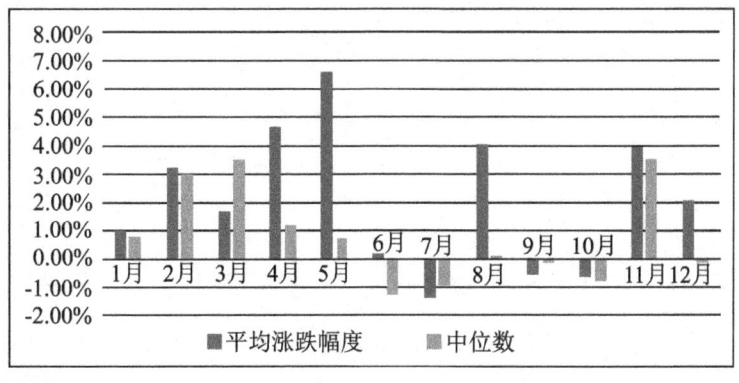

图4-9 每月平均涨跌幅度和中位数对比图

第 5 章

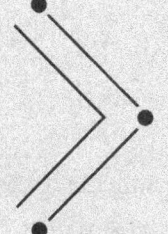

RangeBreak
短线交易系统

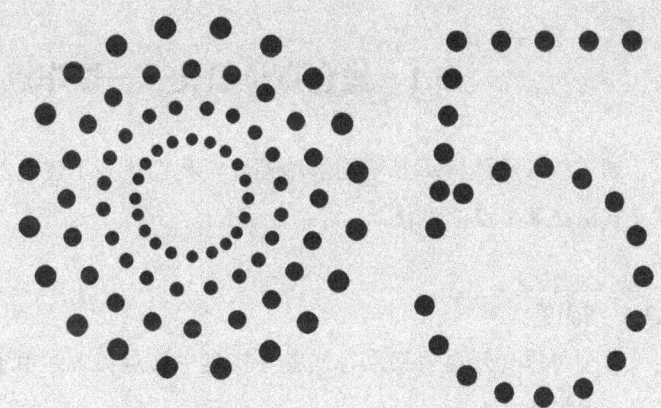

在美国，RangeBreak交易系统的收益曾常年居于 Futures Truth Magazine（《美国权威交易系统评选杂志》）排行前十。至于谁是它的发明人，一直没有定论，但我第一次见到 RangeBreak 系统是在拉里·威廉姆斯的《短线交易秘诀》一书中。拉里·威廉姆斯是美国实盘期货交易比赛的冠军，在比赛中，他一年内赚了本金的 11 倍，我们熟知的威廉指标也是他发明的。

5.1 建仓点位量化——爆炸点

通过统计涨跌概率和平均涨跌幅度，我们找到了建仓的时间，那么下一步就是找出在哪个点位建仓。

5.1.1 幅度

可不可以一开盘就买入？或者寻找盘中低点买入？由于无法确定，所以我们必须要量化。

即便星期三的上涨概率很高，平均涨幅也很大，但毕竟不是每个星期三都会上涨。即使 60% 的时间是上涨的，那还有 40% 的时间是下跌的。为了更大程度地获利，就必须找出建仓点位。如果这一天适合建仓则买入，如果不适合就放弃，等待下一次机会。

如果行情在没有外力的推动下，是横向窄幅震荡运行的，那在这种情况下，不论是做多还是做空，几乎都无利可图。直到某一个方向出现了巨大的推动力，将价格推向一个方向，或直到另外一方的力量反向推动价格为止。

我们研究短线思路，不必考虑这股力量是哪里来的、怎么来的、为什么来，这些都与短线交易没有关系。短线交易只看当下力量的方向，好好利用这股力量就足够了。

如果在这股力量没有来之前，价格的横向运行是有震荡幅度的。例如它在100点之间震荡，这股力量需要将它朝一个方向推出多远，才能改变它的横向惯性呢？推出50点行不行？推出100点行不行？推出200点行不行？都有可能，但具体推出多少现在不清楚。每个品种、每只个股也是有区别的，都必须进行量化，都要通过计算之后才能弄清楚。这是第一个问题。

5.1.2 起始点

第二个问题，如果说推出50点就打破了平衡，那么从哪个位置开始计算50点呢？从昨天的收盘价算起，从今天的最高价或最低价算起，还是从今天的开盘价算起？

弄清楚了这两个问题，也就量化了建仓点位。量化建仓点位的具体操作如下。首先要找出起始点，其次找出偏离这个起始点的幅度。只要偏离超过了这个幅度，我们就认为价格会按照这个惯性运动下去，直到另一股方向相反的力量出现。

如果想弄清楚第一个问题，首先必须解决第二个问题。有了起始点，幅度才有意义。起始点只有4个基础价位可以选择，即昨日收盘价、当日最高价、当日最低价和当日开盘价。

再回头去看平均涨幅表，发现星期一、星期三、星期五大部分都是当日涨幅高于相邻两天收盘价对比的涨幅。也就是说大部分时间这三天都是低开的，当日开盘价要比昨日收盘价好得多。而最高价、最低价都带有极端性，这两个指标也排除。那么我们就以当日的开盘价为起始点。

确定了起始点，就要确定价格朝某一个方向推进的幅度，如果我们只是做股票的话，只需要量化上升的幅度即可。如果你能在股票市场上融券做空或者做期货交易，那么还需要量化下降的幅度。

5.2 推进速率——打破平衡

如果前段时间或者说前一天，价格平均每天上涨 5 个点，而今天上涨了 10 个点，这就打破了之前所说的上涨速率的平衡，我们就有理由认为：有一股力量推动了价格上涨。

5.2.1 RangeBreak 系统

是否打破平衡，不能光用眼睛看，还要用笔算。怎么算呢？还是使用我们的进化算法，但需要再加上一个条件。

还记得我们说的物种演化吗？物种为了适应当下的环境，在变异的同时，还存在遗传。我们对数据的处理，不是极端地以此刻的规律作为指导，如果那样做就会发生极端变异。也不能以全样本的平均数据总结出的规律作为指导，如果那样就忽略了"变异"的影响，过分强调"遗传"的作用。因此，较为合理的方法是，我们在处理数据的时候，要不断地加入新数据，再以相同的速度抛弃最老的数据。

即便是这样以"一段时间"来总结规律，也要注意，在这"一段时间"中，离现在越近的时间对我们的影响越大。相反，离现在越远的时间，对我们的影响越小。例如，我们以 1991 年至 2004 年这"一段时间"的数据作为样本来统计规律，但 2004 年的数据对规律的影响要大于 2003 年的数据对规律的影响，2003 年的又同样大于 2002 年的。也就是说在时间上离我们越近的数据，我们应该给予更高的权重，而离我们越远的则给予更小的权重。

有了时间、起始点再来确定幅度，这就需要我们一步一步进行计算。如果以当日开盘价为基础，向上波动的幅度超过了前一天的最大波动幅度的 N 倍，则买进。相反，以当日开盘价为基础，向下波动的幅度超过了前一天的最大波动幅度的 N 倍，则卖出。RangeBreak 交易系统公式如下。

上轨 = 当日开盘价 +（昨日最高价 - 昨日最低价）× N

下轨 = 当日开盘价 -（昨日最高价 - 昨日最低价）× N

当价格突破上轨时做多，当价格跌破下轨时做空。

不设止损位，持有至收盘平仓。图 5-1 所示为 RangeBreak 系统操作方法示意图。

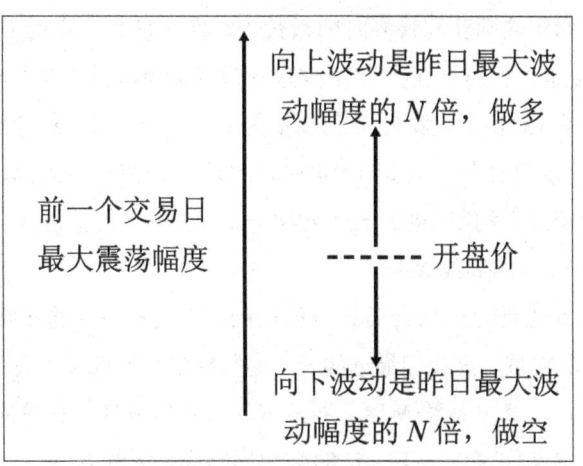

图 5-1 RangeBreak 系统操作方法示意图

5.2.2 优化系数

这个 N 是多少？1%？10%？还是 140%？这需要我们逐一去计算。这样的计算十分麻烦，建议你用 Excel 来进行计算，各种看盘软件都会提供基础数据，只要你利用 Excel 的计算功能按照公式来进行回测，只要一两个小时就可以搞定一个品种（个股）。不用计算得过细，以 10%、20% 这样的整数进行计算就好。

如何在股票交易中用这种方法进行量化呢？由于个股太多，我们只能以上证指数来代替。还是因为我国采用的是 T+1 制度，当天买进不能当天平仓。那只能再次变通一下，利用周线来量化。再次，我们按一般的交易进行计算，不考虑融券做空行为，只考虑做多。

（1）首先将 1991 年全年的周线数据准备好。用第一周的最高价减去最低价，这就是"昨日最高价-昨日最低价"，也就是"昨日最大波动幅度"。

（2）用 N 乘以"昨日最大波动幅度"再加上第二周的开盘价。这个 N，就需要从 10%、20% 一直计算到 100%，计算 10 次，计算出上轨数值。当第二周的价格大于上轨数值时，买进；若小于上轨数值，等待。

（3）触发了买进条件后，持有至第二周收盘时平仓。继续计算第三周、第四周，一直将全年计算完。找出 1991 年中获利最多时的系数 N，并直接应用到 1992 年中。

（4）再将 1991 年和 1992 年的全部周线数据准备好，重新计算。其中，1991 年获利数值的权重为 1，1992 年的权重为 2，采取加权平均计算方法。再次计算时，取两年共同获利最多时的系数 N。将 N 值直接应用于 1993 年。再以 1991 年、1992 年、1993 年的周线数据进行重复计算，其中第 3 年的权重为 3。反复计算，到第 13 年时，第 13 年的权重为 13。13 年合计 91 个权重。

（5）如此反复计算，到第 14 年时，也就是即将计算 2004 年时，将 1991 年的周线数据删除。利用 1992 年至 2004 年这 13 年的数据再次计算。并始终保持计算样本为 13 年的周线数据。

虽然系数 N 还是经过拟合后计算得出的，但这种方法给了离我们最近的一年的数据最大的权重，离我们最远的一年的数据最小的权重，兼顾了"遗传性"和"变异性"。计算出系数 N 后，并没有经过特殊处理，直接应用于下一年的新数据中，也就是你可以将下一年的新数据当成是未知数据，用系数 N 直接计算得到的结果就接近真实的交易结果。

我的计算结果如表 5-1 所示，1991 年周线数据拟合出的最佳系数为 0.1，那么将系数 0.1 套入公式，直接计算 1992 年的获利状况，获利 509.89 点。再用 1991 年和 1992 年的数据拟合出的最佳系数为 0.44，直接应用于 1993 年，获利 475.46 点。

最后的结果是用这套短线系统，在没有止损的情况下，获利 9 828.65 点，而上证指数从 1992 年至 2016 年 7 月 29 日当周，实际涨幅为 2 688.55 点。

表 5-1　上证指数 RangeBreak 系统回测系数与收益

年份	使用参数	收益（点）	拟合后系数	上证实际涨幅（点）
1991		125.48	0.1	
1992	0.1	509.89	0.4	487.64
1993	0.4	475.46	0.4	53.41
1994	0.4	121.6	0.4	−185.93
1995	0.4	235.21	0.3	−92.58
1996	0.3	317.03	0.2	361.73
1997	0.2	263.11	0.2	277.08
1998	0.2	235.58	0.2	−47.4
1999	0.2	576.76	0.2	219.88
2000	0.2	607.67	0.2	706.9
2001	0.2	72.97	0.2	−427.51

续表

年份	使用参数	收益（点）	拟合后系数	上证实际涨幅（点）
2002	0.2	60.59	0.2	−288.32
2003	0.2	377.75	0.2	139.39
2004	0.2	−66.43	0.2	−230.54
2005	0.2	88.22	0.2	−105.44
2006	0.2	1 122.08	0.2	1 515.41
2007	0.2	1 345.67	0.1	2 586.09
2008	0.1	−196.93	0.1	−3 440.76
2009	0.1	1 095.05	0.1	1 456.3
2010	0.1	−146.7	0.1	−469.06
2011	0.1	−123.25	0.1	−608.66
2012	0.1	270.72	0.1	69.71
2013	0.1	237.41	0.1	−153.15
2014	0.1	946.87	0.1	1 118.7
2015	0.1	1 201.56	0.1	305.5
2016	0.1	75.28		−559.84

将上证指数走势和 RangeBreak 系统的收益曲线进行叠加，如图 5-2 所示。在上证指数下跌时，RangeBreak 系统几乎没有交易，而每一次上涨都会拿到一部分收益，所以 RangeBreak 系统的收益曲线一直运行于上证综合指数的走势之上。

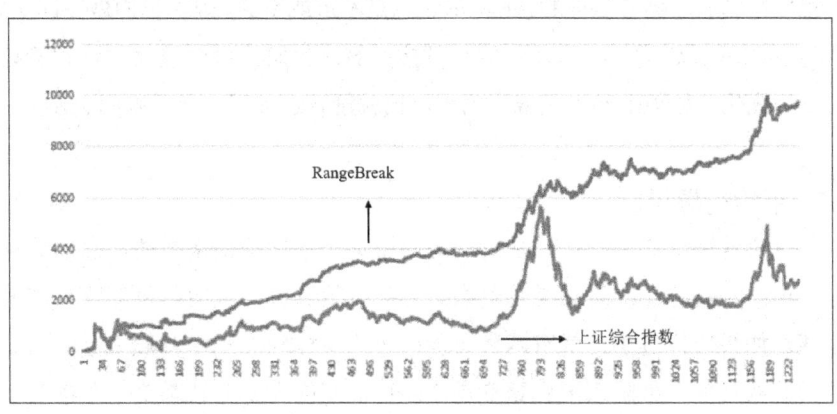

图 5-2　RangeBreak 系统收益与上证指数走势对比图

5.3 如何进行系统评测

对于一个设计好的交易系统来说，必须要进行必要的系统评测，才能知道它在历史数据中运行的效果。如果效果满意可以使用，如果效果不好则果断放弃。当然，我所说的历史数据，并不是全样本拟合后的数据，那样没有意义。

任何系统在对全样本数据或部分样本数据进行充分拟合后，都会得到一份令人非常满意的评测结果，但我们前面就说过，全样本拟合并不可取。我使用的方法，是在有限的历史数据中找到规律或者找到拟合参数，直接应用到下一单位时间中，得出的交易结果就接近真实的交易结果。只有这样的回测数据才有进行系统评测的必要。

5.3.1 净利润总额

进行系统评测时首先要看净利润总额。观察在这一段时间内，用这种策略我们最后赚了多少钱，净利润总额是最常用的一种衡量指标。需要注意的是，它不是最重要的指标，却是我们最关心的指标。赚多赚少，一目了然。那为什么说净利润总额不太重要呢？

因为净利润总额只告诉了你最后的结果，却无法告诉你在使用这套策略时，什么时候赚了钱。可能去年赚了 200 元，今年亏了 100 元，净利润总额为 100 元，结果看起来还是不错的。但我们知道，出现相对巨额亏损时，说明这种策略还是有问题的。

虽然净利润总额有这样的缺陷，但它也是不可或缺的。因为我们做完回测后，如果净利润总额是正的，并且数额是可接受的，我们就可以继续对这种策略进行分析、优化，如果数额为负或者太小，也就没有进行下一步评测的必要了。

5.3.2 平均交易回报

其次要看平均交易回报。平均交易回报这个指标是很重要的。它的计算方法是：用净利润总额除以总交易笔数。如果比值够大，说明你每笔交易都能赚较多钱。如果比值过小，就有两种可能：第一是你的净利润总额太小；第二是总交易笔数过多，你陷入了频繁交易中，可能赚的大部分钱都交了手续费。无论是哪一种情况，你之前使用的这种策略就不建议继续使用了。

5.3.3 最大获利和最大亏损

再次要看最大获利和最大亏损。最大亏损如果超过了你能准备的本金的很大一部分，那也不推荐使用这种策略。如果你运气差，最大亏损每次为本金的10%，再遇到几次连续亏损，你就可能损失很大一部分本金了。所以最大亏损一定要控制好，这关乎生存问题。

最大获利太大了也不好，因为如果一年赚 100 元，而其中有一次最大获利为 50 元，那你这一年内的其他交易几乎没赚什么钱，更深层次的意思就是这种最大获利是非经常性事件。这和我们分析财务报表是一样的，非经常性收益一定要排除。最大获利最好与平均交易回报相差不多，才能说明你使用的策略极其稳定。

5.3.4 盈亏比

第四要看盈亏比。看盈亏比之前需要先了解两个概念：毛利润和毛亏损。毛利润就是在所有交易中只算赚到的钱，毛亏损就是在所有交易中只算亏损的钱。两者相加就是净利润总额。

毛利润除以毛亏损的比值就是盈亏比。它能告诉你每投入一元的风险和你可能获得多少利润。我们来举一个详细的例子。

你有 2 元，下注 1 元，如果赢了，则可以赚 2 元，输了则输 1 元。

第 1 次下注，你输了，损失了 1 元，此时的毛损就是 1 元。

再次下注，你赢了，赚了 2 元，此时的毛利就是 2 元。

毛利 2 元除以毛损 1 元，你的盈亏比就是 2。

按照定义，盈亏比越大越好，说明你每投入一元的风险越低，可获得的利润就越高。但盈亏比是不是越大越好呢？其实盈亏比的高低并不重要。因为交易次数是随时间而增加的，盈亏比并不是固定不变的，而是随着每笔交易不断变化的。如果你连续获利，盈亏比会不断增高；如果你连续亏损，盈亏比会不断下跌。但这都代表不了什么，只是短期的问题。最好的策略是获利和亏损是均匀地分布在时间轴上的，那么关于盈亏比的判定标准是：盈亏比的高低不重要，盈亏比越平稳越好。

5.3.5 平均毛利和平均毛损

第五要看平均毛利和平均毛损。其实这是对平均交易回报的一种深入衡量。

如果毛利大于毛损,而平均毛利却小于平均毛损,说明获利都集中在几笔交易中,分布不均匀。分布不均匀是日内冲销策略最大的弊端。关于分布不均匀的推论是,你可能会遭遇非常频繁的连续亏损,这些亏损整合起来将会是一个非常可怕的数字。

5.3.6 最大连续获利、最大连续亏损次数和获利次数百分比

最后要看最大连续获利次数、最大连续亏损次数和获利次数百分比(准确率)。最大连续亏损次数当然不能过多,这非常重要。最大连续获利次数当然是越多越好,它还有一个妙用,就是利用这一统计数据,如果你知道你的策略连续获利的最大次数为5次,那么当你已经连续4次获利时,下一次很大概率上是会亏损的,那你就可以不下注或少下注。

获利次数百分比是衡量你的交易总笔数中是获利次数占比多还是亏损次数占比多。结合以上两个概念,获利次数百分比当然是越高越好了。

5.4 RangeBreak 系统评测

对 RangeBreak 系统进行一些简单的回测,规定不论交易中收益多少,都只保持最初的固定头寸规模。

5.4.1 上证指数周线系统评测

回测数据如表 5-2 所示。

表 5-2　RangeBreak 系统评测回测数据表

时间:1992 年—2016 年 7 月 29 日	
样本:上证指数周线	
利润总额(点)	9 659.16
交易笔数	863
平均每笔交易回报(点)	11.19

续表

最大获利（点）	772.26
最大亏损（点）	462.58
毛利润（点）	26 391.3
毛亏损（点）	16 732.14
盈亏比	1.58
获利交易笔数	516
亏损交易笔数	347
准确率	59.79%
平均毛利润（点）	51.15
平均毛亏损（点）	48.22
最大连续亏损次数	10
最大连续亏损数额（点）	462.58

5.4.2 商品期货日线系统评测

回测上证指数，只能给出获得的点数，看不到真实的收益。我一直在用系统测评的方法在期货中进行交易，所以下面列出了我参与的一些期货交易的回测数据，供大家参考，如表5-3所示。

表5-3 商品期货 RangeBreak 系统评测

时间：2009年7月12日—2016年7月19日	
样本：豆粕、螺纹钢、豆油、白糖、PTA（精对苯二甲酸）	
利润总额（点）	267 406.8
交易笔数	1 714
平均每笔交易回报（点）	156.01
最大获利（点）	9 380
最大亏损（点）	6 880
毛利润（点）	1 051 015 4
毛亏损（点）	783 496.4
盈亏比	1.341 4

续表

平均毛利润（点）	1 230.7
平均毛亏损（点）	929.41
获利交易笔数	854
亏损交易笔数	843
零利润交易笔数	17
准确率	49.82%
最大连续亏损笔数	9
最大连续亏损金额（点）	16 600

5.5　RangeBreak 系统应用问题与视觉呈现

为什么 RangeBreak 系统没有止损？因为几乎没有任何一个系统会不关注止损的，所以我必须单独说明一下这个问题。

5.5.1　关于止损

在回测过程中我们会发现，RangeBreak 系统如果附带了止损，其收益远远将低于不止损的情况。那不止损不怕跌停后无法出逃吗？不怕。这得从系统本身的特征说起。

RangeBreak 系统是基于突破前一个交易单位最大波动幅度的百分比来建仓的。就算前一个交易单位的最大波动幅度是涨停到跌停，这已经算得上是理论上的最大波动幅度了。但建仓是从开盘价开始算起的，突破这个理论最大波动幅度的固定百分比是小于 1 的。所以建仓位永远不会超过理论最大波动幅度，也就不存在跌停后无法出逃的情况。

RangeBreak 系统最初适应的市场是期货市场，因为期货市场存在着做空机制，所以它的建仓体系也是双向的。例如，昨天最大波动幅度为 100 点，系数为 0.5，今天的开盘价为 5 000 点。那么今天买入建仓的点位应为 5 051 点（突破 5 050 点），卖出建仓价位应为 4 949 点（突破 4 950 点）。

情况 1：当日给出买入建仓信号，在 5 051 点处买入开仓，当天价格一直运行在 4 949 点以上，收盘价为 5 100 点，当日收盘平仓，获利 49 点。

情况 2：当日给出买入建仓信号，在 5 051 点处买入开仓，当天价格一直运行在 4 949 点以上，收盘价为 5 030 点，当日收盘平仓，亏损 21 点。

情况 3：当日给出买入建仓信号，在 5 051 点处买入开仓，当天价格向下跌破 4 949 点，给出卖出建仓信号，在 4 949 点卖出开仓。此时一买一卖为锁仓。那么不论当日价格如何波动，亏损已经被锁定。亏损为 102 点。其实止损点位就是反向建仓的点位。

情况 1 和情况 2 都是一般情况，就不展开讨论了。按照情况 3 来看，双向建仓时，亏损被锁定，就等同于止损了。

5.5.2　与基础统计数据结合应用

假如股票市场可以进行 T+0 交易了，我们就可以将 RangeBreak 系统与基础统计数据结合起来应用了。例如星期一上涨的概率非常高，并且日均涨幅也很大，那么我们可以在星期一利用 RangeBreak 系统只做多，不做空。反之，某天下跌的概率非常高，就只做空，不做多。

但是股票市场无法进行 T+0 交易，我们只有换成周统计，其结果也是一样的。你可以利用沪深 300 指数的统计数据结合 RangeBreak 系统进行股指期货交易，或者结合商品期货各品种的基础统计数据进行交易。

5.5.3　视觉呈现

如果你觉得图片比数据更加直观，那么就要知道如何在软件中将 RangeBreak 的数据用图片展示出来。首先你得知道在哪儿编辑公式，我以文华财经系统软件为例来进行讲解，各种看盘软件大同小异，可以以此类推。

首先打开文华财经软件中的任何一个 K 线图，然后右击，选择"指标管理器"，如图 5-3 所示。

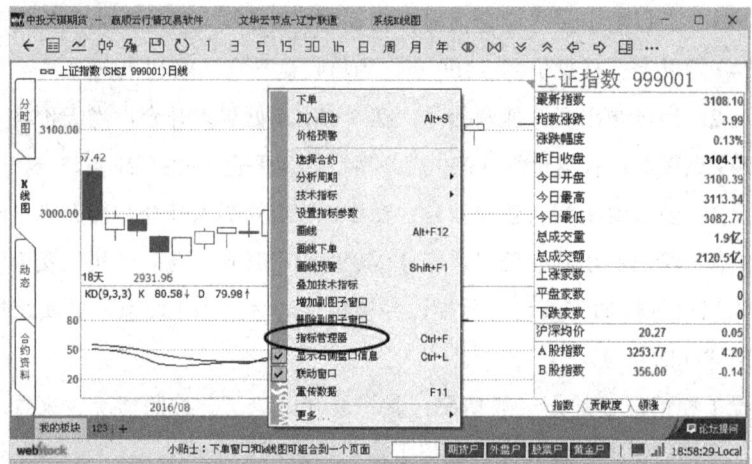

图5-3 进入指标管理器

进入指标管理器后,先点开"自编"目录夹,然后单击左下角的"新建"按钮,如图5-4所示。

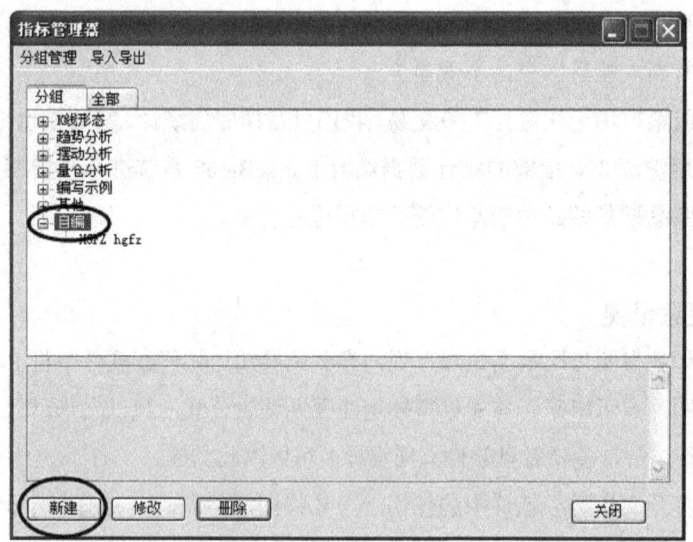

图5-4 自编→新建

在弹出的对话框中输入指标名称,如我们要新建RangeBreak指标,就输入"RANGE",单击"确定"按钮。当然也可以是其他的名称,全凭个人喜好,如图5-5所示。

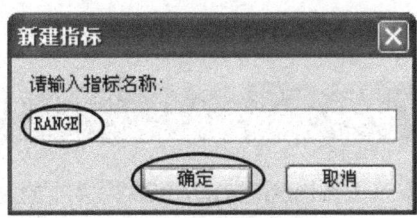

图 5-5 输入指标名称

在公式编辑框中，输入如下内容。

Upon:open+n×ref((high-low),1)×0.1

Down:open- n×ref((high-low),1)×0.1

在参数一栏中将名称设为"N"，最小值为 1，最大值为 10，缺省值设为 5。

为什么在公式后面加上"×0.1"，因为 N 的取值范围为 0 到 10，但为了可以方便地调整参数，所以要把参数改成整数，再乘以 0.1 来表示成百分比。例如，我们设置的 N 值为 5，乘以 0.1 后，代表 50%。

在属性一栏中，选择"K 线附属指标"选项，如图 5-6 所示。

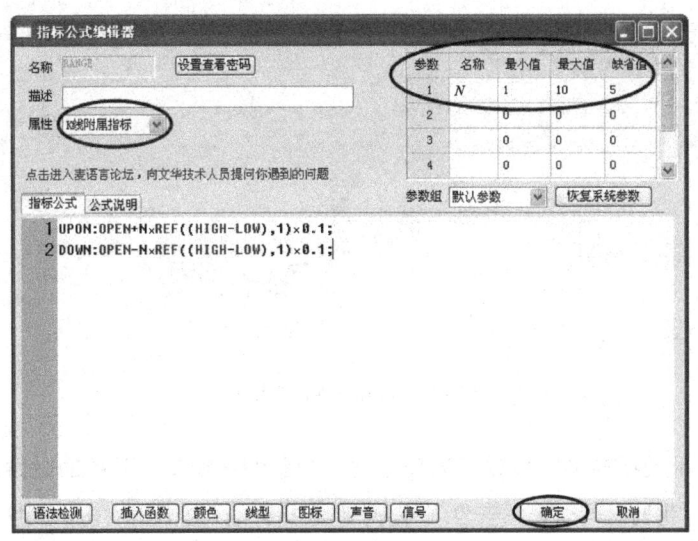

图 5-6 编写公式

单击"确定"按钮后，会弹出提示框，询问"是否直接加载该指标，替换 K 线图上的指标？"如图 5-7 所示。如果你想直接替换就单击"是"按钮，否则就单击"否"按钮。

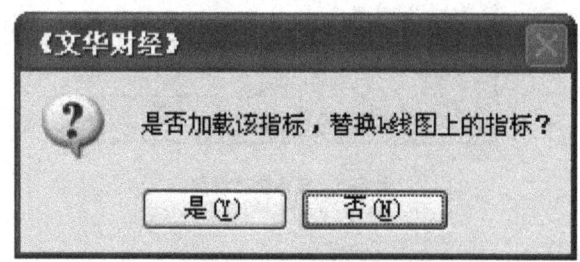

图 5-7 是否加载该指标

加载该指标后，视觉呈现如图 5-8 所示。我们可以检验一下，参数设置为 50%。倒数第二根的 K 线的时间为 2016 年 8 月 18 日，其最高价为 3 125.58 点，其最低价为 3 093.32 点，差为 32.26 点。再乘以 0.5 结果为 16.13 点。最后一根 K 线的时间为 2016 年 8 月 19 日，开盘价为 3 100.39 点，所以上轨为 3 116.52（3 100.39+16.13）点，下轨为 3 084.26（3 100.39-16.13）点。图 5-8 的左上角分别有上轨和下轨的数据，结果吻合，说明没有问题。

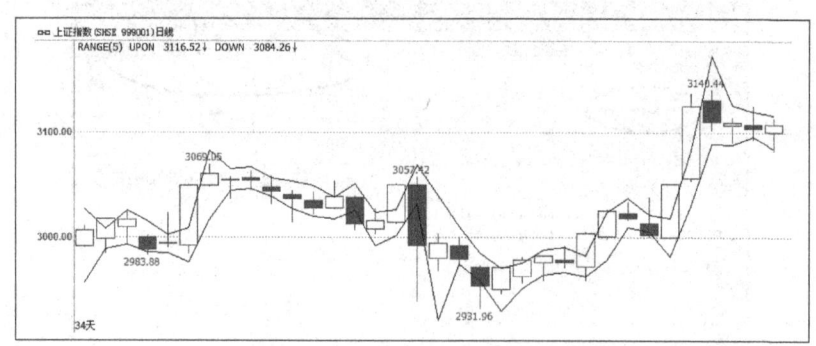

图 5-8 RangeBreak 视觉呈现

由于不同标的物的系数 N 取值不同，当我们切换交易品种的时候，也要修改系数 N。我们用同一张图来表现差异。单击指标线，然后再右击，如图 5-9 所示。

图 5-9 修改参数

选择"指标参数",即可修改参数,如图 5-10 所示。

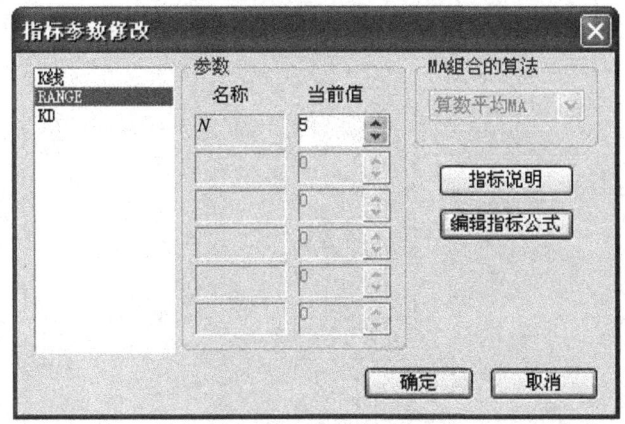

图 5-10　参数修改界面

我们要将 N 设置为 30%,即将 5 改成 3,修改后的指标线变化如图 5-11 所示。

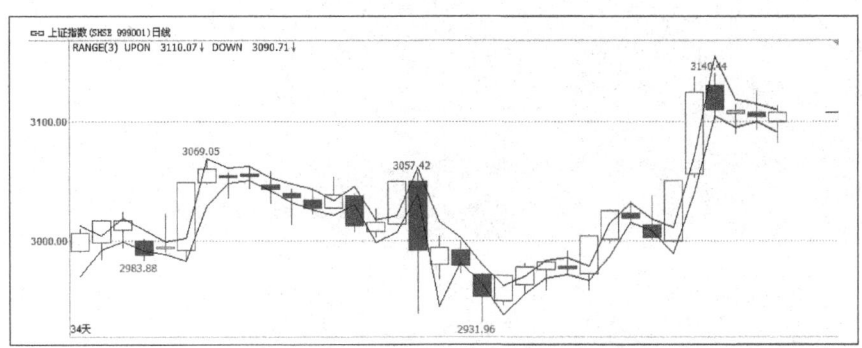

图 5-11　系数 N 为 3 时的指标形态

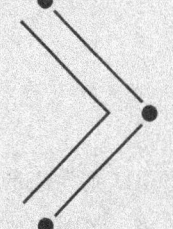

第6章

海龟法则

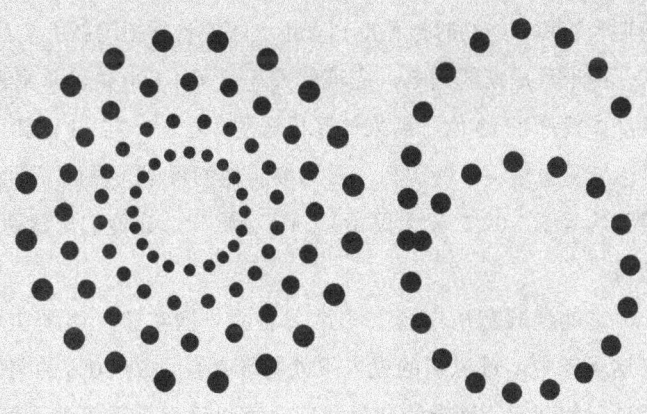

海龟法则的发明者是理查德·丹尼斯（Richard Dennis），海龟法则为他带来了大笔的财富并使他享誉交易界。而海龟法则之所以能流传下来，可能来自一次打赌。

据说1983年，丹尼斯和他的老朋友比尔·埃克哈特（Bill Eckhardt）在某次谈话中意见相左。丹尼斯说优秀的交易员完全是可以通过后天培养的，而比尔的想法恰好相反。丹尼斯为了证明他的理论是正确的，便在《巴伦氏》《华尔街期刊》和《纽约时报》上刊登了大幅广告，招聘新手交易员进行培训。

由于丹尼斯的大名，应征的人超过了1 000位。丹尼斯亲自面试了80位，并从中挑选了10位，后来他又挑选了3位，一共13位新手交易员。在对13位新手交易员培训了两周后，丹尼斯给他们每个人提供了100万～200万美元（1美元约等于7.0922元人民币）的资金账户，让他们用这两周内学到的方法进行交易。

这是金融交易市场上非常著名的一次实验，这场实验持续进行了4年，在这4年中，丹尼斯的投入平均每年都能达到80%的复利收益。丹尼斯证明了自己的观点，优秀的交易员完全可以通过后天培养。其中《海龟交易法则》的作者柯蒂斯·费思（Curtis Faith）在那4年中为丹尼斯赚了3 000万美元，这可是在20世纪80年代。

这项计划开始时丹尼斯刚从亚洲回来，当时他想到了在沙滩上看到的小海龟，说："我们正在成长为交易员。就像在新加坡它们正在成长为海龟一样。"可能这就是海龟法则名字的由来吧。

6.1 海龟法则是短线交易吗

海龟法则的策略非常简单,其实就是四周法则的一种变式。价格向上突破 50 天(20 天)的高点时,开始买进建仓。价格向下跌破 20 天(10 天)低点时,开始卖出平仓。它既可以是短线交易,也可以是波段交易。

这种交易方法符合我们对短线交易的定义。当价格突破某一段时间的高点时,它可能会处于某种加速上涨的过程中,也正是我们能最快攫取利润的那部分。当价格上涨的速度变得缓慢,向下跌破某一段时间的低点时,已不符合短线交易的要求,也就是我们离场的时机。

这与我们之前所说的打破平衡的意义是一样的,它需要计算向某一方向推动了多少幅度才算打破平衡。相同的,海龟法则将最近 50 天(20 天)作为一个振荡区间,只要突破了这个振荡区间,我们就默认它打破了平衡。打破平衡之时,速度就会变快,也正是我们进行短线交易的最佳时机。可见这两种方法只是所展示的方式不同罢了。

海龟法则包括以下 6 个内容。

(1)市场——买卖什么。

(2)头寸规模——买卖多少。

(3)入市——何时买卖。

(4)止损——何时退出亏损的头寸。

(5)离市——何时退出获利的头寸。

(6)策略——如何买卖。

其中 50 天(20 天)和 20 天(10 天)只是策略的一部分内容,海龟法则最核心的内容其实是头寸规模。初始头寸、加仓头寸、何时加仓、最大持仓,这些才是海龟法则的重点。

6.2 海龟法则的优势

交易系统共分为两种:趋势跟踪系统和反趋势系统。想理解这两种系统的不同,先要理解什么是支撑、什么是压制。

6.2.1 锚定心理

支撑和压制是笼统的概念，在技术分析中没有明确的定义。一般而言，支撑和压制是指价格有突破前期高点或跌破前期低点的倾向。因为我们无法确定前期高点与前期低点，所以也就无法给出支撑和压制的精确定义。突破意味着改变，而人们内心深处其实都是害怕改变的。

虽然没有精确定义，但通常情况下说支撑位和压制位的时候，大家还是能够理解对方说的是什么。如图6-1所示，就是支撑位和压制位。

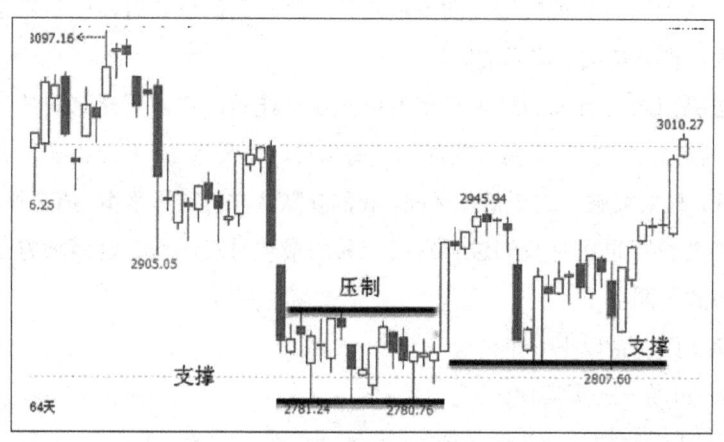

图6-1 通常情况下的压制位和支撑位

这揭示了一个问题，在没有准确定义的情况下，人们对一件事的理解相差无几，说明它已经成为一种约定俗成的规定了。那这种心理是怎么发展出来的呢？

这是一种锚定心理，为什么近期的高低点对目前的价位能起到更大的作用呢？因为我们喜欢锚定最近的标准。比如，馒头去年1元4个，上个月1元2个。现在变成1元3个了，你认为馒头的价格是上涨了还是下跌了？

大多数人会觉得馒头的价格下跌了，因为1元2个的时候离我们相对较近。比如，当上证指数达到2 781点时止跌，你的心理就会锚定2 781点，会后悔为什么不在2 781点买进。等到价格再次下跌到2 781点附近或者更低一点时，锚定心理又开始起作用了，你会认为现在已经比之前的价格更低了，现在就是低价，是买入的好时机。再说得更浅显一点，把计算机界面调整为你认为最舒适的状态，调整前的计算机界面状态，对于我们的影响最大。

大家都有锚定心理，所以在 2 781 点附近就会涌现出相当多的买量。而之前锚定心理起作用，并且在交易中受益的人们会更加坚定这一锚定心理，反过来又会促进这种支撑位现象的形成。

6.2.2 突破锚定形成趋势

也是由于这种锚定心理，价格达到了所谓前期高点压制位的时候，会有很多人选择卖出，从而再一次将自我验证的压制位进行到底。

但支撑位和压制位是一种非常模糊的定义，在心理作用下，我们可能只会记得它起作用的时候，而忽略了它不起作用的时候。那么我们对于支撑和压制有效的印象就会更加深刻。这时，如果你的交易系统是反趋势系统的话，就可以利用这种价格不会突破支撑或不会跌破压制的倾向，在支撑位时买进，压制位时卖出。

当支撑或压制不起作用时，价格就会跌破支撑位或突破压制位。图 6-2 所示为压制位被向下跌破，支撑位被向上突破的情形。有意思的是，价格在突破位的时候，都会有一两天的犹豫，绝大多数情况下，都会在支撑位或压制位徘徊，这就是我们说的锚定心理起了作用。

价格虽然向上突破了压制位，但也只是高出一点点，这一区域都是反趋势交易者眼中的压制区域。所以在这一位置会涌现大量卖单，价格上涨也就被暂时阻止了。同理在价格向下跌破支撑位的时候，反趋势交易者们也会在此处买进，阻止了价格的快速下跌。

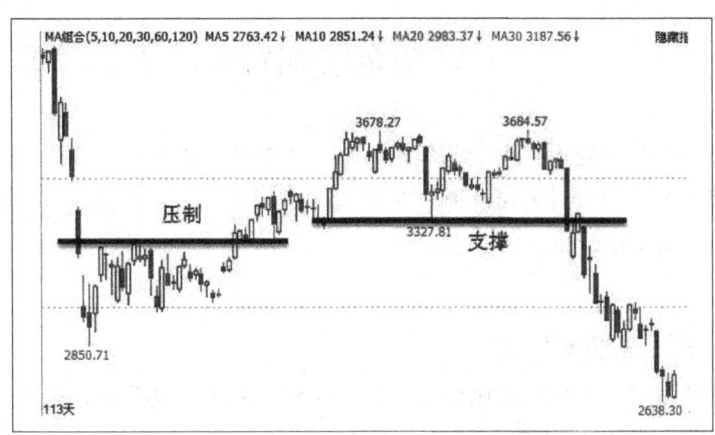

图 6-2 价格突破压制位、跌破支撑位

市场里的多空双方就像战场上的两方，终究有一方会赢，有一方会输，价格破位时不会存在双赢的局面。所以反趋势交易者们会在这个位置仔细观察，当价格一直朝着某个方向行进时，他们会改变自己的立场，变成趋势跟踪交易者。

用这个道理同样可以解释，为什么趋势会成立。因为趋势一旦形成，它就脱离了近期所有的高低点，也就失去了锚定心理的点位。

但我们说过，人们内心深处大部分都是害怕改变的，改变意味着不确定，人们讨厌不确定。他们宁愿相信锚定心理，所以简单区域内的高抛低吸更符合他们的交易习惯。所以当价格一旦脱离了振荡区间，并形成不可逆转的趋势时，大部分人将成为市场中的"炮灰"，被获利的一方远远抛在身后。

现在让我们回到海龟法则，海龟法则不是反趋势交易系统，海龟法则是坚定的趋势跟踪交易系统。因为海龟法则认定市场中绝大部分人有锚定心理，而人多的一方发生错误的概率通常较高，所以海龟法则抛弃了锚定心理，也就是抛弃所谓的支撑和压制。追踪趋势就是海龟法则的优势。

让我们再回顾一下海龟法则中的交易策略。

长期系统：当价格高于最近 50 个交易日的最高点时，买进建仓；当价格低于最近 20 个交易日的最低点时，卖出平仓。

短期系统：当价格高于最近 20 个交易日的最高点时，买进建仓；当价格低于最近 10 个交易日的最低点时，卖出平仓。

6.3 海龟法则详解

海龟法则的精髓不在于交易策略，而在于资金管理模式。在丹尼斯培训新手交易员的那个年代，海龟法则已经是人人皆知的"唐安奇通道"策略，但为什么他们能成为优秀的交易员呢？

6.3.1 市场——买卖什么

选择什么市场是海龟法则最先考虑的问题，海龟法则要求选择交易流动性最大的市场，也可以理解为要选择交易量最大的市场。

股票市场中每只个股的换手率大都可以达到5%，流动性不成问题。股指期货和商品期货的成交量更是惊人,但商品期货中仍有一些应尽量避免的品种,比如燃油、线材等。不过如果你只考虑股票的话,那几乎是没有任何问题的。

6.3.2 头寸规模——买卖多少

海龟法则的计算方法并不是使用固定的手数,而是对每个品种不同的波动性进行衡量。如果某只个股的波动性大,就持有相对较多的头寸。相反,若波动性较小,就少持有一些头寸。这样才能够平衡风险。

想要计算出每个品种的初始交易数量,就要先计算出这个品种的波动性。一般的看盘软件中都有这个指标,它的名字叫作ATR。图6-3的下方即为ATR指标。

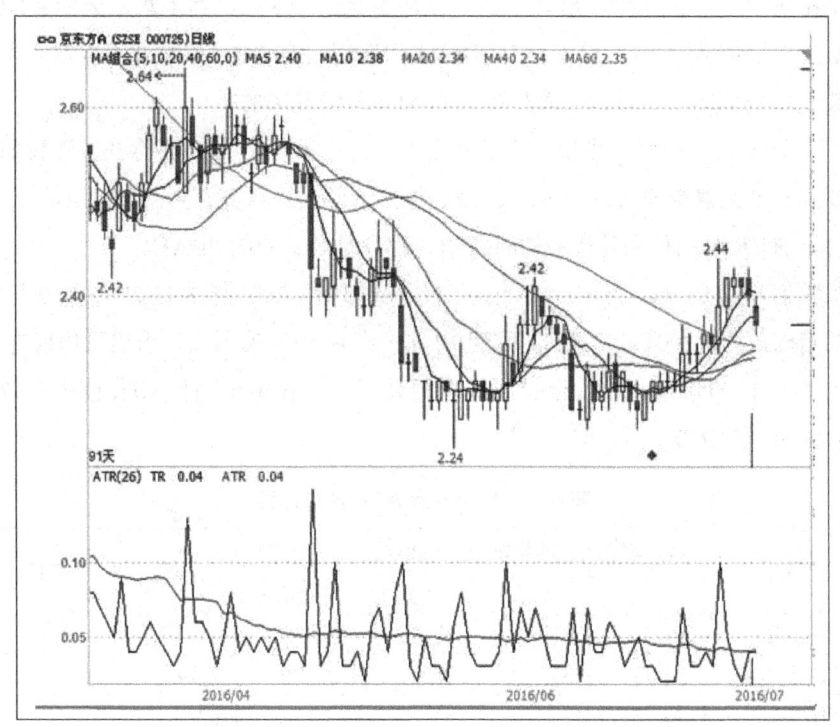

图6-3 ATR指标

它是如何计算的呢?首先我们需要知道3个变量——当日最高价、当日最低价和昨日收盘价。然后通过寻找当日最高价-当日最低价、当日最高价-昨日收盘价、昨日收盘价-当日最低价三者中的最大值。这个最大值就是TR(真实波动)。

然后，再用 19 乘以昨日真实波动均值与当日真实波动的和，除以 20。其结果就是当日的 20 日真实波动均值。

公式如下。

TR=max（High-Low，High-PDC，PDC-Low）

High——当日最高价

Low——当日最低价

PDC——昨日收盘价

ATR=（19×PDATR+TR）÷20

PDATR——昨日 ATR 值

TR——真实波动

在最后这个公式中，出现了一个循环变量"ATR"，为了求今天的 ATR，你必须得知道前一天的 ATR（PDATR），那么求 PDATR，必须知道再前一天的 ATR 值，我们唯一需要问的就是第一个 ATR 是哪儿来的？

一个 ATR 不会凭空出现，所以从根本上说，第一个 ATR 不存在。那我们就需要找一个数值来替代这个 ATR。为了更接近公式的真实含义，我们用前 19 个交易日的 TR 平均值来替代最初的 ATR，也就是公式中的 PDATR。

我们举个例子，表 6-1 为贵州茅台（600519）2001 年 8 月 27 日至 9 月 26 日的基础数据。2001 年 8 月 27 日至 9 月 21 日共 19 个交易日，求出平均值为 1，即为第一个 ATR 值。9 月 24 日时，根据公式，计算得出当日 ATR 值为 0.97。其后皆为正常计算。

表 6-1 贵州茅台 ATR 计算过程

日期	开盘价（元）	最高价（元）	最低价（元）	收盘价（元）	TR	ATR
2001-8-27	34.51	37.78	35.85	36.55		
2001-8-28	34.99	37	35.61	36.86	2.39	
2001-8-29	36.98	37	35.1	36.38	0.9	
2001-8-30	36.28	37.51	35	37.1	1.51	
2001-8-31	37.15	37.62	35.8	37.01	0.82	
2001-9-3	37.2	37.57	35.85	36.99	0.72	
2001-9-4	37.01	38.08	35.88	37.46	1.2	
2001-9-5	37.61	37.92	35.21	37.44	0.71	

续表

日期	开盘价（元）	最高价（元）	最低价（元）	收盘价（元）	TR	ATR
2001-9-6	37.35	37.47	35.51	36.7	0.96	
2001-9-7	36.5	36.95	35.65	36.68	0.3	
2001-9-10	36.4	36.85	35.01	36.7	0.84	
2001-9-11	36.8	36.95	35.2	36.29	0.75	
2001-9-12	36.33	36.2	35.3	36.98	0.99	
2001-9-13	36.01	36.3	35.7	36.89	0.6	
2001-9-14	36.01	36.5	35.8	36.3	0.7	
2001-9-17	36.08	36.29	35.5	36.84	0.8	
2001-9-18	36.88	36.55	35.85	36.25	0.71	
2001-9-19	36.3	36.92	35.06	36.92	0.86	
2001-9-20	36.9	37.05	35.5	36.61	0.55	
2001-9-21	36.28	36.6	35	36.06	0.61	1.00
2001-9-24	36.06	36.39	35	36.05	0.39	0.97
2001-9-25	36.28	36.54	35.05	36.23	0.49	0.94
2001-9-26	36.11	36.48	35	36.08	0.48	0.92

在计算机没有普及的年代，大家肯定要问，多长时间计算一次 ATR 值啊？丹尼斯采取的是每周计算一次，然后把计算结果贴在墙上，让所有人都可以看到 ATR 值。但现在由于计算机的普及，最好每天计算一次 ATR，以保证 ATR 值的精确。或者可以直接使用股市分析软件中的 ATR 数据，但软件不同，其参数也会不同，最好检查一下，并将参数调为 20。

计算出 ATR 后，对于交易有什么用呢？海龟法则规定每一个 ATR 为一个账户资金总额的 1%。建仓时，你只能建立 ATR 值为你资金账户的 1% 的仓位。这句话有点拗口，翻译过来就是，你要建立 x 手仓位，而 x 手的平均真实波动不能超过你总资金的 1%。

还拿贵州茅台来计算吧，它的 ATR 值为 0.92，此时你手中有 10 000 元资金，假设 36 元时满足了买进的条件，此时你要买进，买进多少呢？假设买进 x 手。那么 x 手的 ATR 值不能超过你总资金 10 000 元的 1%，也就是 100 元。具体的解法如下。

解：设买进 x 手。

$x \times 0.92 \leqslant 10\,000 \times 1\%$

$x \leqslant 108.70$（近似值）

由于我们的最小交易量是 100 股，所以取整，x=100 股 =1 手。在平均真实波动幅度内，也就是一天的平均真实波动内，它会以多大幅度影响你的资金呢？$100 \times 0.92 = 92$（元）。贵州茅台一天的平均真实波动只有 92 元，占总资金 10 000 元的 0.92%。

这样经过精确计算来控制建仓规模有什么好处呢？海龟法则的建仓方法并不是凭着你的好恶、灵机一动或拍脑袋来管理资金的，它将总资金切割成 100 个小块，每 1 个小块占 1%，而这 1% 对应的是近 20 天市场的平均振荡幅度。按最坏的打算，市场波动幅度保持不变，每天下跌 1%，你也需要 100 天才能把总资金全部亏完。

海龟法则的止损不是关键价位的止损，因为海龟抛弃了锚定心理，在海龟法则中，没有前期高点、前期低点、支撑、压制。它只是顺应趋势并不预测趋势，所以你无法在海龟法则中找到关键价位的突破等内容。于是它只能用资金的亏损幅度来止损。

在海龟法则的设定中，如果你亏损了 2 个 ATR，也就是亏损了总资金的 2%，就要即刻止损，然后再等待其他机会。每次只亏损 2%，你也需要 50 次才会全部亏完。并且在海龟法则的交易记录中，最长一次是连续亏损 17 次后才开始获利。因为海龟是趋势追踪型系统，所以它的一次获利足以把之前 17 次所有的亏损全部赚回来，甚至还有足够多的利润。

6.3.3 入市——何时买卖

海龟法则有两套系统，一长一短，可以同时使用。

长期系统：当价格高于最近 50 个交易日的最高点时，买进建仓；当价格低于最近 50 个交易日的最低点时，卖出建仓。

短期系统：当价格高于最近 20 个交易日的最高点时，买进建仓；当价格低于最近 20 个交易日的最低点时，卖出建仓。

如果我们不考虑期货、不考虑股票融券，那就只把重点放在做多上即可。如果有做空机制，做多与做空只不过是反过来的。并且长期系统和短期系统也

没有太大的区别，长期系统的交易次数较少，可以忍耐较大幅度的回调波动；短期系统的交易次数较多，它的在市时间比长期系统短。长期系统和短期系统的选择完全可以根据自己的交易习惯来决定。

当价格向上突破时，海龟开始建仓，也是第一次建仓。建仓的数量按照我们上一节讲的方法来计算，通过计算得出的初次建仓数量，海龟将它设定为1个单位。如果我们通过计算得出的初次建仓数量为12手，那么12手就是1个单位。后续的加仓也是用此来计算。

海龟法则规定，一个品种最多持仓4个单位。如果一个单位是12手的话，经过加仓，最多持仓48手。

那如何加仓呢？如果初次建仓后，想要做多，只要价格上涨超过1/2个ATR时，便加1单位，再上涨1/2时，再加1单位，符合条件就可以加仓，直至加满至4个单位，之后便不再加仓。

贵州茅台在2016年2月23日向上突破了前20个交易日的最高点201.33元。理论上来说，我们应该在201.34元买进，数量为1个单位。

由于2月23日贵州茅台是在盘中向上突破的，那么2月23日的ATR是没有确定下来的，所以我们在一系列交易活动中所需要的ATR数据，都由2月22日的数值来提供，2月22日的ATR（20）值为4.69。

首先我们在201.34元买进后，需要立即设置止损位，这也是你用任何系统、任何交易方法都必须要做的第一件事。还记得那句话吗？"不下牌桌，你永远有机会。"海龟法则规定止损幅度为建仓位反向2倍的ATR。我们买入时参考的突破价格是201.34元，2倍的ATR值为9.38（2×4.69）。那么止损位为191.95元（201.34-9.38）。

加仓时，海龟法则规定价格每上涨1/2倍ATR，即可加仓，此处价格每上涨2.345元时即可加仓。

初始建仓位：201.34元。

第一次加仓位：201.34+2.345≈203.69（元）。

第二次加仓位：201.34+2×2.345=206.03（元）。

第三次加仓位：201.34+3×2.345≈208.38（元）。

实际上，在2016年2月23日当天，最高价涨为214.98元，当天即可将仓位加满至4个单位。可这里面有一个问题，如果严格按照规定的话，你的总资本可能不够。

鉴于此时的贵州茅台的股票价格已超过 200 元,我们假设你的初始资金为 200 万元。建仓时参考的 ATR 值为 4.69,根据海龟法则的头寸规模计算,1 个单位应该交易多少股呢?

$x \times 4.69 \leqslant 2\,000\,000 \times 1\%$

$x \leqslant 4264.39$(近似值)

取整后为 4200 股,42 手为一个单位,那建仓一个单位需要多少钱呢?845 628 元(4200×201.34),加满 4 个单位共需约 338.25 万元,比你的本金多出 138.25 万元。这又怎么解释呢?难道是海龟法则计算错了?

没错,海龟法则最初适用的是保证金交易市场,如期货、外汇市场。保证金市场只需要交付全部交易金额的一部分即可交易,如 8%。若按这个比例计算,我们买入 4 200 股贵州茅台只需要 67 650.24 元(4 200×201.34×8%),加满 4 个单位,16 800 股也只需要约 27.06 万元,约占总资金的 13.53% 而已。但股票市场如果不考虑融资的话,需要的是全额交易,所以有时候想加满 4 个单位,就会超过初始资金。

这样的矛盾怎么解决呢?只有 3 种方法,以贵州茅台价格为例进行计算。

(1)如果要加满 4 个仓位,那必须得准备 338.25 万元。这样贵州茅台的 ATR 值就会远远小于 1%。其实,ATR 值占总资金比例越小,你的资金越安全。只是这种方法不能最大效率地使用资金。

(2)能加多少是多少,加不满 4 个单位,就加 3 个单位。加不满 3 个单位,就加 2 个单位,使加仓金额在资金承受范围内即可。但这种方法不能完全发挥出海龟法则的加仓优势。如果发生止损了,会比加满仓的人要少亏很多,但如果大趋势来了,获利的部分也会相应减少。

(3)只寻找股价与 ATR 值比较合理的股票进行交易。ATR 值越小,那么理论上 1 单位的交易数量就会增多。同时,股价越高,在总资金范围内交易的数量就越少。所以标准的股票最好是 ATR 值略大,股价略低。价格较低且 ATR 值较大的股票,基本可以加满仓。

那股价与 ATR 值处于什么范围内,才可以在有限的资金内满仓呢,我们来计算一下。

首先计算理论上 1 单位的头寸规模是多少股,(总资金 ×1%)÷ATR 的结果便

是1单位的头寸规模。若加满4个单位呢？再乘4，即4×（总资金×1%）÷ATR。

然后计算理论上总资金最多能买多少股：总资产÷股价。

总买入量要小于等于理论上的最大买入量，得到的不等式如下所示。

4×（总资金×1%）÷ATR≤总资产÷股价

即，股价÷ATR≤25

若股价为25元，ATR值要大于或等于1。若股价为5元，ATR值要大于或等于0.2。我们可以反推一下来检验计算的结果是否正确。

现在有现金10 000元，某股票的价格为5元，ATR值为0.3，符合买入条件。那么初次买入量为（10 000×1%）÷0.3≈333股，取整为300股，占用资金1 500元。

第一次加仓价格为5.15（5+1/2×0.3）元，数量300股，占用资金1 545元。

第二次加仓价格为5.30（5+2×1/2×0.3）元，数量300股，占用资金1 590元。

第三次加仓价格为5.45（5+3×1/2×0.3）元，数量300股，占用资金1 635元。

加满4个单位，共1200股，即12手，共占用资金6270元，未超过10 000元，符合条件。

按照海龟法则，只要你关注这个市场和价格较低且ATR值较大的个股，你就永远不会错过单边大涨的行情，这样的股票也是中小散户们的最爱。市场上有许多价格较低且ATR值较大的股票，如下所示。

豫光金铅（600531）2016年7月24日的股价为10.8元，ATR值为0.71，股价与ATR的比值约为15.21，符合条件。

中国软件（600536）2016年7月24日的股价为30.06元，ATR值为1.45，股价与ATR的比值约为20.73，符合条件。

国发股份（600538）2016年7月24日的股价为13元，ATR值为0.61，股价与ATR的比值约为21.31，符合条件。

如果按照海龟法则进行交易，一旦建仓，就要保持建仓的连续性。海龟法则是趋势追踪型系统，市场有一大半时间都处于宽幅振荡或无趋势状态。海龟给出信号时，趋势可能会来，也可能不会来，但你不能主观臆测。你预测这一次可能要止损，极有可能这一次就形成趋势了，而形成一次趋势是十分困难的事情。若是错过，就要经历多次的试错才能等到下一次趋势的出现。

一年或几年中的收益，几乎都来自一两次的交易，还记得我们说的短线的特点吗？速率最高，什么地方速率最高——趋势！海龟法则的特点就是追踪趋势。

6.3.4 止损——何时退出亏损的头寸

这里再详细说一下止损的问题。如果止损的幅度过大，或者根本没有止损，可能几次就会让你亏得精光。但如果止损幅度过小，即使是出现了大趋势，再缓慢持重的趋势也存在着回调，也会让你在最初的振荡中过早地退出市场。

止损幅度是根据自身情况而定的，你必须要了解你在一笔交易中最大能承担多少损失。只有"自知"，才能制定合理的交易策略。

如果只求每年20%的收益，那就不必重仓，也不必频繁交易。那么如果你有10万元，保持每年20%的收益，5年后你就大约会有24.88万元，8年后你就大约会有43万元，10年后你就大约会有61.92万元。或者我们每年投入10 000元，连续投入19年，每年保持20%的收益，18年后你就大约会有154.74万元。

可见只要保持住收益的连续性，不论多小的收益率，都会有足够多的回报。那么回到我们的正题来，追求连续性收益，你就必须保住你的本金，为了保住本金你就必须止损。

资金小的账户，更容易被迫退出交易，因为它们抗波动的能力太差。如果一个10 000元的账户去做期货交易，豆粕1701合约的ATR值为125，1个点位10元，那豆粕1701合约的平均真实波动幅度为1 250。如果当天亏损一次，就会丧失总资金的10%以上，连续七八次损失后，基本就丧失了交易能力。

如果是一个10万元的账户，按2倍ATR值来止损，就是2 500元，占总资金的2.5%，对于资深交易员来说，也是极大的损失了。

这里需要说一下沉没成本，沉没成本是指以往发生的，而与现在或将来的任何决策无关的成本。人们在决定是否去做一件事的时候，不仅要看这件事对自己有没有好处，也会看过去是不是已经在这件事情上有过投入。我们把这些已经发生且不可收回的支出，如时间、金钱、精力等称为沉没成本。

如果你不理解这句话的话，更通俗一点地说就是，你只看到了之前花掉的钱，而看不到未来将要花掉的钱。

比如我们的父母都希望我们把饭菜吃得干干净净，不要有剩饭，哪怕已经吃撑了，也要再多吃一口。如果有剩饭，就会下一顿热一热再吃，总之不能浪费。

这就是只看到之前花出去的钱，饭菜剩了可惜，扔了更可惜。买菜花的钱，就是之前做出的决策，是已经花出去的钱了，吃得了吃不了，已经不能改变钱已经花出去了这一事实。这就是沉没成本。

但如果我们已经吃撑了，再多吃几口，把剩饭吃掉，可能会感到不舒服，可能会对肠胃造成轻微的影响，即使当时看没什么，但可能会积累成更大的危害。如果剩菜没有热透或者变质了，我们还会面对生病或者生命的风险。

这些坏的影响和所冒的风险，就是未来可能花掉的钱，这些和剩下几口饭菜的沉没成本相比，沉没成本几乎可以忽略不计。可是有些人就看不到这些潜在的将花掉的钱，只看得见沉没成本。

放到交易中来，这些人也会认为，只要不平仓，这钱就不是真的亏了，如果真的平了，那才真的是亏损。因为你不想止损，也就是说你太过在意之前所产生的沉没成本。如果价格再反向运行，你将越亏越多，也就是你将亏掉更多未来将要花掉的钱。

已经花掉的钱是钱，未来可能花掉的钱就不是钱吗？想转过这个弯并不容易，因为这还涉及心理层面的影响。止损意味着承认自己错了，人们可能会为一件小事去道歉，但很少有人会以否定自己来道歉。

没做过交易的人无法体会到在几秒钟、几分钟内、几个小时之内，承认自己的智力和能力不够高、不够强，因为这是纯粹的否定自己，没有多少人能做到。但能面对事实、面对自己、坦诚地承认自己智力或能力不够的人，一定能做成大事。因为他们知道，只要真正地接受了否定后的自己、接受了错误的事实，才能重新启程，获得进步。

并且一贯进行理性交易的人都知道，系统内、计划内的亏损是游戏的一部分。你的交易系统的胜率不可能达到100%，总会出现伪信号，总会有不适应当前市场规律的时候，有限的亏损只不过是试错而已。试错是成本，而不是亏损。只有不断地试错，最终才会获得更大的成功。

海龟法则中关于止损的规定是止损幅度为反向2倍的ATR。并且随着最后一次加仓，以最后一次加仓为标准，所有仓位止损价同时上移至最后一次加仓时的止损价。我们还拿之前贵州茅台作例子，如表6-2至表6-5所示。

表6-2 第一次建仓时止损价

交易	入市价格（元）	止损价格（元）	亏损
第一次建仓	201.34	191.95（201.34-2×4.69）	2×ATR
亏损统计	2×ATR		

表 6-3 第二次建仓时止损价

交易	入市价（元）	止损价格（元）	亏损
第一次建仓	201.34	与最后一次建仓止损价相同 194.31	1.5×ATR
第二次建仓	203.69	194.31（203.69-2×4.69）	2×ATR
亏损统计	3.5×ATR		

表 6-4 第三次建仓时止损价

交易	入市价（元）	止损价格（元）	亏损
第一次建仓	201.34	与最后一次建仓止损价相同 196.64	1×ATR
第二次建仓	203.69	与最后一次建仓止损价相同 196.64	1.5×ATR
第三次建仓	206.03	196.65（206.03-2×194.3）	2×ATR
亏损统计	4.5×ATR		

表 6-5 第四次建仓时止损价

交易	入市价（元）	止损价格（元）	亏损
第一次建仓	201.34	与最后一次建仓止损价相同 198.99	0.5ATR
第二次建仓	203.69	与最后一次建仓止损价相同 198.99	1×ATR
第三次建仓	206.03	与最后一次建仓止损价相同 198.99	1.5×ATR
第四次建仓	208.38	198.99（208.38-2×4.69）	2×ATR
亏损统计	4×ATR		

这种止损方法，每一笔交易都承受2倍的ATR，也就是总资金2%的亏损幅度。但随着价格的不断上涨，止损位的不断提高，止损位与最先建仓的价位越来越近，直至最后一次建仓，最初的一笔交易只承受0.5倍的ATR。总持仓也只承受5倍的ATR，那么就是每一单位只承受1.25倍ATR的亏损。

建仓到最后，每单位承受的亏损会越来越小。第一次建仓，每单位持仓承受2倍的ATR。第二次建仓，每单位持仓承受1.75倍的ATR。第三次建仓，每单位持仓承受1.5倍的ATR。最后一次建仓每单位持仓承受1.25倍的ATR。

虽然加仓到最后一次时，平均持仓所承受的亏损只占总资金的1.25%，但总体还是有5%的亏损幅度。那么，如果真的要止损的话，最初的一笔交易便止损罢了。相对于这种止损方法还有另外的两种止损方法，一种更激进，另一种更加保守。更加激进的止损方法是最初的建仓止损位并不随着加仓而上移，而是保持最初的止损幅度不变，如表6-6所示。

表 6-6 激进型止损

交易	入市价（元）	止损价格（元）	亏损
第一次交易	201.34	191.96（201.34-2×4.69）	2×ATR
第二次交易	203.69	194.31（203.69-2×4.69）	2×ATR
第三次交易	206.03	196.65（206.03-2×4.69）	2×ATR
第四次交易	208.38	198.99（208.38-2×4.69）	2×ATR
亏损统计	8×ATR		

这样做的好处是，如果存在趋势，但趋势中不断出现比较大的回调，越是靠后的持仓越先止损，越是靠前的持仓越安全。等到回调结束后，最初的持仓还可以继续保持在趋势内。这样止损的幅度会扩大，全部满仓后，再全部止损，会损失全部资金的8%。

更加保守的止损方法是不论加仓到第几次，总是保持止损幅度为总资金的2%，也就是不论如何，最多亏损2倍的ATR，如表6-7至表6-10所示。

表 6-7 第一次建仓时止损价

交易	入市价格（元）	止损价格（元）	亏损
第一次建仓	201.34	191.96（201.34-2×4.69）	2×ATR
亏损统计	2×ATR		

表 6-8 第二次建仓时止损价

交易	入市价（元）	止损价格（元）	亏损
第一次建仓	201.34	与最后一次建仓止损价相同 197.83	0.75×ATR
第二次建仓	203.69	197.83	1.25×ATR
亏损统计	2×ATR		

表 6-9 第三次建仓时止损价

交易	入市价（元）	止损价格（元）	亏损
第一次建仓	201.34	与最后一次建仓止损价相同 194.4	0.17×ATR
第二次建仓	203.69	与最后一次建仓止损价相同 194.4	0.67×ATR
第三次建仓	206.03	194.4	1.16×ATR
亏损统计	2×ATR		

表 6-10 第四次建仓时止损价

交易	入市价（元）	止损价格（元）	亏损
第一次建仓	201.34	与最后一次建仓止损价相同 202.52	-0.25×ATR
第二次建仓	203.69	与最后一次建仓止损价相同 202.52	0.25×ATR
第三次建仓	206.03	与最后一次建仓止损价相同 202.52	0.75×ATR
第四次建仓	208.38	202.52	1.25×ATR
亏损统计	2×ATR		

这种保守型的止损方法，不论加仓多少次，止损总幅度皆为总资金的2%，但是这种方法只适用于特别温和的单边趋势，趋势略有波动，我们都可能被迫离场。从这个角度来说，你能承担多大的风险，就可能获得多大的收益。

关于这3种方法，我在后面会用实盘测试的数据，来比较它们的实际表现。

由于海龟法则使用ATR值来计算止损幅度，而ATR的真正含义就是平均市场的真实波动幅度，所以海龟法则更能适应市场的波动性。如果ATR的值很大，说明止损的绝对金额会很高，但我们每单位的建仓价位也是根据ATR的值来计算的，所以ATR值越大，所建仓位就越少。

总体来说，不论ATR值是大是小，都可以通过仓位进行控制，止损总幅度用3种止损方法能够计算出来，一般的方法的最大止损为总资金的5%（5×ATR），最激进的方法的最大止损为总资金的8%（8×ATR），最保守的方法的最大止损为总资金的2%（2×ATR）。

6.3.5 离市——何时退出获利的头寸

长期系统：当价格向下跌破最近20日的最低价，卖出平仓；当价格向上突破最近20日的最高价，买进平仓。

短期系统：当价格向下跌突破最近10日的最低价，卖出平仓；当价格向上突破最近10日的最高价，买进平仓。

海龟法则中最重要的问题是资金管理，其次就是止盈和止损了。止损有一整套的详细规定，计算起来比较麻烦。止盈比较简单，只要价格符合条件，不论你持仓多少单位，都要全部一次性出完。

但止盈看似简单，其实很难。在行为心理学中，把这个问题叫作处置效应。如果你同时持有两只股票，你会更倾向于卖出已经赚钱的股票，而继续持有赔钱的股票。从这一点可以推导出：当你获利时，你厌恶风险，你总想着把钱握在自己手里，平仓后，这钱就是你自己的了，风险只会让你损失掉这些"已经是你的"钱；当你处于亏损的时候，你喜欢风险，只有风险和不确定性，能有机会让你亏损的钱重新再回到你身边。

一旦获利时，我们考虑的层面已经不再是市场本身了，而是与自己心理状态的斗争。在海龟法则中，离场条件是价格下跌至最近 20 天（10 天）的最低点，这极有可能将此次交易全部利润的 20% 甚至 50% 吐回，有的还会将利润全部"吐回"甚至亏损。一般人是无法承受这种得而复失的痛苦的。

这就会产生另一种行为心理学定义的效应——结果偏好。结果偏好是指你更倾向于根据一个决策的最终结果而不是决策本身的质量来判断这个决策的好坏。使用几次海龟法则交易后没有得到好的结果，你忍不住会想，海龟法则可能已经没有作用了。你下这个结论的依据是最近几次的交易结果，而不是海龟法则自身的优劣。

有可能在连续几次亏损后，就是一次大获利。如果你根据结果偏好对海龟法则进行判断，在几次亏损后，你就会全盘否定它，或者在一次大获利后全盘肯定它。这样的判断方法非常极端，结果就是你会盲目地抛弃它，或者盲目地追随它，这都是不可取的。

所以当使用海龟法则止盈时，你一定要按照海龟法则的交易系统进行处理。

6.3.6 策略——如何买卖

海龟法则的交易策略相对来说非常简单，并且这种策略在当时基本是公开的了，它被称作唐奇安策略。只不过海龟法则的精髓是资金管理，是根据 ATR 值计算每次建仓的头寸规模、计算止损位、计算加仓位。所以这些都是以 ATR 为基础的资金管理。

交易策略不再赘述。这里只说一些最初使海龟法则时的交易细节。

当价格满足交易条件时，海龟法则的入市方法通常不是以市价直接抢进去，而是挂入限价交易单。这种规定有两点理由可以解释。第一，在最初的海龟培训班中，费思拿到了 200 万美元，其余几个人拿到了 100 万美元，当然还有一些成绩不好的人还用小账户进行交易。只算拿到钱的这几位，大约也有 1 000 万美元了。在当时的市场中，如果以市价跟进，至少能瞬间推高几个价位，这样他们的成本就会抬高。可能下一个 1/2 倍 ATR 加仓位就是他们自己推上去的，大资金如此交易确实很危险。第二，海龟法则是以突破前 N 天的最高价、最低价为建仓条件的，我们在谈到海龟法则的优势时，说过人们的锚定心理。价格处于关键点位时，由于锚定心理，价格会在关键点位振荡几天，所以大笔订单的限价交易完全有机会全部成交。

但是限价交易在快速市中可能会被落下。价格会快速穿过符合条件的突破位，此时千万不要惊慌，先看一会儿再说。上涨快速市中，由于买方以闪电般的速度快速吞掉卖单，卖方一是来不及放入新的卖单，二是要重新判断形势。所以此时卖方流动性降低，造成买单与卖单的价格相差很大。如果此时你惊慌失措地以市价抢进，就会在极高位买入建仓。对于大资金来说，本身就存在着再次向上推高价位的效应，这无异于雪上加霜。

快速市过后，新进场的卖家会使价格企稳，通常会在原上涨幅度中将涨幅压回一半。总之在快速市情况下，不要急于下单，等价格趋于平稳后，再判断形势，进行下单操作。

趋势很少降临，有时要等几个月甚至更长。但一旦趋势启动，以海龟法则的加仓方法，可能在一天之内就能加满 4 个单位，就像之前贵州茅台的例子一样。

股市还有一个特点，同涨同跌。熊市牛股和牛市熊股虽然存在，但毕竟是少数。如果你一直盯着某一板块，在这一板块中的几只个股都给出了买入信号该怎么办？或者你在做期货交易，5 月合约和 9 月合约都给出信号，或者 5 月焦煤和 5 月焦炭同时给出信号，又该怎么办？

海龟法则对此的规定为：买强卖弱。选择涨势最强、流动性最大的个股或期货合约进行交易。流动性可以用换手率和成交量来衡量，但如何衡量涨势最强或是跌势最强呢？这就需要你平时多做些功课了。

例如，铁矿 5 月和铁矿 9 月的差价是 -30 元（9 月价格减 5 月价格），当它们同时给出买入信号时，差价变成了 -43 元，显然是 5 月铁矿的涨幅大于 9 月铁矿的涨幅，此时按照海龟法则的规定应集中在 5 月进行交易，而不是在 5 月和 9 月两个合约中平均买进。

例如，同一板块的股票 ABC 和股票 XYZ，它们之间的比价是 1.5（ABC 的价格 ÷XYZ 的价格），当它们同时给出买进信号时，比价变成了 1.1，显然，股票 XYZ 在这段时间更加强势，所以要集中买进股票 XYZ，而不是在股票

ABC 和股票 XYZ 中平均买进。

股票交易中不存在到期换月的情况，但期货交易中存在。例如铁矿 1605 合约的交易月在 2016 年 5 月，那么进入 2016 年 4 月的时候，就会逐渐提高保证金直至全额。不巧的是我们在 2016 年 3 月 31 日还持有铁矿 1605 合约怎么办？要继续进入 4 月交易吗？

不，最好是在提高保证金之前退出合约，不论它是否达到止损的条件或是止盈的条件。因为提高保证金，意味着大部分人都要转换到其他月份去交易，真正进行现货交易的人少之又少，那么此时这个合约的流动性就会降低，我们不在流动性低的标的中进行交易，这也是海龟法则的规定之一。

那要不要顺势换到铁矿 1609 合约中去呢？如果铁矿 1609 合约符合海龟法则中的条件，那它与铁矿 1605 合约情况相同，可以换月交易。如果不符合，则放弃。

如果你没有从头使用海龟法则，而是在行情进行中使用。那么你很有可能处于海龟法则中已经建仓的区间内，这时你就不能随便交易了。你要找到之前那一笔按海龟法则进行的交易的源头，看看是否有信号产生，如果有信号产生，是否已经平仓并完结了这笔交易。如果没有平仓，就要等下一轮，等待平仓后再次给出交易信号，再开始交易。

6.4　海龟法则交易系统评测

我对上证指数进行了海龟法则的回测，先看看指数是否可行，再根据指数交易个股。对商品期货有兴趣的读者，可以看后面附加的螺纹钢指数的海龟法则评测数据。

6.4.1　上证指数日线系统评测

表 6-11　1991 年—2016 年上证指数日线数据

时间：1991 年 1 月 2 日—2016 年 7 月 26 日	
样本：上证指数日线	
利润总额（点）	27400.03
总交易次数（次）	64
平均每笔交易回报（点）	428.13

续表

最大获利（点）	4 126.83
最大亏损（点）	456.01
毛利润（点）	32 808.46
毛亏损（点）	5 408.45
盈亏比	6.066 1
获利交易笔数（笔）	22
亏损交易笔数（笔）	42
获利交易百分比（%）	34.375
平均毛利润（点）	1 491.29
平均毛亏损（点）	128.77
最大连续亏损笔数（笔）	8
最大连续亏损数额（点）	792.3

图 6-4 为海龟法则交易系统的收益折线图。我们是用指数进行回测的，但指数又不能直接用于交易，它可以用来指导股指期货的交易，但股指期货交易的杠杆太高，我并不建议大家都去交易股指期货。所以最好还是看指数交易个股。

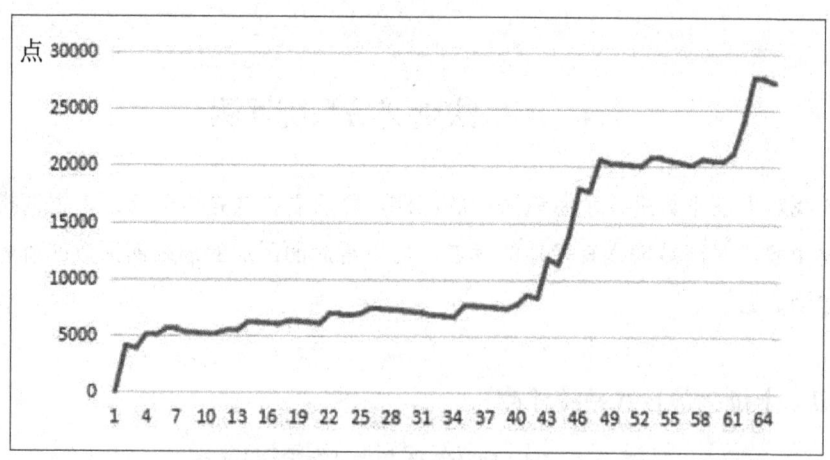

图 6-4 海龟法则收益折线图

上证指数给出了买入信号，或者说，给出了上涨信号，那么就买入与指数最相关的个股。例如，买入占上证指数权重最大的 5 只股票，再买入对指数上涨贡献最大的 5 只股票，如果这 10 只股票中有重叠的个股，那要在我们的投资组合中加大重叠个股的买入量。

海龟法则给出的买入信号有时不可能在一周内就结束,可以每周找出最顶端的 10 只股票,然后换仓。

这个资金曲线图非常符合海龟法则的特点,只要有趋势,我们就一定能抓住,没有趋势的时候亏损也较小。这次回测默认每单位持仓数量按最小数量来计算,如果随着资金的增长,扩大仓量,那么获利还会更多。

约 25.5 年的时间,仅有 64 笔交易。平均每年约有 2.509 8 笔交易。大约每 4.781 3 个月有 1 笔交易。非常省心。

海龟法则具备追踪趋势的特征,所以最好将 RangeBreak 系统与海龟法则同时使用,长短皆宜。25.5 年获利约 2.74 万点,平均每年约 1 075 点,1 075 点如果换算成相应的个股利润也是非常可观的。

6.4.2 螺纹钢指数日线系统评测

将海龟法则应用在商品期货中时,考虑到商品期货的节奏比股票节奏要快一些,所以推荐使用短期交易系统(20/10)。表 6-12 为螺纹钢指数的回测数据,由于海龟法则没有任何拟合参数,所以回测数据可看作真实交易数据。回测起始资金设为 60 000 元。图 6-5 为资金增加百分比。利用海龟法则,可以在 7 年间赚 40 倍,年平均回报率为 69.67%。

表 6-12 螺纹钢海龟法则回测数据

日期	方向	数量	建仓（点）	加仓1（点）	加仓2（点）	加仓3（点）	平仓（点）	盈亏（点）	余额(点)
2009-6-4	多	1	3 651						
	多	1		3 677					
	多	1			3 704				
2009-6-5	多	1				3 731			
2009-6-30	平	4					3 827	5 450	65 450
2009-7-15	多	4	3 938	3 955	3 973	3 990			
2009-8-17	平	4					4 452	19 520	84 970
2009-8-31	空	1	4 140						
2009-9-1	空	1		4 071					
2009-9-7	空	2			4 003	3 934			
2009-10-19	平	4					3 852	7 400	92 370

续表

日期	方向	数量	建仓（点）	加仓1（点）	加仓2（点）	加仓3（点）	平仓（点）	盈亏（点）	余额（点）
2009-10-27	多	1	3 997						
2009-10-28	平	1					3 883	-1 140	91 230
2009-11-6	多	1	4 005						
2009-11-9	多	1		4 041					
2009-11-10	多	1			4 077				
2009-11-19	多	1				4 113			
2010-1-13	平	4					4 374	12 600	103 830
2010-1-22	空	2	4 333	4 299					
2010-2-2	空	2			4 266	4 233			
2010-2-22	平	4					4 390	-4 290	99 540
2010-2-22	多	1	4 430						
2010-2-22	平	1					4 312	-1 180	98 360
2010-3-9	多	1	4 438						
2010-3-10	多	1		4 470					
2010-3-11	多	1			4 502				
2010-3-16	多	1				4 534			
2010-4-22	平	4					4 720	9 360	107 720
2010-4-27	空	8	4 680	4 660	4 611	4 611			
2010-7-19	平	8					4 035	48 440	156 160
2010-7-21	多	12	4 130	4152	4 175	4 198			
2010-8-23	平	12					4 274	13 230	169 390
2010-9-2	多	3	4 379						
2010-9-6	多	9		4 471	4 471	4 471			
2010-9-9	平	12					4 356	-11 040	158 350
2010-9-30	空	2	4 247						
2010-10-11	平	2					4 388	-2 820	155 530
2010-10-27	多	8	4 485	4 517	4 548	4 579			
2010-11-17	平	8					4 509	-1 860	153 670
2010-12-13	多	6	4 856	877					
2011-1-10	多	3			4 877				
2011-1-12	多	3				4 897			
2011-2-21	平	12					4 966	10 710	164 380

续表

日期	方向	数量	建仓（点）	加仓1（点）	加仓2（点）	加仓3（点）	平仓（点）	盈亏（点）	余额(点)
2011-2-23	空	3	4 929						
2011-2-24	空	3		4 903					
2011-2-25	空	3			4 876				
2011-3-1	空	3				4 849			
2011-4-6	平	12					4 833	6 750	171 130
2011-4-6	多	6	4 847	4 880	4 913				
2011-4-19	平	6					4 780	-6 000	165 130
2011-6-3	多	4	4 936	4 962					
2011-6-6	平	4					4 851	-3 920	161 210
2011-6-16	空	4	4 775						
2011-6-17	空	12		4 758	4 742	4 725			
2011-7-4	平	16					4 755	-800	160 410
2011-7-11	多	8	4 841	4 860					
2011-7-13	多	4			4 879				
2011-7-18	多	4				4 897			
2011-8-5	平	16					4 869	-40	160 370
2011-8-9	空	16	4 770	4 770	4 770	4 764			
2011-8-10	平	16					4 836	-10 800	149 570
2011-9-13	空	4	4 780						
2011-9-14	空	4		4 764					
2011-9-15	空	4			4 748				
2011-9-16	空	4				4 732			
2011-11-9	平	16					4 169	93 920	243 490
2011-12-1	多	3	4 237						
2011-12-15	平	3					4 112	-3 750	239 740
2012-1-17	多	28	4 247	4 264	4 281	4 297			
2012-2-13	平	28					4 260	-3 430	236 310
2012-3-9	多	6	4 315						
2012-3-12	多	6		4 333					
2012-3-21	多	6			4 351				
2012-4-5	平	18					4 310	-4 140	232 170
2012-4-6	多	16	4 366	4 380					
2012-4-12	多	8			4 394				

续表

日期	方向	数量	建仓(点)	加仓1(点)	加仓2(点)	加仓3(点)	平仓(点)	盈亏(点)	余额(点)
2012-4-16	平	24					4 338	-10 080	222 090
2012-4-23	空	14	4 291	4 277					
2012-4-24	空	7			4 263				
2012-6-2	空	7				4 249			
2012-6-7	平	28					4 118	42 560	264 650
2012-6-20	多	7	4 138						
2012-7-27	平	7					4 062	-5 320	259 330
2012-7-2	空	32	4 017	4 001	3 986	3 970			
2012-9-14	平	32					3 529	148 640	407 970
2012-9-19	多	5	3 622						
2012-9-21	平	5					3 476	-7 300	400 670
2012-10-8	多	4	3 644						
2012-10-9	多	4		3 685					
2012-11-19	平	8					3 602	-5 000	395 670
2012-11-19	空	18	3 590	3 569					
2012-11-22	空	9			3 548				
2012-11-29	空	9				3 526			
2012-12-5	平	36					3 591	-11 790	383 880
2012-12-10	多	36	3 687	3 708	3 729	3 750			
2013-2-21	平	36					4 107	139 860	523 740
2013-2-26	空	8	3 946						
2013-3-4	空	16		3 917	3 888				
2013-3-13	空	8				3 859			
2013-3-26	平	32					3 926	-7 520	516 220
2013-4-1	空	7	3 739						
2013-4-2	空	7		3 706					
2013-4-8	平	14					3 842	-16 730	499 490
2013-4-16	空	28	3 704	3 671	3 620	3 604			
2013-6-13	平	28					3 683	-9 310	490 180
2013-6-16	空	6	3 529						
2013-6-28	空	6			3 492				
2013-6-29	空	6				3 455			
2013-6-31	空	6				3 418			

续表

日期	方向	数量	建仓（点）	加仓1（点）	加仓2（点）	加仓3（点）	平仓（点）	盈亏（点）	余额(点)
2013-6-17	平	24					3 504	−7 320	482 860
2013-7-3	多	32	3 359	3 586	3 614	3 642			
2013-7-29	平	32					3 632	26 160	509 020
2013-8-7	多	32	3 688	3 703					
2013-8-8	多	32			3 718	3 733			
2013-8-29	平	64					3 751	25 920	534 940
2013-9-6	空	13	3 709						
2013-9-13	空	26		3 689	3 669				
2013-9-16	空	13				3 649			
2013-11-1	平	52					3 612	34 840	569 780
2013-11-7	多	18	3 655						
2013-11-15	平	18					3 590	−11 700	558 080
2013-11-26	多	17	3 662						
2013-12-2	多	51		3 677	3 696	3 708			
2013-12-18	平	68					3 665	−14 110	543 970
2013-12-25	空	20	3 612						
2013-12-26	空	20		3 599					
2013-12-31	空	20			3 586				
2014-1-3	空	20				3 573			
2014-2-18	平	80					3 500	74 000	617 970
2014-2-24	空	51	3 412	3 395	3 378				
2014-2-25	空	17				3 360			
2014-3-25	平	68					3 272	77 690	695 660
2014-4-4	多	39	3 356	3 385	3 409				
2014-4-18	平	39					3 308	−29 380	666 280
2014-6-5	空	17	3 213						
2014-6-7	空	17		3 194					
2014-6-8	空	17			3 174				
2014-6-9	空	17				3 155			
2014-6-25	平	68					3 081	70 040	736 320
2014-7-10	多	50	3 213	3 137					
2014-7-18	平	50					3 078	−48 500	687 820
2014-7-21	空	23	3 047						

续表

日期	方向	数量	建仓(点)	加仓1(点)	加仓2(点)	加仓3(点)	平仓(点)	盈亏(点)	余额(点)
2014-7-29	平	23					3 108	-14 030	673 790
2014-8-14	空	24	3 036						
2014-8-15	空	24		3 023					
2014-8-19	空	24			3 009				
2014-8-20	空	24				2 995			
2014-10-15	平	96					2 670	331 920	1 005 710
2014-11-7	空	23	2 533						
2014-11-18	空	69		2 512	2 491	2 469			
2014-11-28	平	92					2 554	-48 530	957 180
2014-12-11	多	22	2 596						
2014-12-22	平	22					2 512	-18 480	938 700
2014-12-30	多	24	2 605						
2014-12-31	多	24		2 624					
2016-1-6	多	24			2 644				
2016-1-9	平	72					2 564	-43 440	895 260
2016-1-14	空	19	2 470						
2016-1-26	空	19		2 448					
2016-2-4	平	38					2 529	-26 600	868 660
2016-2-13	多	56	2 534	2 549					
2016-2-27	平	56					2 502	-22 120	846 540
2016-3-6	空	27	2 465						
2016-3-9	空	81		2 450	2 435	2 419			
2016-3-18	平	108					2 482	-42 930	803 610
2016-3-27	空	22	2 401						
2016-3-30	平	22					2 474	-16 060	787 550
2016-4-1	空	20	2 398						
2016-4-2	空	40		2 379	2 360				
2016-4-3	空	20				2 341			
2016-4-24	平	80					2 339	24 400	811 950
2016-6-5	多	19	2 429						
2016-6-20	平	19					2 345	-159 60	795 990
2016-6-12	空	29	2 308						
2016-6-15	空	29		2 295					

续表

日期	方向	数量	建仓（点）	加仓1（点）	加仓2（点）	加仓3（点）	平仓（点）	盈亏（点）	余额(点)
2016-6-16	空	58			2 282	2 268			
2016-7-21	平	116					2 105	212 570	1 008 560
2016-8-24	空	120	2 023	2 008	1 992	1 976			
2016-12-15	平	120					1 669	396 900	1 405 460
2016-12-21	多	180	1 721	1 735	1 750	1 765			
2016-1-13	平	180					1 738	-8 550	1 396 910
2016-1-22	多	92	1 846	1 860					
2016-1-27	平	92					1 815	-34 960	1 361 950
2016-2-15	多	46	1 869						
2016-2-19	多	46		1 883					
2016-2-22	多	92			1 898	1 912			
2016-6-4	平	184					2 391	920 920	2 282 870
2016-6-9	空	66	2 189	2 094	2 086				
2016-6-13	空	22				2 035			
2016-6-6	平	88					2 063	33 440	2 316 310
2016-6-13	多	62	2 152	2 188					
2016-6-27	多	31			2 224				
2016-7-28	多	31				2 261			
2016-7-19	平	124					2 297	112 530	2 428 840

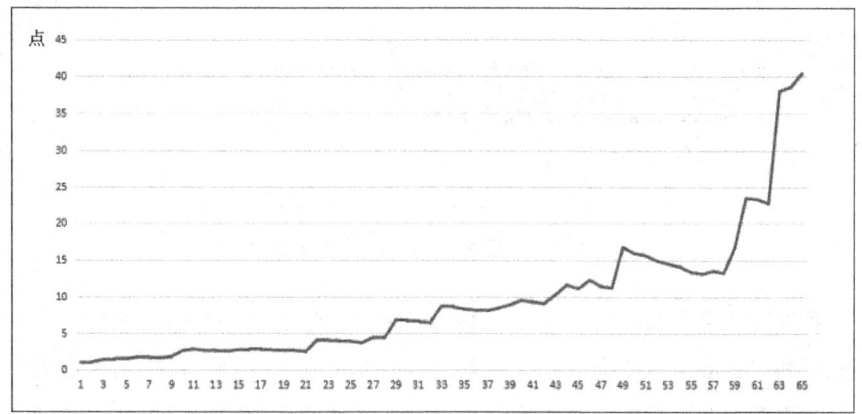

图 6-5　螺纹钢指数海龟法则收益百分比折线图

6.5 海龟法则优化

任何系统都有不足之处，因为不可能有一种系统兼收并蓄，符合所有的价格走势特征。趋势追踪系统只适合在趋势形成时使用，它不适合无趋势走势，也不适合趋势反转走势。

6.5.1 理想中的海龟交易

如果我们把海龟法则设想得稍稍完美一点，它可能会如图 6-6 所示。当然真实的走势并不会如此规范，这是最理想化的理论示意图。当突破一个大级别波峰的时候，就是买进时机。这个级别有多大？按长期系统来看，它至少有 50 天，如果按短系统来看，它至少有 20 天。顺势加仓，直到这一波趋势走完。

为了符合规律，笔者在这里只画了三波上涨，因为不论是道氏理论还是波浪理论，说的都是同级别涨势在一个趋势内只有三次上涨。如果运气足够好，海龟法则可以全部抓住这三次上涨。可如果第一次上涨的幅度很小，刚刚建好仓，涨势就结束了，就无法获利。同理，第二次上涨和第三次上涨也存在着这样的情况。

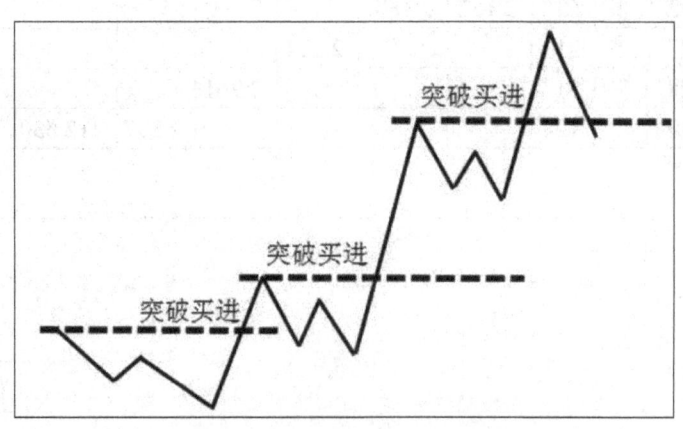

图 6-6 理想中的海龟法则示意图

把道氏理论换成波浪理论来说明，如果一浪幅度小，海龟法则在一浪中就不能获利。三浪通常不会太小，所以三浪基本上可以抓到。那么第五浪呢？在学习波浪理论的过程中，有这么一种说法，"在股票中三浪最勇猛，在期货中五浪最凶悍"。其实不论在股票还是期货中，五浪都可长可短。

想要用海龟法则赚到钱,我们只能祈求这一次的上涨幅度拉得更大一些,调整幅度更小一些。在某一推进浪中,可能还会存在着延长浪,这需要上涨的级别足够大。那么海龟法则在这一波趋势中会不止有三次建仓机会,可能会有五次。我们再来画一张理论上的完美图例,如图6-7所示。

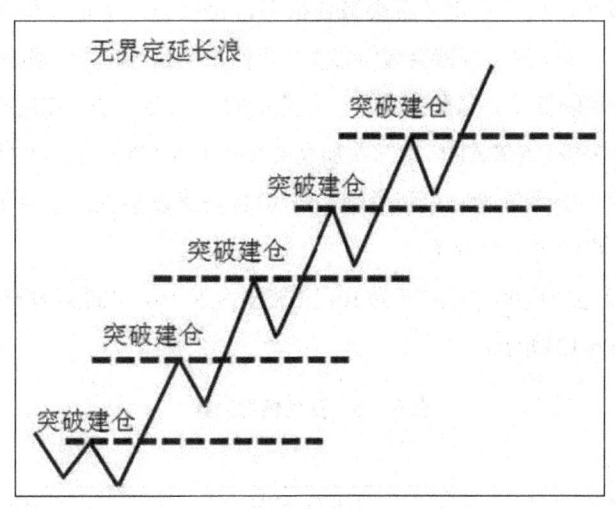

图6-7 无界定延长浪中海龟法则的理想交易示意图

但从6.4.2节的回测数据来看,最大连续获利次数为3。也就是说在这一个级别的趋势中,不论你是有3次建仓机会还是有5次建仓机会,最多也只有2次获利。从回测数据中得出的结论是,获利交易笔数只占总交易笔数的40.625%。尽管如此,海龟法则的获利能力也是有目共睹的,它没有任何拟合参数,回测数据即可视为真实交易数据。但我们还想精益求精,海龟法则还有什么地方可以改进吗?

6.5.2 修改加仓条件

这需要从海龟法则的交易策略入手。从突破点开始建仓,此时止损位与建仓位相差2倍ATR。每一次加仓后的止损位与建仓都相差2倍ATR,但到最后一次加仓时,建仓位与突破位相差1.5倍ATR,突破点与总止损位相差0.5倍ATR。

当趋势形成时,我们说过人们有锚定心理,这种锚定心理会让价格暂缓上涨,从而回踩突破位。在突破位附近震荡,反复穿叉0.5倍ATR的情况经常发生。但只要出现这种反复震荡,我们就要承受4%的亏损。

所以有人说，海龟法则的资金管理过于激进了，能不能更平和一点呢？基于这种理念，有人把加仓 0.5 倍 ATR，变成了加仓 1 倍 ATR，其他条件不变。从突破开始，到加满 4 个单位，最后一次加仓时的建仓位与突破位相差 3 倍 ATR。

虽然止损距离最后一次建仓位同样是 2 倍 ATR，但加满 4 个单位时，与突破位相差更多了，这种锚定效应会减弱很多，止损的频率也会降低。由于加仓变得不再激进，加仓的进程就会缓慢很多，即使发生止损，总止损幅度也会降低。

止损的频率降低了，风险变小了，相应的收益也会变少。在同样的涨幅内，第一次加仓会少赚 0.5 倍 ATR，第二次加仓会少赚 1 倍 ATR，第三次加仓会少赚 1.5 倍 ATR。如果趋势足够大，累积少赚 3 倍 ATR 还可以接受，也只不过平均三天的涨幅而已。我们来举个例子。

例如，突破位为 100 点，ATR 为 10，突破位为 200 点、300 点时符合平仓条件。获利情况如表 6-13 所示。

表 6-13 获利情况对比

单位：点

交易	0.5 倍 ATR	1 倍 ATR
建仓	100	100
第一次加仓	105	110
第二次加仓	110	120
第三次加仓	115	130
平均成本	107.5	115
平仓位 1	200	200
获利 1	370	340
平仓位 2	300	300
获利 2	770	740

不论你将平仓位设置成多少，它们的收益差距仅为 3 倍 ATR。涨幅越大，3 倍 ATR 所占全部收益的比重越小。

但是涨幅很小呢？如果此次上涨恰好涨到 3 倍 ATR 的时候就终止了呢？在止损的情况下，1 倍 ATR 相对于 0.5 倍 ATR 是否会有优势呢？情况不同，我们分别举例。

例如，突破位为 100 点，ATR 为 10，价格涨至 131 点后下跌，如表 6-14 至表 6-17 所示。

表 6-14 初次建仓后止损亏损对比

单位：点

交易	0.5 倍 ATR	1 倍 ATR
建仓	100	100
止损位	80	80
亏损	-20	-20

表 6-15 第一次加仓后止损亏损对比

单位：点

交易	0.5 倍 ATR	1 倍 ATR
建仓	100	100
第一次加仓	105	110
平均成本	102.5	105
止损位	85	90
亏损	-35	-30

表 6-16 第二次加仓后止损亏损对比

单位：点

交易	0.5 倍 ATR	1 倍 ATR
建仓	100	100
第一次加仓	105	110
第二次加仓	110	120
平均成本	105	110
止损位	90	100
亏损	-45	-30

表 6-17 第三次加仓后止损亏损对比

单位：点

交易	0.5 倍 ATR	1 倍 ATR
建仓	100	100
第一次加仓	105	110
第二次加仓	110	120
第三次加仓	115	130
平均成本	107.5	115
止损	95	110
亏损	-50	-20

1倍ATR加仓法，初次建仓和加满仓时的亏损是一样的，第一次建仓和第二次建仓的亏损是一样的。但不论怎么变化，都会比0.5倍ATR加仓法亏损得少。

至此我们可以说，1倍ATR加仓法可能在风险控制上更有优势。而损失的3倍ATR，只是获取优势时必须付出的微小代价而已。

6.5.3 过滤器

有时为了增加海龟法则的成功率，会给它加上一个过滤器。比如在柯蒂思·费思的书中，他介绍的方法是加上两根均线，参数分别为25日均线和300日均线。若短期均线在长期均线之上，则只做多单，反之只做空单。这就像在趋势工具中，再加上一个更加确认趋势的工具一样。

这样做的好处在于，趋势的确认有了双重保险。但其劣势也是不可忽略的，若价格在底部快速企稳并上涨，均线的反应相对于价格来说非常滞后，当25日均线还处于300日均线之下时，海龟法则可能已经给出了建仓的信号，由于我们用了过滤器，此时不可能建仓。价格顺势继续上涨，25日均线上穿300日均线，此时我们还建不建仓呢？建仓，离突破点太远了。不建仓，一波趋势就错过了。

对于双均线过滤器，如果你对风险要求比较高，可以使用。如果你能承受海龟法则带来的资金回撤，也可以不用。你也可以尝试着调整一下双均线的参数，但均线的特点就是这样，若你将参数改得太小，它会过于灵敏，失去了过滤器的作用。若你将参数改得过大，它又过于滞后，不仅将伪信号过滤掉了，连真信号也被过滤掉了。

6.6 海龟法则的视觉呈现

用笔或者用Excel来体现海龟法则，当然也不失为一种方法，但总归还是过于烦琐了。最好将它编为指标，一眼便可知。关于如何在软件中写入指标，就不再赘述了。

海龟法则的公式为以下内容。

U:REF(HHV(HIGH,A),1),COLORRED

D:REF(LLV(LOW,B),1),COLORGREEN

U——上轨

第 6 章 海龟法则

D——下轨

此公式适于用同花顺、大智慧、通达信、文华财经等软件。其中 A 为上轨的参数，B 为下轨的参数，在软件中录入公式时，可以直接将参数值输入替换 A、B。

图 6-8 所示为上证指数上轨 50 天、下轨 50 天的海龟法则示意图。

图 6-8 中后半部分，指数上穿上轨，给出做多信号，但面对前半部分的跌幅，你肯定已经止损离场了。所以在上下轨都是 50 天的通道里，暂时没有交易信号出现。

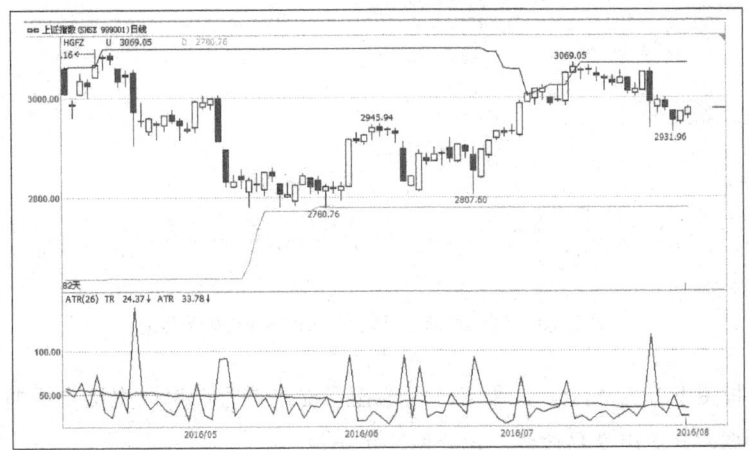

图 6-8　上轨 50 天、下轨 50 天的海龟法则示意图

如果已经给出买入交易信号了，那么可以将下轨参数调整为 20 天，如图 6-9 所示。

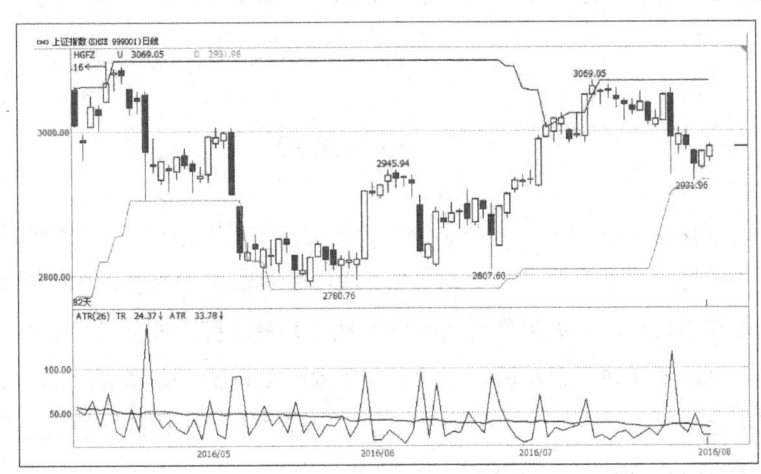

图 6-9　上轨 50 天、下轨 20 天的海龟法则示意图

如果已经给出卖出交易信号了，那么可以将上轨参数调整为 20 天，如图 6-10 所示。

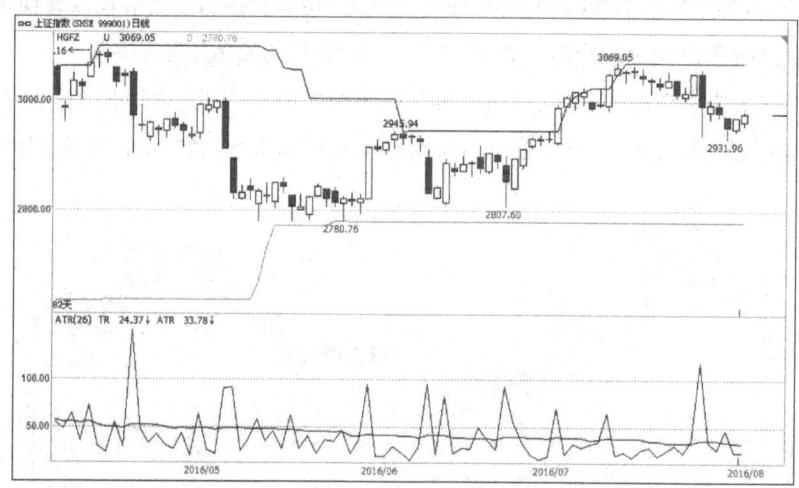

图 6-10　上轨 20 天、下轨 50 天的海龟法则示意图

三张图下方为 ATR，如果某一天给出了交易信号，可以直接查看前一天的 ATR 数据，计算出交易数量、建仓位、止损位。

真正的短线交易其实很少用到 K 线图，它更多的是基于基础数据的统计和分析来进行决策的。既然 RangeBreak 系统可以根据价格突破前一天最大幅度的百分比来确定日内趋势的走向，我们能不能在 RangeBreak 的基础之上，再改进一下呢？

6.7　ATR 通道

RangeBreak 系统参考的只是前一天的最大波动幅度，只有一天的参考数据，多少有些激进，它的"变异性"很强，但"遗传性"很弱。"变异性"和"遗传性"的配比是很难调和的，如果你想要激进一些，那就增强"变异性"。如果你想要保守一点，就增强"遗传性"。所以如果要在 RangeBreak 系统上进行调整的话，就不能继续在"变异性"上做文章了，只能考虑"遗传性"的改进。

6.7.1　在 RangeBreak 系统中加入 ATR

如果你看了关于海龟法则的内容，就会知道 ATR 是海龟法则的重要内容

之一,它所表示的是价格在 N 天内的平均真实波动幅度,海龟法则采用的 N 值是 20 天。我们能否将 ATR(20)用来替代 RangeBreak 系统中前一根 K 线的最大波动幅度呢?20 天的 ATR 值,大多会比前一天 K 线的最大波动幅度要更加稳定。

计算方法其实没多少变化,只是需要改动一下公式。

上轨:当日开盘价 + 前一个交易日的 ATR(20)× N

下轨:当日开盘价 − 前一个交易日的 ATR(20)× N

当价格上穿上轨,做多。

当价格下穿下轨,做空。

价格未上穿上轨或下穿下轨就持有至收盘平仓。

因为本书是偏重于股票交易的,所以我们还是以上证指数来做回测。回测计算方法与 RangeBreak 系统相同,并且只考虑做多,不考虑做空。回测指数的目的是让其能应用于个股,还是因为 T+1 的交易规则,我们只能放弃日线的回测,采取周线的回测,结果如表 6-18 所示。

表 6-18 ATR 通道交易回测参数与收益

年份	使用参数	收益(点)	拟合后系数	上证实际涨幅(点)
1991		128.87	0.1	
1992	0.1	466.53	0.9	487.64
1993	0.9	−51.82	0.2	53.41
1994	0.2	180.56	0.2	−186.93
1995	0.2	136.04	0.1	−92.58
1996	0.1	374.04	0.2	361.73
1997	0.2	16.14	0.2	277.08
1998	0.2	212.4	0.1	−47.4
1999	0.1	759.13	0.1	219.88
2000	0.1	550.25	0.1	706.9
2001	0.1	−66.5	0.1	−427.51
2002	0.1	150.6	0.1	−288.32
2003	0.1	361.52	0.1	139.39
2004	0.1	−169.17	0.1	−230.54

续表

年份	使用参数	收益（点）	拟合后系数	上证实际涨幅（点）
2005	0.1	-46.76	0.1	-106.44
2006	0.1	1 348.54	0.1	1 514.41
2007	0.1	1 694.07	0.1	2 586.09
2008	0.1	-356.99	0.1	-3 440.76
2009	0.1	888.83	0.1	1 456.3
2010	0.1	-3.42	0.1	-469.06
2011	0.1	-340.4	0.1	-608.66
2012	0.1	283.52	0.1	69.71
2013	0.1	171.43	0.1	-153.15
2014	0.1	956.99	0.1	1 118.7
2015	0.1	1 244.96	0.1	304.5
2016	0.1	119		-559.84

6.7.2 ATR通道的收益与原版RangeBreak系统的收益对比

用ATR（20）对RangeBreak系统的一部分进行交易后，RangeBreak系统从1992年年初到2016年7月末的收益为8 879.49点。对比原版RangeBreak系统收益的9 701.17点少了821.68点。二者的具体收益对比如表6-19所示。

表6-19 ATR通道的收益与原版RangeBreak系统的收益对比

年份	ATR通道		原版RangeBreak系统		上证实际涨幅（点）
	参数	收益（点）	参数	收益（点）	
1992	0.1	466.53	0.1	509.89	487.64
1993	0.9	-51.82	0.4	474.46	53.41
1994	0.2	180.56	0.4	121.6	-186.93
1995	0.2	136.04	0.4	234.21	-92.58
1996	0.1	374.04	0.3	317.03	361.73
1997	0.2	16.14	0.2	263.11	277.08
1998	0.2	212.4	0.2	236.58	-47.4
1999	0.1	759.13	0.2	576.76	219.88
2000	0.1	550.25	0.2	607.67	706.9

续表

年份	ATR 通道		原版 RangeBreak 系统		上证实际涨幅（点）
	参数	收益（点）	参数	收益（点）	
2001	0.1	-66.5	0.2	72.97	-427.51
2002	0.1	150.6	0.2	60.59	-288.32
2003	0.1	361.52	0.2	377.75	139.39
2004	0.1	-169.17	0.2	-66.43	-230.54
2005	0.1	-46.76	0.2	88.22	-106.44
2006	0.1	1 348.54	0.2	1 122.08	1 514.41
2007	0.1	1 694.07	0.2	1 344.67	2 586.09
2008	0.1	-356.99	0.1	-196.93	-3 440.76
2009	0.1	888.83	0.1	1 096.05	1 456.3
2010	0.1	-3.42	0.1	-146.7	-469.06
2011	0.1	-340.4	0.1	-123.25	-608.66
2012	0.1	283.52	0.1	270.72	69.71
2013	0.1	171.43	0.1	237.41	-153.15
2014	0.1	956.99	0.1	946.87	1 118.7
2015	0.1	1 244.96	0.1	1 201.56	304.5
2016	0.1	119	0.1	74.28	-559.84

图 6-11 为 ATR 通道的收益与原牌 RangeBreak 系统的收益对比。

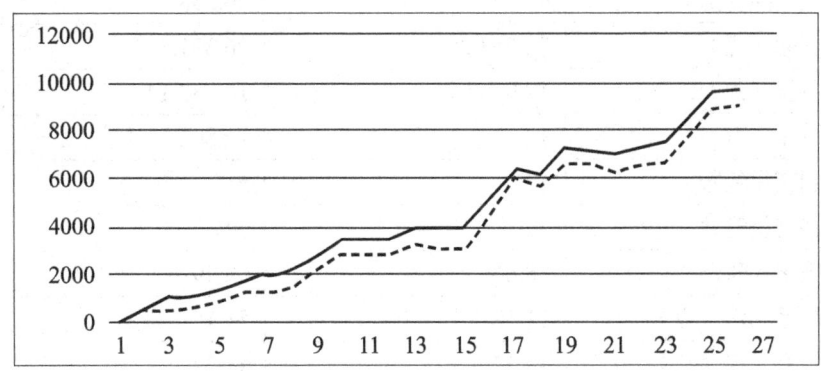

图 6-11 ATR 通道的收益与原版 RangeBreak 系统的收益对比折线图

上方的曲线为原版系统，下方的曲线为 ATR 通道。这两种系统的资金收益曲线基本没有太大的差异，只是 ATR 通道在最初的两年中落下了一步，就始终未赶上原 RangeBreak 系统的步伐。问题出现在 1993 年的数据上，原版系统的参数是 0.4，而 ATR 通道的参数是 0.9。这是 1991 年和 1992 年的数据特点，由 ATR 和上一周最大波动幅度的影响所致。其后两个系统的参数高度一致，如果我们将 1992 年和 1993 年的收益去掉，这两条收益曲线基本就是重合的了。

6.7.3 ATR 通道交易系统评测

通过比较，两种方法基本上是一致的。但为什么还要用 ATR 进行替换，并用一节内容来进行说明呢？因为我想告诉你，RangeBreak 系统是一个平台，它的理念不变，你可以将任何可以衡量波动的"模块"插入到这个系统中来，如表 6-20 所示。

表 6-20　ATR 通道与原版 RangeBreak 系统评测数据对比

时间：1992 年—2016 年 7 月 29 日		
样本：上证指数周线		
项目	ATR 通道	原版 RangeBreak 系统
利润总额（点）	8 879.49	9 701.17
交易笔数	895	863
平均每笔交易回报（点）	10.06	11.19
最大获利（点）	778.41	772.26
最大亏损（点）	447.47	462.58
毛利润（点）	26 963.2	26 391.3
毛亏损（点）	17 958.07	16 732.14
盈亏比	1.5	1.58
获利交易笔数	525	516
亏损交易笔数	370	347
准确率（%）	58.66	59.79
平均毛利润（点）	51.36	51.15
平均毛亏损（点）	48.54	48.22
最大连续亏损次数	7	10
最大连续亏损数额（点）	447.47	462.58

6.7.4 ATR 通道的视觉呈现

我们只需要在软件中输入如下公式,即可将 ATR 通道进行呈现。

TR:MAX(MAX((HIGH-LOW),ABS(REF(CLOSE,1)-HIGH)),ABS(REF(CLOSE,1)-LOW)),NODRAW

ATR:MA(TR,20)NODRAW

UPON:OPEN+N×REF(ATR,1)×0.1

DOWN:OPEN−N×REF(ATR,1)×0.1

其他设置与 RangeBreak 系统的设置一样,加载指标后 ATR 通道如图 6-12 所示。

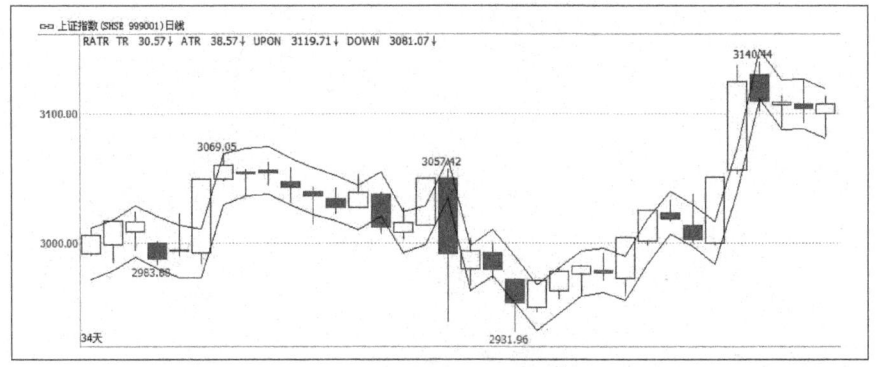

图 6-12　ATR 通道参数为 5

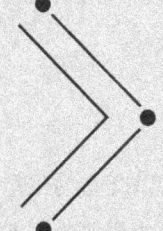

第 7 章

三重滤网

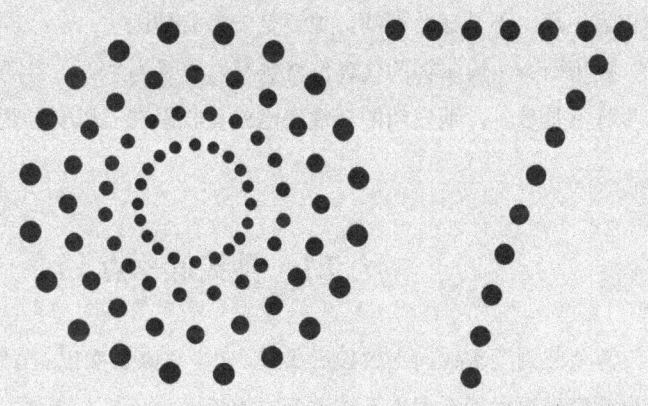

三重滤网法就是为了交易问题而诞生的，这种方法记录在《以交易为生》一书中，作者亚历山大·埃尔德（Alexander Elder）是苏联的一名心理医生。20世纪70年代，他在一艘轮船上工作，当轮船行驶至非洲时，他跳离了轮船，前往美国，这在当时属于叛国行为。

促使他进入交易行业的原因是1976年夏天，他从纽约到加利福尼亚的路上，读了一本英格尔的书《如何买股票》，被书中的理念所吸引，从此便开始了他的交易生涯，不过在此期间，他还是一名心理医生。

亚历山大·埃尔德的代表作就是《以交易为生》，有的版本也被翻译成《操作生涯不是梦》，他发明的三重滤网就被收录在《以交易为生》中。

7.1 再买低一点

海龟法则要求在向上突破后买进，向下跌破后卖出。虽然买进是突破长周期，卖出是突破短周期，但也无法改变它的特点——掐头去尾，如图7-1所示。海龟法则的特点是，突破前50天的高点，其实是将它默认为出现了上升趋势，并且觉得上升趋势会延续下去。如果在已知是上升趋势的条件下，我们能不能在上升趋势中的某一个回调低点附近买进呢？这样我们就不用再等待向上突破了，反而能多赚一部分利润，如图7-2所示。

想达到这种要求，需要明确两点内容：第一，确认一波涨势；第二，找到回调低点。这两点说起来容易做起来难，所以只能"抽丝剥茧"，一层一层地解决问题。

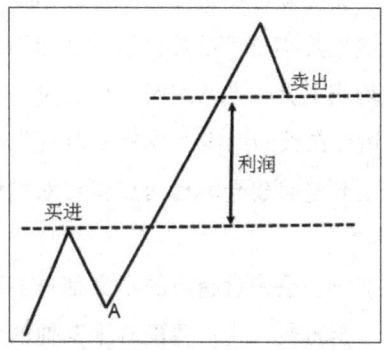

图 7-1　海龟法则理想交易示意图

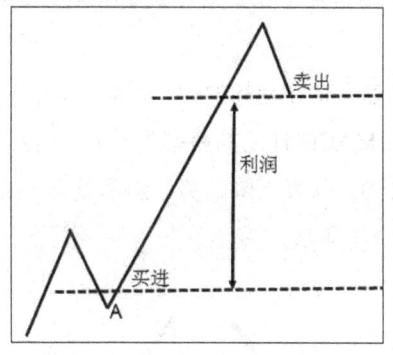

图 7-2　理想买进交易示意图

7.2　原版三重滤网的第一重滤网

任何趋势追踪交易系统的首要任务都是判别趋势。Rangebreak 系统虽然是日内冲销系统，但它的本质是寻找日内的短暂趋势，当价格向某一个方向运行超过特定的百分比时，默认为日内趋势形成。海龟法则的长期系统是将突破前 50 个交易日的最高点设定为上升趋势已经形成。

7.2.1 先定方向

从这两个趋势追踪系统中,我们可以总结出至少两点内容。首先,不管你对趋势的定义是什么,你必须先立个规矩,然后按规矩办事。

其次,你所设定的定义必须可以量化。Rangebreak 系统和海龟交易法则都符合这两点原则。这些道理其实是"百姓日用而不知",比如最简单且流传最广的双均线法,当短期均线上叉长期均线时,可买进。它所包含的两点内容分别为,第一,短期均线运行在长期均线上被定义为上升趋势;第二,当短期均线上叉长期均线时顺着上升趋势建仓。这两点就将双均线法对趋势的定义进行了量化。

需要注意的是,每个交易系统对趋势的定义都是不同的,而且也没有对错之分。这种定义都是在一定范围之内,再配合上其他的量化,使之有效,但并不是放诸四海皆准的真理。如果真的有趋势的完美定义的话,市场也一定会发生改变。所以立规矩,其重点不在于规矩是否绝对正确,而在于规矩是标尺、准绳。

那么三重滤网法是怎么定义趋势的呢?原版三重滤网是使用 MACD 柱线图来定义的。若相邻两根 MACD 柱线的斜率大于 0,代表上升趋势。若相邻两根 MACD 柱线的斜率小于 0,代表下降趋势。斜率是从 $y=kx+a$ 解析式中来的,其中 k 代表着斜率,如图 7-3 所示。

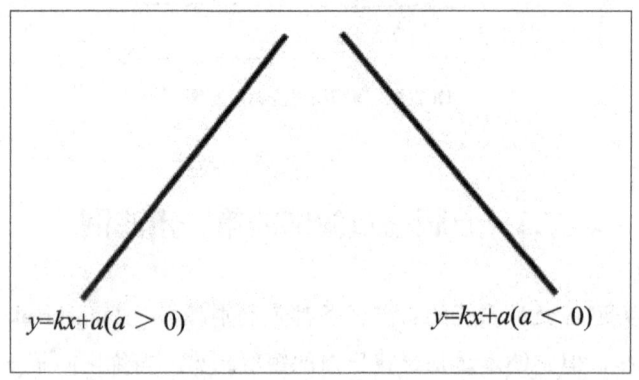

图 7-3 一元一次函数解析式

或者说如果相邻两根 MACD 柱线,后一根柱线的数值比前一根柱线的数值大,则表示上升趋势。如果相邻两根 MACD 柱线,后一根柱线的数值比前一根柱线的数值小，则表示下降趋势，如图 7-4 和图 7-5 所示。

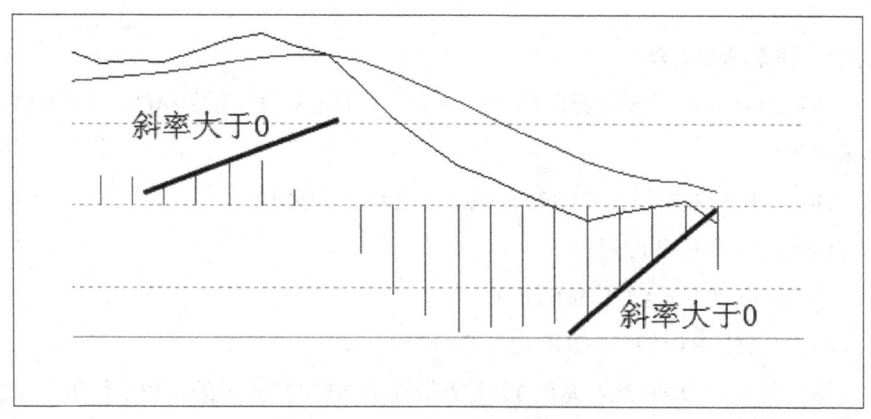

图 7-4　MACD 柱线斜率大于 0

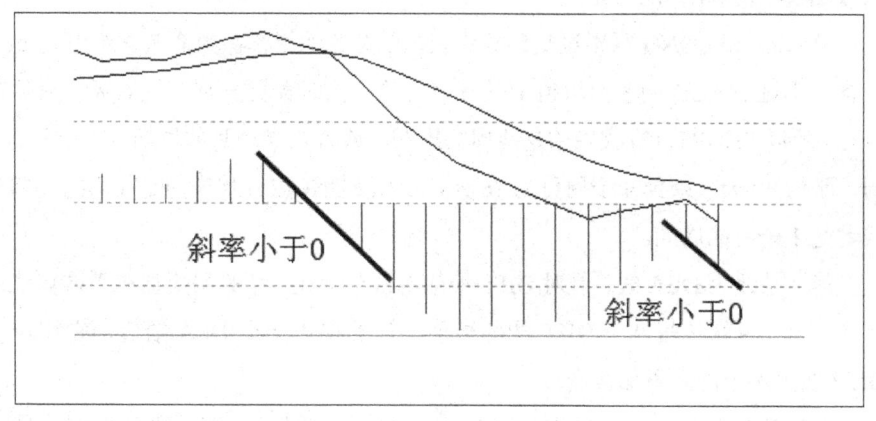

图 7-5　MACD 柱线斜率小于 0

这里说的是柱线数值，而不是柱线长度。所以当斜率大于 0 时，零轴下方（绿色）的柱线是在数值变大的同时，长度越来越短。相反，当斜率小于 0 时，零轴下方的柱线是在数值变小的同时，长度越来越长。负数的绝对值越大，它的数值越小。

我们总说指标是处于辅助地位的，那怎么能用指标来判断趋势呢？即便是用指标，至少也应该用主图指标，用副图指标会显得太不严谨？其实我们判断趋势，除了用基础的道氏理论外，外加辅助指标，通常都是用均线类指标。MACD 指标就是均线类的指标，只不过它有柱线图，不适合作为主图指标出现。

7.2.2 详解 MACD

MACD 的全称是平滑异同移动平均线，我们把软件中的 MACD 计算公式拿出来分析一下。

DIFF : EMA(CLOSE,SHORT) - EMA(CLOSE,LONG)

DEA : EMA(DIFF,M)

2×(DIFF-DEA),COLORSTICK

其中，SHORT=12，LONG=26，M=9

第一条线为 DIFF 线，是用 12 天的指数平均值与 26 天的指数平均值相减得出的。这是两条平均线的差值线，只不过不是用算数平均算法得出的，而是用指数加权平均算法得出的。

SHORT 和 LONG 只不过是参数代表，就像其他指标参数命名喜欢用 M 或 P 一样。不过 MACD 的参数取值倒是有来历的。当时美国一周开盘 6 天，只休市 1 天，所以 SHORT(12) 代表的是两周的周期，或者是半个月的周期。一个月有 4 周，平均 30 天，减掉 4 个周日为 26 天，所以 LONG(26) 代表的是 4 周的周期，或者是 1 个月的周期。

第二条线为 DEA 线，是对 DIFF 线的再次平滑化。还是采用加权平均算法，参数为 9。也就是每 9 个 DIFF 线的数值，计算得出一个 DEA 数值，它相较于 DIFF 线更加平滑，更加缓慢。

第三条线为柱线，用 DIFF 线与 DEA 线的差再乘以 2，即为柱线的值。其实，柱线可有可无，DIFF 线在 DEA 线之上，柱线在零轴之上（红色）；DIFF 线在 DEA 线之下，柱线在零轴之下（绿色）。之所以乘以 2，是为了让柱线变长，看得更清楚。

如果不需要柱线的话，也就是 DIFF 上叉 DEA 线，即被三重滤网法默认为上升趋势。那为什么要加柱线呢？因为即便 DIFF 线在 DEA 线之上，它们之间的距离也有可能缩小了，如果你不仔细计算，仅靠观察是很难察觉的。柱线的存在，是为了更直观地得出结论。

再来理一下 MACD 的两条线。DIFF 线是长短两根均线的差，如果 DIFF 上涨，

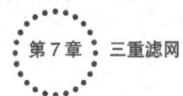

说明短期均线的值大于长期均线的值,也说明短期上涨的速率高于长期上涨的速率。

DIFF 线若在零轴之上,说明短期均线在长期均线之上。DIFF 线若在零轴之下,说明短期均线在长期均线之下,这一根 DIFF 线就代表了双均线系统。

DEA 线是对 DIFF 线的再次加权平均,如果 DEA 线始终在零轴之上,说明在 9 天的范围内,短期均线始终处于长期均线之上,反之亦然。若 DEA 线与 DIFF 线在零轴之上的距离不断扩大,说明近期上涨势头正猛。若在零轴之上,两线距离变小,说明近期上涨势头有所衰弱。

上涨势头正猛,市场处于上升趋势中;上涨势头衰弱,市场处于下降趋势中。而柱线的作用就是测算两线的距离,所以三重滤网是用相邻两根柱线的斜率来定义上升趋势和下降趋势的。

不论是程序化交易还是主观交易,根据自己的理解给趋势做一个定义后,就有了标尺。在上升趋势内,只做多不做空;在下降趋势内,只做空不做多。至少胜率会大很多。尤其是对主观交易者来说,有了标尺,就不会乱动,不乱动也就不会心乱。

原版三重滤网中的 MACD 柱线图虽然可以瞬时表示行情处于什么状态,但两线之间的距离变化毕竟还是太快了。比如说上升趋势中,上涨的速率开始很快,DIFF 线与 DEA 线之间距离快速拉开,柱线数值也迅速变大。但当上涨速率开始变慢时,DIFF 线与 DEA 线之间距离变小,柱线数值也变小。从三重滤网法对趋势的定义来说,上升趋势已经变成了下降趋势。可事实上,只不过是上涨速率变慢了而已,趋势并没有改变。如图 7-6 所示,标注位置柱线的数值由小变大,给出的结论是下降趋势变成上升趋势了,然而看主图 K 线,还是下降趋势。

不论如何,如果用 MACD 柱线来定义趋势,好像有点不太靠谱。但三重滤网法的理念绝对是没有问题的,关键在于我们怎么改良。在《以交易为生》一书中,有读者反馈说,用 EMA 线主图指标的斜率来定义趋势,要比使用 MACD 柱线好很多,作者也坦诚地承认了。埃尔德说,我给出的是一种理念,并不是一个完整的操作系统,如果完全照搬的话,是不会成功的。至于如何优化原版三重滤网法,后面再说。

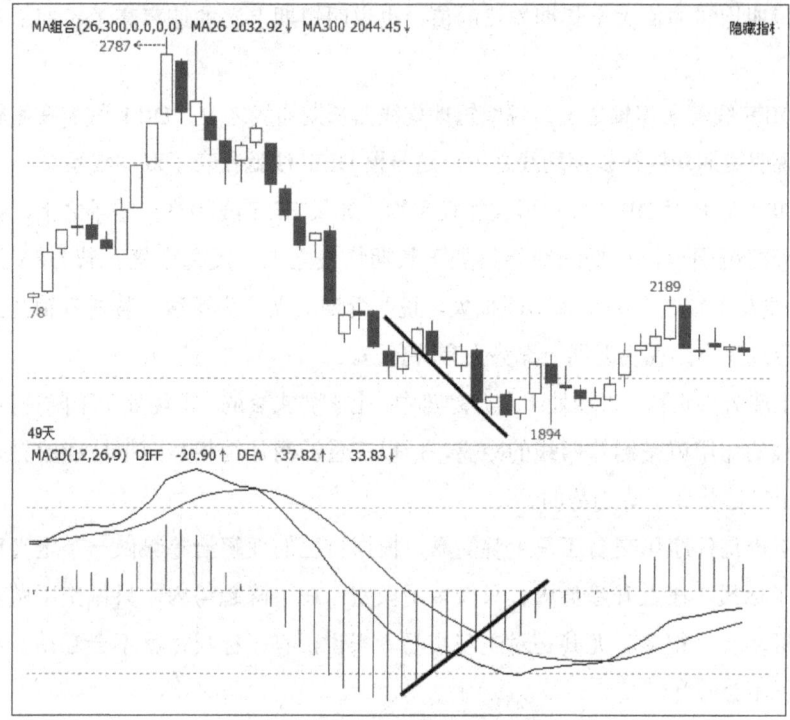

图 7-6 MACD 柱线斜率大于 0 时价格下跌

三重滤网法中，先对趋势进行定义，若在上升趋势中，只做多不做空，若在下降趋势中，只做空不做多。这是三重滤网中的第一重滤网。

7.3 原版三重滤网的第二重滤网

技术指标分为趋势指标和摆动指标两种，其实也可以广义地把它们看成追踪趋势指标和反趋势指标。

7.3.1 寻找反弹高点、回调低点

追踪趋势指标有 MA（移动平均线）、PUBU（瀑布线）、SAR（抛物线指标）、BOLL（布林线）。这类指标没有上下边界，也没有零轴以作参考，价格上涨我们跟着涨，价格下跌我们跟着跌，总之就是紧跟趋势。

反趋势指标有 KDJ（随机指标）、RSI（相对强弱指标）、ROC（变动速率指标）等。这些反趋势指标的特点是要么有上下边界，比如 KDJ 的上下边界为 0～100；要么有零轴以区别多空，比如 ROC。当价格上涨到一定程度，指标达到某个数值以上时，表示超买，价格可能在此处会停止上涨，进而下跌。当指标达到某个数值以下时，表示超卖，价格可能停止下跌，进而上涨。当然，如果指标表示已经超买了，价格还是一路上涨的话，指标会长期留在超买区，此时该指标已经失效了。若价格一旦下跌，指标会快速下跌来配合价格。

三重滤网法要先定义趋势来界定此时是找机会做多，还是找机会做空。为了追踪趋势，自然要找追踪趋势类的指标。我们上节说过的 MACD 其实是均线类指标，也应纳入追踪趋势类指标。

三重滤网法在给定的趋势下，寻找回调低点买进或反弹高点卖出。你可以理解成 1 浪上涨后我们确立了上升趋势，随后 2 浪下跌，找到 2 浪回调的低点买进，持有第 3 浪。在道氏理论中，你也可以理解成上升趋势是主要趋势，在主要趋势中存在着次要趋势，我们在上升趋势中找到次要趋势的低点买进。

上涨—回调—上涨，是三重滤网法的理论基础。所以在两次上涨间的回调中，就不能再用追踪趋势类指标了，而需要使用反趋势类指标。使用反趋势类指标是为了提示我们，此时在两次上涨间的下跌回调可能接近尾声或已经结束了。

这需要分为两个级别，如果我们用周线来确定趋势，那么就要在日线中寻找回调低点；如果我们用日线来确定趋势，那么就要在小时线中寻找回调低点。小时线中，20 根 K 线级别的回调在日线上也不过是 5 个交易日而已。而日线回调 5 个交易日，并不足以扭转趋势。同理，日线中 20 个交易日的回调，在周线上也不过是 4 根 K 线，4 周的回调也不足以改变周线的趋势。如果大级别的趋势改变了，我们也就没有必要再在小级别的 K 线中寻找回调的低点了。

7.3.2 详解 KD

原版三重滤网法是使用 KD 来寻找回调低点或反弹高点的。为了更好地理解 KD 为什么能够提供调整结束的信号，还得先从指标的计算方法入手。公式如下。

RSV:(CLOSE-LLV(LOW,N))/(HHV(HIGH,N)-LLV(LOW,N))×100

K:SMA(RSV,M1,1)

D:SMA(K,M2,1)

把公式翻译过来如下。

RSV=［（当日收盘价 -N日内的最低价）÷（N日内的最高价 -N日内的最低价）］×100

K 线 =RSV 的 M_1 天的扩展指数加权平均值

D 线 =K 线的 M_2 天的扩展指数加权平均值

其中最常见的参数设置是，N 为 9，M_1 为 9，M_2 为 3。

先看 RSV 公式中的分子，当日收盘价与 9 天内最低价的差可以理解为相对于 9 天最低价的涨幅。分母为 9 天内的最高价与 9 天内的最低价之差，可以理解为最近 9 天内的最大震荡幅度。

将今天的涨幅与 9 天内的相对比，除以 9 天内最大震荡幅度，也就是今天的涨幅占 9 天内最大幅度的百分比是多少。我们画个图来加深理解一下，如图7-7 所示。

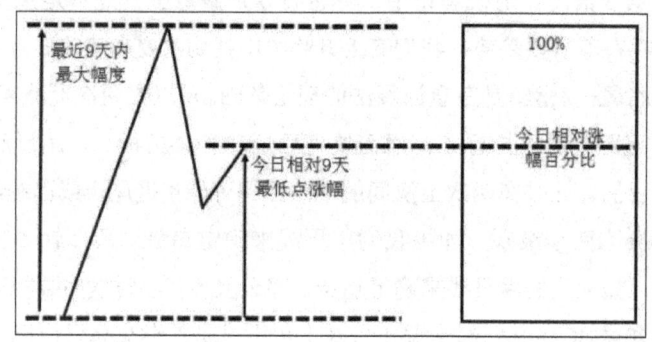

图 7-7 RSV 值计算过程示意图

如果今天的收盘价是最近 9 天内的最高点，那么分子与分母一样大，就是 100%。如果今天的收盘价是最近 9 天内的最低点，那么分子为 0，比值也为 0。那么每根 K 线的收盘距离最近 9 天的高点越高，RSV 值也就越高，反之 RSV 值越低。

RSV 的含义就是当前的收盘价处于最近一段时间的什么位置，RSV 越来越高，说明价格处于上升趋势，RSV 越来越低，说明处于下降趋势中。但 RSV 值是根据每根 K 线计算而来的，可能前一根 K 线的收盘价是 9 天内震荡幅度的高点，RSV 值为 100。下一根 K 线就可能是 9 天内震荡幅度的低点，RSV 一下子变成了 0。

这么忽上忽下，不具备操作性，于是就非常有必要将 RSV 值进行平滑处理。

KD 中的 K 线，就是将 RSV 做平滑处理后的表现形式。将最近的 9 个 RSV 值进行指数加权平均后得出 K 值。K 值有时也会过于灵敏，那就再次将 K 值平滑化。将最近的 3 个 K 值指数加权平均后得出 D 值。你也可以理解为将最近 27 个 RSV 值平滑处理后得出 D 值。

当 K 线逐渐向上，说明当前收盘价在最近的区域中重心不断上移。当 K 线处于 D 线之上时，说明最近 9 天收盘价的平均位置处于最近 27 天收盘价的平均位置之上。这表示价格在不断的上涨进程中，反之表示价格在不断的下跌进程中。

所以当 K 值处于 30 以下，表示连续 9 天收盘价的平均位置处于该阶段的 30% 位置以下了，若是 D 值处于 30 以下，表示连续 27 天收盘价的平均位置处于该阶段的 30% 以下了。27 个交易日，大约一个月多一点。这么久收盘价都处于整体震荡格局的低位，极有可能随时会产生反弹。

当 D 值从 30 以下进入 30 以上时，27 个交易日内收盘价的平均位置已经脱离了下方区域的 30%，收盘价重心上移，预示着价格即将上涨。

既然上涨—回调—上涨是三重滤网法的主旋律，那么回调总是有幅度的，此处必须用反趋势指标来量化。原版三重滤网法中，在第一重滤网显示为上升趋势的前提下，以 KD 的值能否进入 30 以下作为第二重滤网。那么 KD 的值进入 30 以下，说的是 K 值还是 D 值呢？以现在所做的回测来看，K 值还是过于灵敏了，D 值的效果更好一些。

7.4 原版三重滤网的第三重滤网

第一重滤网确立上升趋势。在第一重滤网条件不变的前提下，于更小一个级别的 K 线中寻找 KD 低于 30 的时机。如果这两重滤网都达到了，那么就剩下最后一重滤网了，确定买入点。

7.4.1 寻找建仓点

通常情况下，在一波下跌走势中，前一根 K 线的最高点不会轻易被穿越。一旦价格穿越了前一根 K 线的最高点，再加上大级别 K 线中是看涨趋势，小级别 K 线中 KD 值还低于 30，下跌走势有很大概率上会就此完结了，也就到了上涨—回调—上涨的第三步，上涨。

所以在原版三重滤网中，大级别周线处于上升趋势中，小级别日线的 KD 值低于 30，并且在小级别日线中，当前价格超越了前一根 K 线的最高点一档，就应该买入了。什么是一档？一档就是一个最小变动价。比如 3.55 元，最小变动价是 0.01 元，向上一档就是 3.56 元。如果前两重滤网都符合条件，前一根 K 线的最高价是 3.55 元，我们就在价格突破 3.55 元~3.56 元时买进。

图 7-8 所示为铁矿 1609 合约日线图，铁矿 1609 合约 2016 年 4 月 7 日的 MACD 柱线值为 -9.54，相对于前一日 6 日的 MACD 柱线值 -9.84 提高了 0.3。按照三重滤网的第一重滤网条件，在 MACD 柱线值没有低于 -9.84 之前，只做多不做空。

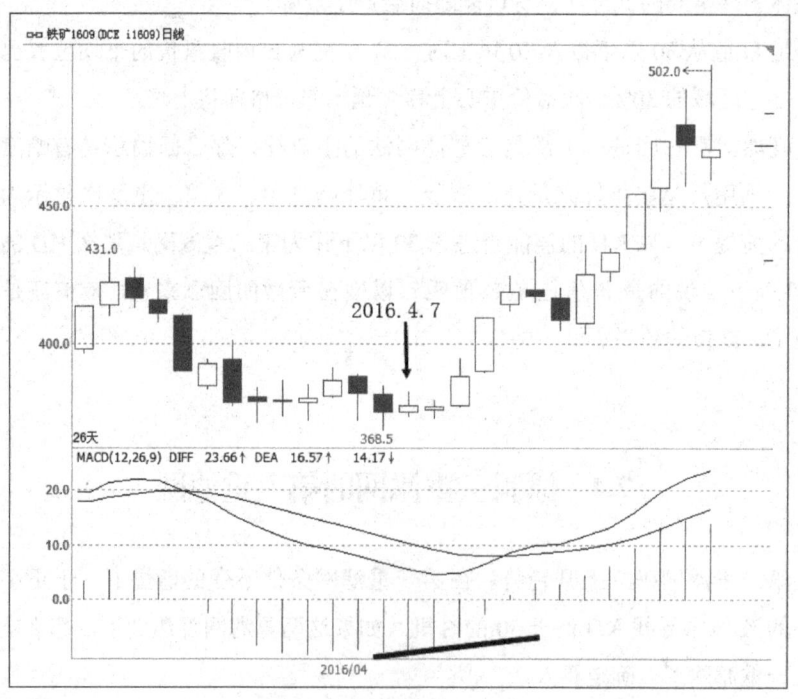

图 7-8　铁矿 1609 合约日线

再看第二重滤网，小时线的 KD 值是否低于 30。图 7-9 所示为铁矿 1609 合约的小时线。几天后，4 月 15 日晚 21 点到 22 点的小时线 K 线，D 值为 29.96，符合三重滤网的第二重滤网条件，此时的铁矿 1609 合约已经进入了上涨阶段。进入三重滤网的第三重，当然在这根小时线 K 线没走完之前，是不能下定论的，因为价格在不停地变化，KD 值也会不停地变化。只有等到时间刚刚过 22 点，前一 KD 值不再发生变化了，才算真正开始了三重滤网的第三重的布局。

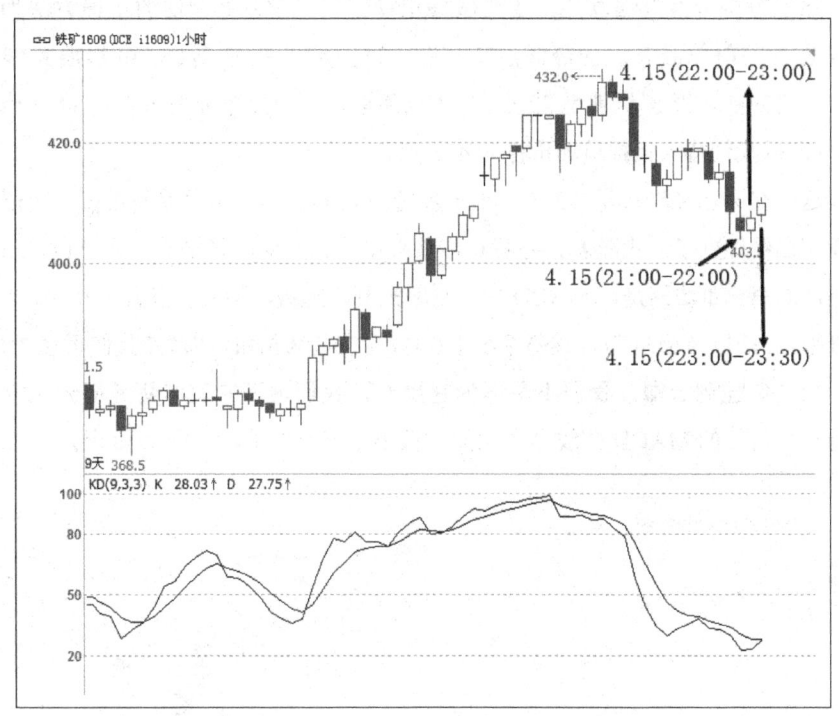

图 7-9　铁矿 1609 合约小时线

7.4.2　一次完整的三重滤网法交易

22 点后，D 值定格在 29.96，已经符合三重滤网的全部条件了。22 点到 23 点的价格只要超过前一根 K 线的最高点，向上一档即是多单建仓位。21 点到 22 点 K 线最高价为 410.5，并未超过 22 点到 23 点 K 线的最高价 408.5，所以还要继续等。

23 点一过，我们还需要再检查一遍三重滤网的每一重，先看日线 MACD 柱线数值是否大于前一根柱线数值，再看小时线中 D 值是否还处于 30 以下，此时的 D 值为 27.61，符合条件。

再从23点等到当晚23：30收盘时，看价格是否超过前一根的K线最高点408.5。铁矿1609合约的最小变动价为0.5，所以我们应当在价格为409挂入买单。23点到23：30 K线的最高价411，触发了我们挂入的条件，价格在409成交。这样就完成了三重滤网法交易的一半了。

除了等待价格上涨以外，还要做好止损工作。三重滤网法的止损方法为：买入K线的前一根K线的最低点减一档。我们是在23点到23：30那根K线买入的，它的前一根K线就是22点到23点那根，它的最低价为403.5，减一档为403。所以我们持入止损单的价格为403点。

这笔交易已经进行了2/3了，下一步等待我们的不是止盈就是止损。止损工作我们已经做好了，止盈怎么办呢？你是根据什么建仓，就根据什么平仓。三重滤网法的第一重滤网是以MACD柱线斜率来判定趋势，如果斜率大于0，默认为上升趋势。所以当MACD柱线斜率小于0时，上升趋势结束，也就是我们平仓之时。

止损单挂到云端，我们不用再为它操心，我们剩下的工作就是每天在收盘前看一眼日线的MACD柱线是否比前一根小了就可以了，如图7-10所示。

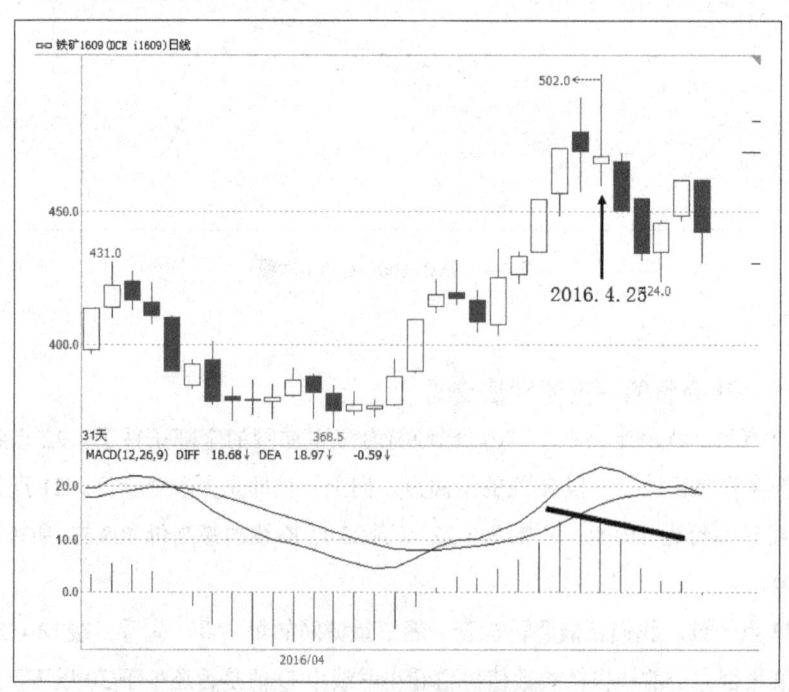

图7-10　MACD柱线斜率小于0平仓

2016年4月25日，MACD柱线值为14.17，比上一个交易日22日MACD柱线值14.63低0.46，所以在25日临收盘前平仓。假设25日收盘价就是我们的平仓价，当日收盘价为471，建仓价为409，每手获利6 200元。

7.5 三重滤网优化

我们早就说过用MACD的柱线来判断趋势相当不可靠，价格下跌，柱线值变大，或者价格上涨，柱线值变小的情况比比皆是，严重影响了趋势判断的准确性。所以我们必须得找一个更靠谱的指标来判断趋势。并且，KD进入30以下70以上便准备动手，是不是也太草率了些？因此，要对第一重滤网和第二重滤网进行改进，那么连带第三重滤网也要跟着改进。

7.5.1 第一重滤网优化

第一重滤网使用DIFF线与DEA线的位置来判断趋势，会比使用柱线斜率要好得多。很多书中介绍MACD的时候，有的把它归为趋势性指标，因为它是以移动平均线为基础计算出来的指标。有的把它归为摆动的指标，因为它有零轴作为参考。但根据我的实盘数据来观察，它属于摆动指标的可能更大一些。

所以我们必须要换一种更能指示方向的指标，任何一种追踪趋势类指标都不及均线。均线唯一存在的问题在于参数不好确定。不过我们自己找不到，可以看《以交易为生》。《以交易为生》书中讲到过一个读者来信，推荐使用EMA线来代替MACD柱线。

我曾用EMA（13）作为第一重滤网的工具，但很长时间没有交易，我有些怀疑是不是把13作为参数太慢了，于是将EMA（13）转换成了EMA（8），交易的次数明显增多了，可是错误率也直线上升。将参数调整得太快也不行，最后还是改成了EMA（13）。还好，在等待了相当长一段时间后，交易信号也逐渐增多，EMA（13）也一直沿用至今。

如果用EMA（13）来判断趋势，就要用EMA（13）来平仓。但你知道，放弃使用MACD柱线的一个原因就是它的反应过快，使用EMA（13）的原因之一就是它更慢、更稳。这一建仓优势到平仓时也变成了劣势，因为它太慢了，导致在平仓时要回吐太多的利润。

那怎么才能让利润回吐得少一点的呢？有以下几种方法。

海龟法则建仓和平仓的条件都是突破，但它建仓使用的是前 50 个交易日或 20 个交易日这样较长的突破周期。而平仓时选用的是前 20 个交易日或前 10 个交易日这样较短的突破周期。借鉴这一特点，建仓参考用 EMA（13），那么平仓的时候可以选用 EMA（8）。

还可以将 EMA 线在平仓时换成 SAR，它能更快地追踪趋势，当价格运行变缓慢时，SAR 与价格越来越近，这样可以使我们很快逃离即将反转的趋势，保住大部分利润。但我用了一段时间的 SAR 后，发现它的优点很明显，但缺点也很明显。价格只要宽幅震荡一下，SAR 就立刻被触发了，导致有时虽然我们能及早地离场保住利润，但有时过早地平仓以至于后半程踏空。这就得不偿失了。

那么趋势线是不是更能符合趋势的特性呢？平仓时我又开始画趋势线，当价格下破趋势线后，默认为趋势完结。在这些方法中，画趋势线是最靠谱的。但画趋势线毕竟还是主观的，我们使用程序化系统，就是要规避主观分析的错误或误差。

所以我现在一直使用第一种方法，即用 EMA（8）来平仓。

7.5.2 第二重滤网优化

"也可以使用 KD"，在《以交易为生》中一行很不起眼的文字中说道。当我使用 KD 时，才发现在第二重滤网中，KD 是最好用的。

可 KD 有两条线，一条是 K 线，一条是 D 线。我们是选用 K 值呢，还是 D 值呢？开始我选用的是 K 值，然后发现 K 线像猴子一样上蹿下跳，30 以下或 70 以上很容易就达到了。优化交易系统的首要任务就是降低信号给出的频率，频率越低越好。基于保守的性格，我开始使用 D 值，虽然慢，但是很靠谱。

进一步思考，在小级别 K 线图中使用摆动指标，为的是让摆动指标提示出目前处于超买还是超卖状态。一般情况下 D 值在 30 以下或 70 以上就可以了，但不同的书中有不同的说法，有些书中说的是 20 以下或 80 以上，这只不过是一个程度问题。

我最终选用的是 30 以下或 70 以上，当时选择这组数值的原因是：在第一重滤网中选用 EMA 线已经很慢了；在第二重滤网中选用 D 值就更慢了。为了调剂一下，我选择了一组稍快一些的数值。

7.5.3 第三重滤网优化

随着实盘测试可以进一步发现，D 值虽然比 K 值更加缓慢、更加稳重，但在现实交易中还是显得过快。低于 30 后，就马上给出第二重信号，触发成交后再止损的例子太多了，这说明系统还是不够慢，也可能是交易得过早了。

如果说系统还不够慢，请注意这两种情况，一是 EMA 线的参数还不够大，二是 D 值的选值还未达到极限。如果说交易得过早了，这无关第一重滤网和第二重滤网的事，问题出在第三重滤网——确定买入时机上。

这套系统已经够慢的了，所以可以暂时排除第一重滤网和第二重滤网的问题，直接从第三重滤网着手。我们再回顾一下，KD 向下进入 30 以下，给出买入信号，准备做多的交易。但在这个过程中，我是在预测 D 值低于 30 后，价格接近底部或者说就是底部，且比前一根 K 线最高价高出一档时买进。

可是这样的判断并不精准，价格比前一根 K 线高出一档后继续下跌的概率也相当大，我们不能用这种有大概率会失败的标准来做决策。D 值低于 30，价格并不一定见底，可能还会继续下跌，只因为我们使用了某种过于草率的方法进行决策，导致伪信号过多、错误过多、止损过多。

请一定注意前面一大段的思辨内容，关键字是"我是在预测"，这不符合程序化交易系统的逻辑。所以应该把"预测"改为"追随"。怎么改？这就涉及了拐点、左侧交易和右侧交易的概率，如图 7-11 所示。

拐点，是在趋势反转后才显现出来的。在拐点没有出现之前，你无法确定任何一个位置是拐点。所以，所有在拐点出现之前的交易都是左侧交易或预测交易，因为你是在预测拐点的到来。而在拐点出现后，趋势反转了，我们让出一部分涨幅，在拐点右侧的交易都是右侧交易或跟随交易。

很多人都在预测拐点，想买在拐点上，或卖在拐点上。但预测拐点的成功率有多少？而在拐点右侧买进或卖出的成功率又有多少？如果你预测错了亏损的钱呢？你多赚的那一点点，早就失去意义了。所以一定要坚持右侧交易、跟随交易，摒弃左侧交易、预测交易。

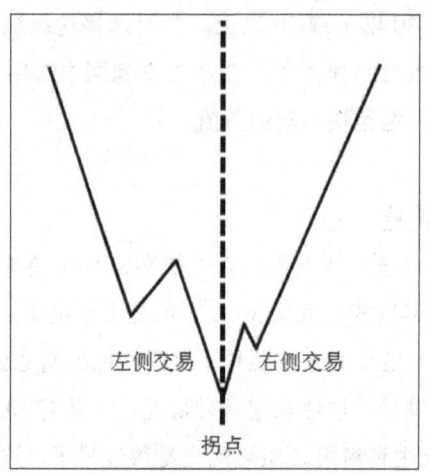

图 7-11　拐点与左侧交易、右侧交易示意图

在大涨中的回调低点处买进，是三重滤网法的精髓所在。何时回调结束呢？按原版三重滤网法来说，在长周期看涨的条件下，小周期 KD 低于 30 时，就是调整结束之时。这不完全对。说它对，是因为这时候确实接近回调底部了。说它不对，是因为接近底部并不代表底部已经出现。这两种情况的意义完全不同。

接下来的任务就是在第三重滤网上稍稍做一些改动，让它由"预测"变成"跟随"。跟随的核心问题是找到拐点，但拐点在没出现之前是确定不了的。也就是价格在没有上涨一段时间之前，你是看不到拐点的。这样就与原版三重滤网法完全不同了，如图 7-12 所示。

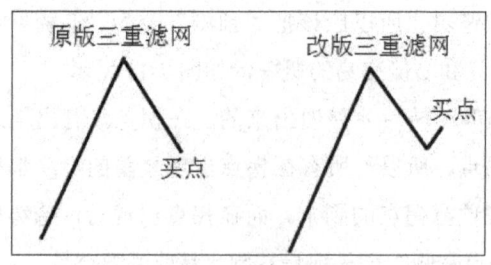

图 7-12　改进第三重滤网的设想

在原版三重滤网中出现买点后，价格仍然可能下跌，因为价格还没有向上拐，所以拐点没有出现。而在改版三重滤网中，前两重滤网的条件都符合了，在第三重滤网中也要等价格上拐一定程度之后再买入。

可能你会说，在原版三重滤网中也是出现拐点后才确定买进的，理由是前两重滤网条件满足后，在确定买入点时，价格要超过前一根 K 线的最高点。这样就形成了一个小小的拐点。它确实形成了一个小小的"V"字形结构，但是这个结构太小了，只由相邻的三根 K 线组合而成，这样的"V"字形结构非常容易被破坏。我们优化第三重滤网的目的就是要扩大这个"V"字形结构，让它变得更加牢固，从而降低失败率。

所以当 D 值向下进入 30 后，我按兵不动。我需要做的是记录它刚刚进入 30 以下时，这根 K 线的最高点的价格。D 值继续下探，可能走向 28、24 甚至更低。在这期间，价格若超过了前一根 K 线的高点，也不能建仓。我要等待的是，价格超过 D 值刚刚进入 30 以下的那根 K 线的最高价。

在 D 值下探的过程中，可能会经历很多根 K 线。这些 K 线的价格总体是向下的，也有某一根 K 线比前一根高出一个价位，但它的方向还是向下的，并未形成反转。经过相对较长时间的运行之后，价格开始慢慢企稳、反升，它终将会超过 D 值刚刚进入超卖区间的那根 K 线的最高价，这样就会形成一个由更多根 K 线组成的"V"字形结构。这样扩大后的"V"字形结构，准确率更高。

图 7-13 为原版三重滤网法的交易规则。按原版三重滤网法进行交易，当 D 值进入 30 以下后，就开始等待，只要价格超过了前一根 K 线的最高点，便买进建仓。在价格下探的过程中，确实有一根 K 线达到了条件，但这只是一个短暂的假象，两根 K 线过后，价格创出新低，止损。可见三根 K 线的结构太不稳定了。我们将结构扩大以后会发生什么呢？

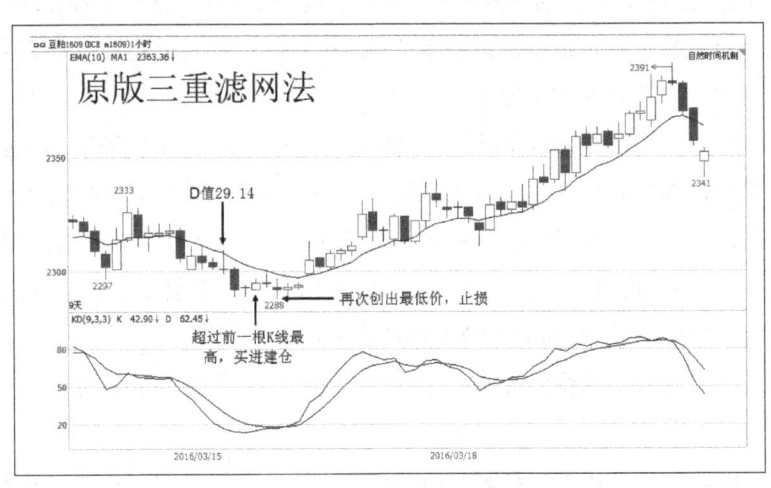

图 7-13　原版三重滤网交易示意图

图 7-14 为改版后的三重滤网交易图，在 D 值探入 30 以下之后，我记录这根 K 线的最高点，然后坐观其变。价格继续下探，D 值也不断向下。其间不论价格如何运行，只要不超过那根 K 线的最高点，我便不动手。价格转了一圈后，反转向上突破了 D 值一开始进入 30 以下的那根 K 线的最高点后，买进建仓。共经历了 9 根 K 线，9 根 K 线构成的"V"字形结构要比 3 根 K 线构成的"V"字形结构更加稳固，准确性更高。

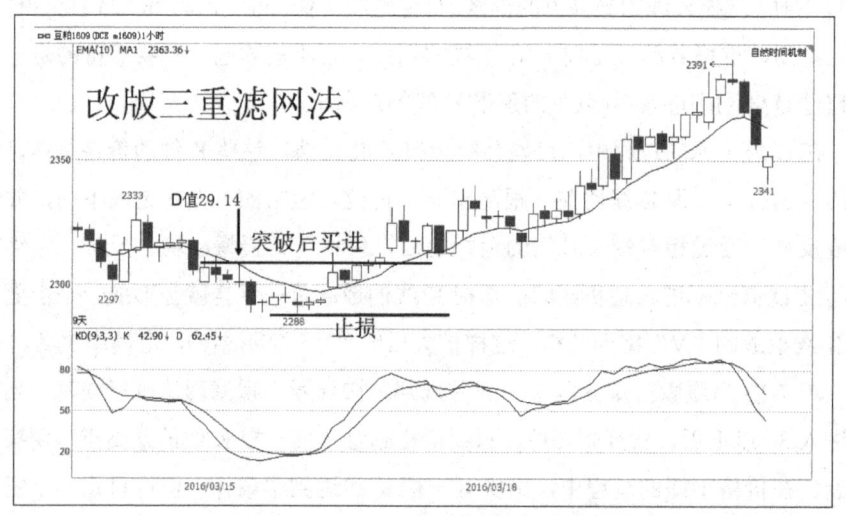

图 7-14　改版三重滤网交易示意图

其实你看到了，止损的幅度还是很小的，或许你会想，这么小幅度的止损，自己完全可以接受。止损了，其他条件符合的再接着交易就可以了。无论如何后面这一波趋势还是能赶得上的。

在这个例子里这样想是没错的，但我想说两点：第一，多次频繁的止损，哪怕幅度很小，都会影响你对该系统的信心，进行程序化交易最重要的就是对系统的坚持；第二，如果不是这个例子，在很多情况下，你止损几次后，价格便会开始下跌，会导致前面两重滤网不再符合条件，这笔交易就无法继续进行下去，那么你将只能承受这段时间内的高频率的止损代价。

所以不如让这个系统的节奏再慢一点，结构再大一点，信号再少一点，准确率再高一点。

三重滤网法只交代了交易策略的问题，并没有交代每次信号的交易规模是多少。其实这个问题我们可以借鉴海龟法则的一些做法，甚至可以将它整套搬过来，只是在三重滤网法中，建仓位发生了变化而已。

7.6 一些经验和教训

这里要说的是笔者在期货市场中交易时遇到的一些问题。一般期货合约有三个接力的合约，在任何一个时段，都会有两个合约有着足够多的流动性，我们交易哪个合约呢？最初的时候，我只交易成交量最大或者持仓量最大的合约，认为其他都属于次要合约，都可以先不看。

7.6.1 不要随便更换标的

有一次我持有焦碳合约近月的多单，因为临近合约换月了，我就把近月多单平掉，换成了远月合约。可近月合约一路上涨，远月合约不仅不涨反而下跌。在这之后，不论哪个合约是主要合约，我都会把三个合约的数据记录下来，列在备选范围内，不让任何一条鱼漏网。

7.6.2 有明显不适信号时不交易

有一些明显不能交易的情况出现时，我们要果断放弃，比如现在某个品种合约已经给出交易信号了，但它马上要进入交割月，进入交割月后保证金会上涨很多。并且，临近交割月的合约提供给我们博弈的时间和空间都在缩小，会丧失非常多的可能性和不确定性。

不论是在股票市场中还是期货市场中，如果有一些明显的技术信号给出来——比如顶背离，但此时却给出了买进信号。此时，我们最好先暂时回避，虽然可能回避错了，错过了一波行情。可市场这么大，机会有很多，慢一点、稳一点才是较好的做法。

7.6.3 不要主观臆测

既然选择程序化交易，千万不要人为地进行估计。我刚开始运用三重滤网法的时候，正好赶上商品期货的一大波下降趋势，我错误地认为下跌已经临近尾声了。如果现在还跟着卖出信号做空的话，很可能要跟在趋势的尾巴上了，到头来还要止损。从那以后，做空的信号即使给出来，我也不做了，我只等做多的信号。我的想法是让行情走一个轮回，然后从"零点"开始做。

可我的估计是错误的，从那时起，几乎所有大宗商品期货的价格又都继续下跌了半年时间。我不仅错失了这些赚钱的机会，还在各种做多交易中反复止损。从最初的亏损中找原因，不单单是我的系统没有最终完善，也存在着在空头市场反复做多的原因，也就是我主观地预测行情，而预测本身就是错误。

7.6.4 一致性交易

在遵循交易系统机械地进行交易时，可能很多时候都没有给出交易信号，你就会变得不耐烦。当系统给出信号却连续出现止损的时候，你又会怀疑自己是不是做错了。甚至在利润回吐的时候，我都在怀疑自己，是不是又错了？是不是系统失灵了？

其实这就是我们说过的，追踪趋势类系统只有在有趋势时起作用，在无趋势和趋势反转时运用这一系统进行交易都会亏损。回吐利润和适当止损都是游戏的一部分，是你必须付出的成本。在一个交易周期中，三天内获利增长，两天内利润回吐。在赚钱的三天内，我会无法控制地自满膨胀。在亏钱的两天中，我会把自己痛骂一顿。虽然内心如此煎熬，但这并不代表我不再遵守这套系统了，既然用这套系统赚到了钱，为什么不继续用下去呢？

7.6.5 不要用钱试

最后，千万不要在系统未成熟之前，拿真金白银来测试交易系统。当一切完备之后再投入也不迟，保守一点，会让你在市场中的胜率更高。由于三重滤网法涉及两个级别的图表，如果你选用周线来判断趋势，那就要在日线级别上操作。如果你选用日线来判断趋势，那就要在小时线级别上操作。这样对于回测来说，增加了非常大的难度，我之所以没有回测而是直接使用这套系统，一是因为我被这套系统的理念深深吸引了，二是回测的难度太大，工作量太大。

结果就是我用了大半年的时间亏损了30%后才完善了这套系统。在其后的半年中，我用它赚了71%左右。如果半年内就有如此成绩，那么一年呢？就算

第 7 章 三重滤网

一年有 35% 的回报率，如果能持续下去的话，收益也十分可观了。说实话，回报率过高，是我一直所担心的事情。因为回报率太高，也说明了我们与市场的拟合程度非常高，那么当价格走势发生一点变化，对该系统都会是一次绝大的打击。所以我建议大家也不必直接使用我的方法，最好能将回报率再调低一点，也就是要让这套系统再宽松一些、适应的范围更广泛一些。

第 8 章

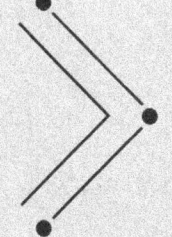

资金管理

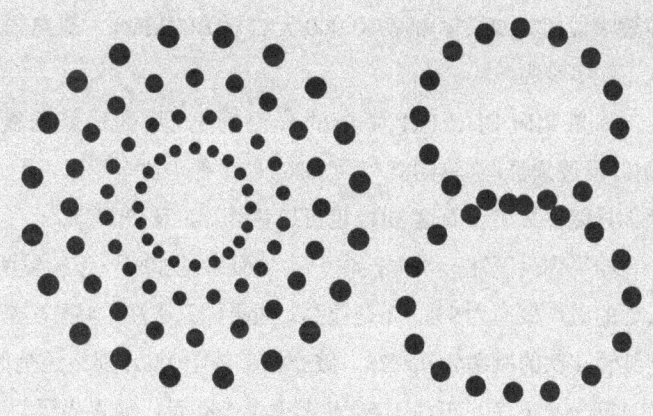

如果你是将军，你手中的资金就是你的兵。如何调兵遣将，这是一门学问。

8.1 BlackJack 中的下注方法

既然在策略部分我们是以博弈游戏开始的，那么在资金管理部分还是从博弈游戏说起。如果你带着 10 000 元去玩 BlackJack，在熟知策略之后，你打算一次下注多少呢？

如果此时 BlackJack 牌局的分值为 5，那么你赢的概率大致可以估算为 70%。反过来说，你输的概率为 30%。如果你一次全下了，万一碰到了 30% 的概率，那你只能下桌了。而这 30% 也可以称为你的破产概率。

如果你只下注一半呢？输一次的概率是 30%，连续输两次的概率为 9%。那么你的破产概率为 9%，还是很高。如果你只下注 1/4 呢？在分值不变的情况下，连续输 4 次的概率为 0.81%。破产概率低于 1%，那么还是值得一试的。

第一次下注，下注 1/4，也就是 2 500 元。如果赢了，下一次下注多少？在这里必须注意的问题，我们所说的下注 1/4 筹码的破产概率低于 1%，但每局你仍然有 30% 输的机会。那么这次赢了，下一次也未必一定会赢，所以你还得慎重考虑下注问题。

通常 BlackJack 玩家会采用赢后翻倍的方法。总资金一共 10 000 元，第一次下注 2 500 元，若赢得 2 500 元，共 12 500 元。赢后下注 5 000 元，翻倍加注。

如果再赢了，你共有 17 500 元，再翻倍下注到 10 000 元。如果第三局也赢了，你共有 27 500 元。

10 000 元在短短几分钟之内变成了 27 500 元，这确实能让人头脑发热。但这样下注科学吗？

这样的下注方式看着不科学，其实很科学。在你赢了第一局后，你得到了 2 500 元。第二局下注 5 000 元，如果你输了，看似你输了 5 000 元，但去除刚刚赢的钱，你真正失去的只有 2 500 元。如果你连赢两局后，你有 17 500 元，翻倍下注 10 000 元，如果输了，你还剩 7 500 元，你还是只失去了 2 500 元。

翻倍下注，赢了你翻倍赢；输了，你只输掉自己每次下注的那部分而已。听起来是不是很科学？那第四次呢？在分值为 5 的情况下，你获胜的概率是 70%，那么连赢两次的概率是 49%，连赢三次的概率为 34.3%，已经远远低于中位值 50% 了。连赢四局的概率是 24.01%，而你每输一局的概率是 30%，第四局也赢的概率已经低于每输一局的概率了，当然要就此收手。翻倍下注后，我们再从一个单位开始下起，也就是再从 2 500 元开始下注。

这样的下注方法，能保证你在输的时候每一局只输掉一个单位筹码，在赢的时候却加倍获利。在分值为 5 的情况下，连输 4 局的概率低于 1%，这并不代表你一定不会连输 4 局，只是说概率很低而已。如果你连输 4 局，数学也帮不上你什么忙。

那么我们再回到牌局的开始，为了避免运气太差，你最好还是将 10 000 元分成 3 份，每份约 3 333.33 元。再从每一份中拿出 1/4 来下注，也就是大约 833.33 元。如果你连续三次都运气不好，我想你最好永远都不要再碰这个游戏了。

8.2　凯利公式

翻倍下注是最基本的下注方法，也可以理解为最基本的资金管理方法。有没有更加量化的方法呢？有，并且它以公式的形式出现。这个公式叫作"凯利公式"，也被称为"凯利方程式"。它是约翰·凯利（John Kelly）在 1956 年出版的《贝尔系统技术期刊》中发表的，可用以计算每次游戏中应投注的资金比例。

听起来很麻烦，你可以把它理解成，它是让你的每一分钱发挥最大效用的公式就可以了。公式如下。

F=(bp-q)÷b

F——下注资金比例

b——投注可获得的赔率

p——准确率

q——失败率

在 BlackJack 游戏中，如果你能拿到 BlackJack 的话，赔率是 1 赔 1.5。但更多情况下是 1 赔 1，所以我们设定 b 为 1。若分值为 5 的时候，我们获胜的概率大约为 70%，那么失败的概率则为 30%。用凯利公式来计算。

F=(bp-q)÷b=（1×70%-30%）÷1=40%

分值为 5 的情况下，你最好能拿出总资金的 40% 来下注，也就是 4 000 元。如果输了，那你只剩下 6 000 元了，那就拿 6 000 元的 40% 来下注，也就是 2 400 元。这样看起来好像比我们说的翻倍下注更加激进，所以我建议你在凯利公式的基础上将总资金分成 3 份，即用 3 333.33 元的 40% 来下注，这样虽然获利慢，但总归安全一些。

那么这种方法用在交易上行不行呢？根据 RangeBreak 系统的回测数据，在 863 笔交易中获利的交易笔数为 516 笔，准确率约为 59.79%，失败率则为 40.21%。这样 p 和 q 的值就确定了。盈亏比约为 1.49，意味着冒 1 元的风险，可以赚到 1.49 元，也可以理解为赔率为 1.49 元，那么 b 的值也确定了。计算过程如下。

F=(bp-q)÷b=（1.49×59.79%-40.21%）÷1.49≈32.80%

按照结果，我们将拿出总资金的 32.80% 进行交易。

如果分子是负数的话，那么总比值也将为负数。如果你的系统失败率大于盈亏比与准确率的乘积，代表这个系统已经死亡了，不值得再投入任何资金了。

准确率过低，失败率过高，这样的系统还值得要吗？那要看盈亏比如何了。如果你的系统准确率很低，但是每次亏得少赚得多，这样的系统其实比准确率高但盈亏比低的系统要好得多。现实中就有这样的交易系统，那就是海龟法则。根据海龟法则的回测数据，它的准确率仅为 34.38%，但它有着高达 6.066 1 的盈亏比。如果盈亏比的比值越高，也就代表这套系统值得花更多的钱去冒险。计算过程如下。

F=(bp-q)÷b=（6.066 1×34.38%-65.62%）÷6.066 1≈23.56%

看来海龟系统虽然赚得比其他系统都多，但按照这种方法来计算的话，它比 Rangebreak 系统要差。但海龟法则有着自己的资金管理方法，也正是因为它独特的资金管理方法，才会让它变成在我们回测的所有系统中获利最高的系统。

8.3 真实情况怎么样

凯利公式最初是为 AT&T（美国电话电报公司）贝尔实验室物理学家约翰·凯利根据同事克劳德·艾尔伍德·香农（Claude Elwood Shannon）于长途电话线杂讯上的研究所建立。凯利公式之所以著名，是因为它被凯利的另一名同事索普应用于 BlackJack 和股票交易中。

但 BlackJack 和股票市场有着本质的不同，BlackJack 游戏的输赢是有比例的，或 1 赔 1，或 1 赔 1.5。但股票市场不一定，赚钱还是不赚钱，不是靠着准确率，这一点你看一下海龟法则的回测数据就可以知道了。除了准确率，还要看盈亏比。盈亏比是交易的关键，问题也出在这里，因为交易中的盈亏比是不确定的。

可能你会问，我们的回测数据不是给出了盈亏比数据吗？不能直接用吗？可以用，但这个数据使用起来并不保险。盈比亏随着交易的不断进行会发生变化，变化很细微，因为那是大量的交易平均化的结果。而单次盈亏比或大或小，若突然出现一次非常大的单次盈亏比，平均盈亏比基本不会变化太多，但对持仓规模较大的交易，损失就比较大了。

假设你现在有 10 000 元，可以交易 1 手，1 天赚 100 元，1 个月 20 个交易日，1 个月赚 2 000 元。那么你赚到下一个 10 000 元，需要 100 个交易日，5 个月的时间。此时你的资金达到 20 000 元，交易合约数量可以达到 2 手，每天就会赚 200 元，再赚 10 000 元只需要 50 个交易日，2.5 个月的时间。这样增加交易合约数量的时间会越来越快。具体如表 8-1 所示。

表 8-1 每增加一手合约数量所需要的时间

交易合约数量（手）	需要交易日	月
1	100	5
2	50	2.5
3	33.33	1.67
4	25	1.25

续表

交易合约数量（手）	需要交易日	月
5	20	1
6	16.67	0.83
7	14.29	0.71
8	12.5	0.63
9	11.11	0.56
10	10	0.5

《短线交易秘诀》的作者拉里·威廉姆斯给了一个非常形象的比喻，最开始只拥有1手合约的时候你坐在树根，当你赚了10 000元就加倍持仓，如此进行下去，树枝不断地分杈，你越坐越高。但是树杈越分越细，而你交易的合约也越来越多。只要输掉一笔，你就会听到树枝清脆的折断声。

若每笔亏损也是100元的话，你交易10手，就要损失1 000元。你赚的时候只赚1%，但是1笔亏损就是10%，赚1亏10，可不是一笔好生意。这就是在交易中使用凯利公式的弊端。

按8.2节中的例子，资金使用率为32.80%，也就是你用10 000元中的3 280元进行交易。平均盈亏比是1.49，那么你一笔交易大约赚4 887.20元。此时你已经有了14 887.20元了，再用38.80%的资金——约4 883.00元进行交易，再赚一次，你将得到约7 275.67元。具体如表8-2所示。

表8-2 应用凯利公式的资金管理

单位：元

初始资金额	资金使用额	获利额	期末余额
10 000	3 280	4 887.20	14 887.20
14 887.20	4 883.00	7 275.67	22 162.87
22 162.87	7 269.42	10 831.44	32 994.31
32 994.31	10 822.13	16 124.97	49 119.28
49 119.28	16 111.12	24 005.57	73 124.85
73 124.85	23 984.95	35 737.58	108 862.43
108 862.43	35 706.88	53 203.25	162 065.68

你只进行了7笔交易，就从10 000元变成了16.21万元，是不是很痛快？盈亏

比是 1.49 的话，那么亏盈比就是 1.49 的倒数 0.67。当你有了 16.21 万元的时候，拿出 32.80% 进行交易，约为 53 157.54 元。亏损的百分比是 67%，只要错一次就要亏损约 35 615.55 元。现在剩多少钱了呢？ 126 450.13 元（162 065.68-35 615.55）。

我们再拿出 32.80% 的钱，约为 41 475.64 元，再亏损约 27 788.68 元，本金剩余 98 661.45 元。赚了 7 次，亏了 2 次，共亏损 63 404.23 元（162 065.68-98 661.45）。亏损了大约 39.12%（63 404.23÷162 065.68）。

这么算来，RangeBreak 系统的胜率高达 59.79%，而盈亏比也达到了 1.49。仅从这两组数据来看，这绝对是一个非常优秀的交易系统。但我们模拟了 9 笔交易，赚 7 笔，亏 2 笔，准确率达到 77.78%，盈亏比未变还是 1.49。亏损幅度竟然高达 39.12%，这么大的亏损幅度，对任何一个系统来说，都不是一个好兆头。

你可能会说，如果先亏后赚，亏损幅度就不会那么高了，好，我们再算一算。其他条件不变，10 000 元中拿出 3 280 元进行交易，亏损百分比为 67%，大约亏损 2 097.60 元，本金剩余 7 802.40 元。再拿出 32.80%，约为 2 559.19 元。再亏损一次，大约亏损 1 714.66 元。此时总亏损 3 812.26 元，亏损幅度约为 39.12%。两组数据是相似的，不论你如何交易，在我们设定的 77.78% 准确率的情况下，总亏损幅度还是一样大。

看来凯利公式只能用于基于算牌法的 BlackJack 游戏中，而不适用于股票交易。这个问题还告诉我们，加仓时不能直接按照赚了多少钱就相应加多少仓来计算。那我们除了凯利公式还能用什么呢？

8.4　重新想办法

先不管加仓的问题了，首先要看你应在最初的交易中投入多大规模的资金。准确率、盈亏比其实与资金管理根本没有关系。著名的海龟交易法则的资金管理只与 ATR 有关，与准确率、盈亏比无关。所以要想彻底弄清楚资金管理，就要先抛弃准确率、盈亏比，从最根本的想起。

还记得我的回测数据中有"连续最大亏损金额"这一项吗？如果你遭遇了一次连续最大亏损，你可能就做不成交易了。那么我们除了拿出最低交易保证金以外，还需要另外准备一份可能遭遇的"连续最大亏损"。

由于我们没有拿具体的股票来做回测，只是回测的上证指数，不能计算实际的交易必需金额。所以我们以期货中的 RangeBreak 回测数据为例。在期货交易的回测数据中交易 5 个品种，每个品种准备 5 000 元的保证金，5 个品种共需要 25 000 元准备金。最大亏损金额为 16 600 元，那我们至少要准备 41 600 元。

但交易中可能还会出现这种情况，先是出现了一次连续最大亏损，然后开始获利，但收益并不能弥补最大亏损额。接着又开始亏损，当然最大亏损额并不是一个接一个出现的，这次出现的亏损次数和数额都小一些。但这种间隔的两波亏损也会侵蚀你的最低交易保证金，所以我们还得再准备一些资金。

你可以准备 1.5～2 倍的连续最大亏损额，再加上最低交易保证金。这样我们需要准备 49 900～58 200 元，才能开始进行交易。但这是我们准备的最低金额，如果有突发事件，资金还是会有些许欠缺，所以要再多准备一点，更加安全。

我们再往更深层次想一想，你愿意拿出你总交易资金的多少冒一次险呢？我们用上证指数 RangeBreak 系统来举个例子，在这个系统中，它的准确率为 59.78%，那么失败率则为 40.22%。连续 2 次失败的概率约为 16.18%。具体如表 8-3 所示。

表 8-3 连续失败次数的概率表

连续失败次数	连续失败概率
1	40.22%
2	16.18%
3	6.51%
4	2.62%
5	1.05%
6	0.42%
7	0.17%
8	0.07%
9	0.03%
10	0.01%
11	≈ 0.00%

保守起见，连续失败 11 次的概率非常小，这样小的概率虽然并不是完全没有可能出现，但毕竟还是太小了。所以我打算把资金分成 11 份，也就是拿出总

资金的约9%（1/11）来冒险。有意思的是，在上证指数的 RangeBreak 系统中最大连续亏损笔数也恰好为 10。

按拉里的原话说，假如你的胆子比较小，就用总资金的 5%；如果自认为是普通人，就用总资金的 10%～12%；如果你能接受一定风险，就用总资金的 15%～18%；而如果你是风险爱好者，就用超过 20% 的总资金……

其实我们完全可以根据系统回测中最大连续亏损笔数来确定将资金分成多少份，每次拿其中的一份来进行交易。上证指数的 RangeBreak 系统最大连续亏损为 10 次，我们就把资金分成为 11 份，约为总资金的 9%。RangeBreak 的 ATR 改良版中最大连续亏损为 7 次，我们就把资金分成 8 份，为总资金的 12.5%。RangeBreak 期货版，最大连续亏损为 9 笔，我们就把资金分成为 10 份，为总资金的 10%。

接着，我们需要把每笔交易都设想为最坏的结果，也就是回测数据中的单笔最大亏损。那么我们用来进行交易的资金必须要承担得起最大单笔亏损。由于上证指数无法给出具体的金额，所以我们只能用 RangeBreak 期货版中的数据举例。在 RangeBreak 期货交易中，单笔最大亏损为 6 880 元。

假设我们拿出 x 元，再将 x 元分成 10 份，每份 $x/10$ 元。$x/10$ 元必须能承受得起单笔最大亏损金额，那么总资金至少要有 68 800 元。若按我们刚刚给出的例子，49 900 元是远远不够的。

若你有 15 万元，你能做几手 RangeBreak 期货交易合约呢？计算如下。

（150 000÷10）÷6 880 ≈ 2.18

只能做 2 单位期货交易。

当我们不断地赚钱，也可以按照这个公式进行加仓。因为我们按照最大连续亏损将总资金分成了若干小份，这就代表着我们能承受得住最大连续亏损。每个小份又去承受最大单笔亏损，这就代表着我们既能承受住最大连续亏损，也能承受住最大连续单笔亏损。还记得我们连续亏损 10 次的概率是多少吗？约为 0.01%。并且在交易中并不是每次都是最大单笔亏损。

当最大连续亏损笔数刷新纪录后，重新修改分子；当单笔最大亏损刷新纪录后，重新修改分母。

基本上任何一个研究程序化交易系统的人，都可以开发出一款准确率极高、盈亏比极高的系统来。但在实际操作中，可能没有几天就被迫停止交易了。

准确率高达 90% 的系统每次获利 1 000 元，连续获利 9 次就是 9 000 元。但随后发生一次亏损 2 000 元的交易，就会让你的获利变成 7 000 元，这还可以接受。再连续获利 9 次，利润变为 16 000 元。遇到一次单笔最大亏损 10 000 元，你的利润就只剩下了 6 000 元。但在亏损之前，你加仓了，那你就得亏损 20 000 元，不但利润全没了，还倒亏 4 000 元。

这就是资金管理很重要的原因。防止最大单笔亏损的出现，并且要幻想着每天都有可能出现最大单笔亏损。

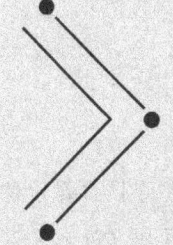 

第 9 章

菲阿里四价

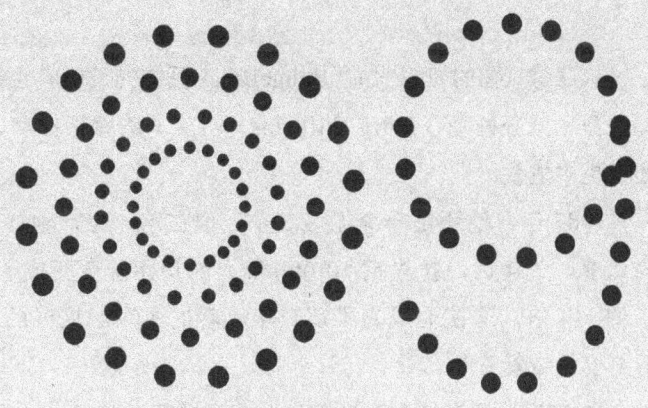

菲阿里四价是根据昨日收盘价、昨日最高价、昨日最低价和今日开盘价建立的短线交易系统。菲阿里四价系统是后人总结的，并不是菲阿里（Fairy）亲自所说的。这套系统只是一个交易策略框架，其间包含着菲阿里的交易理念。

9.1　冠军菲阿里

从目前掌握的资料来看，RangeBreak系统的发明者也是威廉指标的发明者，即拉里·威廉姆斯（Larry Williams），除了威廉指标和RangeBreak系统，他还有更多成就。

1987年，他还是一个无名之辈，但在这一年，他参加了在美国举行的交易比赛。一年后，拉里把10 000美元的初始资金变成了1 147 607美元，翻了约114倍，这使他成为了那一年比赛的冠军。这样的比赛随后被称为"世界杯交易锦标赛"。

10年后，拉里的女儿米歇尔·威廉姆斯（Michelle Williams）为了纪念拉里夺冠10年，也参加了这项比赛，同时她还是一名演员。在这次比赛中，她将10 000美元变成了110 094美元，成为当年的交易冠军。

2000年，日本也举行了类似的比赛——Robbins-Taicom期货冠军赛，不过该比赛的时长只有半年。这一年的冠军就是我们将要讲到的菲阿里。如果按每周的收益来计算排名的话，菲阿里在历时半年的比赛中，从未从周冠军的宝座上离开过，

可见他获利的稳定性。菲阿里的最终收益率是1098%。这样的成绩，在美国的历届比赛中也可位居前三名。

菲阿里和当年的比赛亚军炭谷道孝合著了一本书——《1 000%的男人：期货冠军奇迹的买卖方法》，该书前半部分由菲阿里所著，后半部分由炭谷道孝所著。菲阿里以日记的形式写作，所以你很难看到菲阿里总结的交易理论和交易方法。除非你研究他每笔交易和所配的图形，再根据他的文字提炼出他的方法，但这实际操作起来非常困难。

9.2　菲阿里四价

菲阿里四价是后人总结的菲阿里的交易方法。它并不代表菲阿里的所有交易精髓，我们从外部来看只能看到形式，所以只能在菲阿里四价的基础上加入我们自己的理解，看看能不能形成一种有效的方法。

9.2.1　基本策略

菲阿里四价基本方法为：上轨＝昨日最高点；下轨＝昨日最低点。

价格向上突破上轨时做多，价格向下跌破下轨时做空，收盘平仓。

可如果按照这种方法来交易，只涉及了昨日最高点和昨日最低点两个价位，最多也只能称作"菲阿里二价"。昨日收盘价和今日开盘价并不在公式中，它们是剩余的主观分析部分。

9.2.2　正常情况的交易

正常情况下，菲阿里四价很容易操作。如图9-1所示，开盘价处于前一根K线的区间内。当价格向上突破前一根K线的最高价或最低价时，我们可相应地建立多单或空单。如果一切顺利，可以持有到收盘时平仓。

图9-2是螺纹钢1601合约2016年6月24日至7月27日的走势图。图中最左侧的K线最高价为2 109元，所以当第二根K线突破2 109元时，在2 110元建立多单，持有到2 207元收盘，获利97点，每手获利970元。

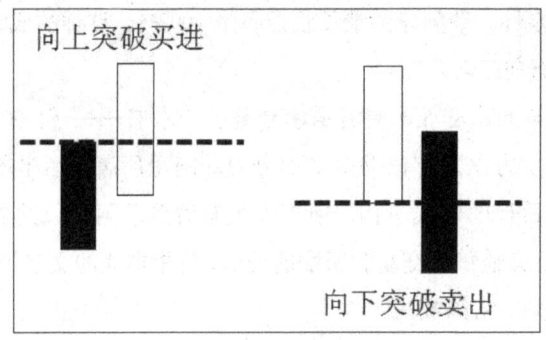

图 9-1 菲阿里四价的正常情况

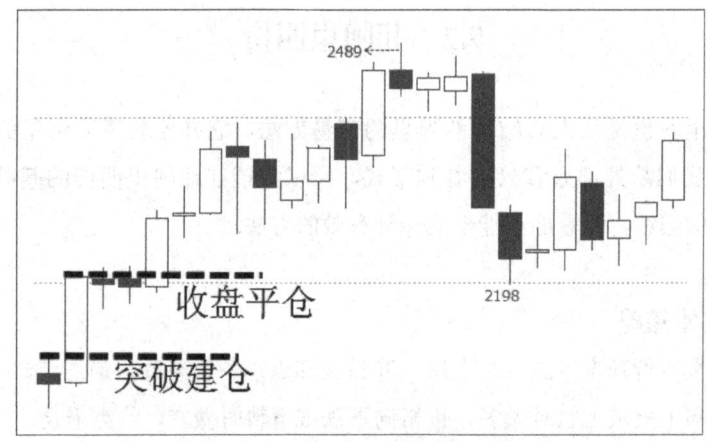

图 9-2 螺纹钢 1601 合约 2016 年 6 月 24 日至 7 月 27 日走势图

但是如果 K 线上破高点或下破低点后又回到原来的区间内，该怎么办？图 9-3 就是在上例的基础上演变得来的。当价格向上突破最高价或向下跌破最低价，之后再次回破当日开盘价时，要立刻止损。这就是当日开盘价在交易中的作用。当然这也是我对菲阿里交易理念的理解，并不一定是菲阿里交易理念的原意。

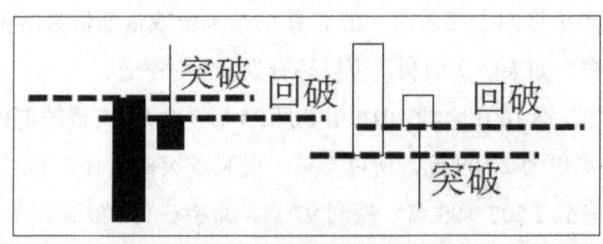

图 9-3 突破后回破当日开盘价情形

图 9-4 还是螺纹钢 1601 合约同时间的 K 线图。在图中的最上部,最高价为 2 489 元的 K 线突破了前一根 K 线的高点 2 466 元。按照方法应在 2 467 元建立多单。但价格上涨至 2 489 元后开始回落,最终回破了当天的开盘价 2 456 元,所以我们在 2 455 元卖出平仓。亏损 12 点,每手亏损 120 元。

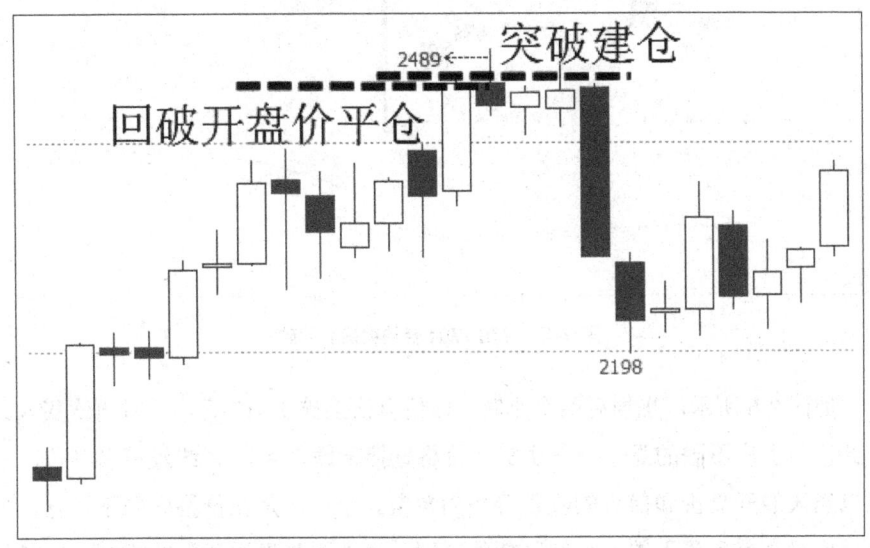

图 9-4 螺纹钢 1601 合约突破前日最高价后回破开盘价

可问题并不是如此简单。如果给出信号后,走势一骑绝尘,那自不必多说。若是突破前日最高、最低价后,价格短时间内就反复穿越当日开盘价,那我们就会陷入反复开仓反复止损的情况。所以在这种情况下,就要求助于小级别的小时线图。

9.2.3 来自内部的支撑

图 9-5 为豆粕 1701 合约 2016 年 7 月 11 日至 8 月 5 日日线走势图。图中 8 月 4 日的最后一根 K 线上穿前一根 K 线的最低点 2 917 元,在这之前先做好准备,打开小时线图。8 月 5 日开盘第 1 根小时线的 K 线就上穿了 2 917 元,但没多久就向下回破开盘价,随后再次回破 8 月 4 日的收盘价。这两个价位一旦没有支撑住,就必须止损。2 918 元开多,8 月 4 日收盘价 2 912 元止损,亏损 6 点,每手亏损 60 元。再等机会。

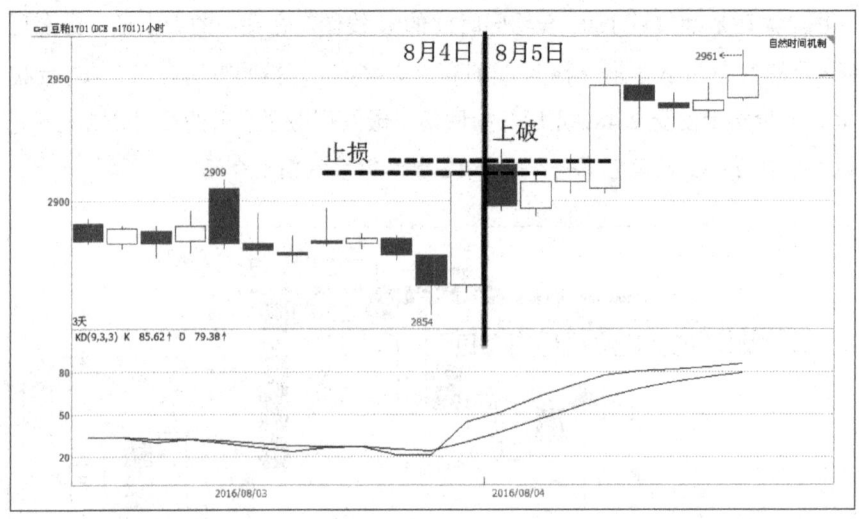

图9-5 豆粕1701合约突破后回破

如图9-6所示,止损后两个小时,K线再次上破2 917元,此时再次买入。但此次与上次不同的是,第一次买入价格直接下跌,当日K线没有参考位,只能以当天的开盘价和前日的收盘价作为参考。第二次是在价格先向下运行,再上破前日高点后买入的。我们坚持的原则是"谁主张谁举证"的原则,也就是哪根K线突破,哪根K线止损。

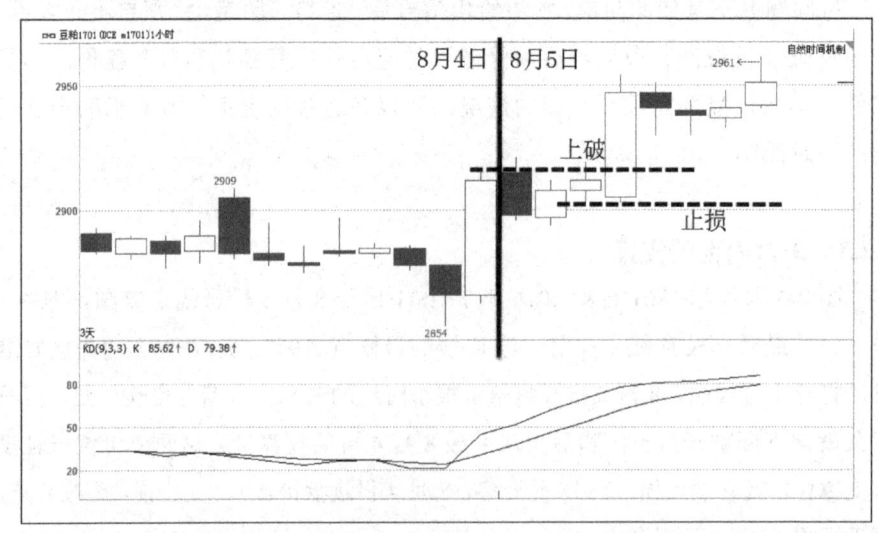

图9-6 豆粕1701合约第二次突破买入

那么 8 月 5 日第 3 根 K 线向上突破，就以第 3 根 K 线的最低价作为止损点。好在价格一路向上，并未触发止损点。当价格运行至第 4 根时，它突破了第 3 根 K 线的高点，那么第 4 根 K 线继续破新高，就换成第 4 根 K 线的最低点为止损点。以实例来看，这两根 K 线的最低点都是 2 903 元，所以止损价不变。

第 5、第 6、第 7 根 K 线都没有继续上破第 4 根 K 线的高点，所以止损位在这三根 K 线运行期间，维持不变。直到第 8 根 K 线上破了第 4 根 K 线的高点，止损价移至第 8 根 K 线的低点，如图 9-7 所示。

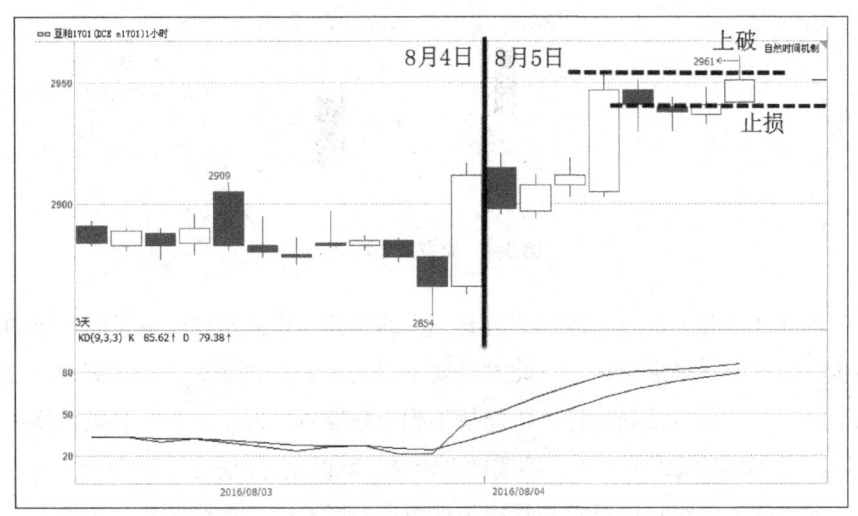

图 9-7　止损价不断上移

第 8 根 K 线走完之前，价格都没有触发止损。我们是短线交易，所以第 8 根 K 线也是 8 月 5 日最后一根 K 线，收盘平仓。第二笔交易是 2 918 元买进，在 2 951 元收盘平仓，获利 31 点，每手获利 310 元。结合第一笔交易，共获利 25 点，每手获利 250 元。

9.2.4　来自外部的威胁

以上我们说的都是开盘价位于前一根 K 线的区域内，若是开盘价出现了跳空，跑到了前一根 K 线的范围外怎么办呢？这有两种情况，第一种情况是跳空开盘后顺势运行，第二种情况是跳空开盘后逆市运行。图 9-8 为第一种情况，图 9-9 为第二种情况。

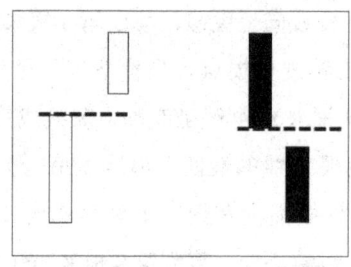

图 9-8　跳空后顺势运行

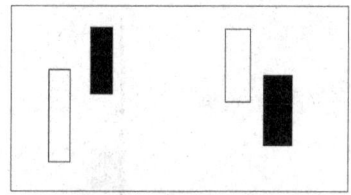

图 9-9　跳空后逆势运行

跳空开盘对于菲阿里四价法有着不小的考验。直接开盘就破了前一日的最高价，但离前日最高价很远，此时还要不要买进呢？如果买了，它离理论建仓点太远，一旦价格反向运行，可能找不到止损锚点。但是不买，若是价格强势上涨，这一波涨幅肯定不小，不买就会踏空。所以左右为难。

解决这个问题我们要配合基础统计数据，要看当天是星期几。例如上证指数日线几乎在每个星期五的上涨概率都超过了 50%，那么我们在星期五遇到这种情况就要先买入，再考虑止损的问题。若是在星期四出现这种情况，星期四的上涨概率小于 50%，在星期四遇到这种情况最好先回避。不论是上证指数还是个股，限于 T+1 的问题，最好用周线统计数据。

对于做期货交易的读者，我准备了一些基础统计数据，如表 9-1 至表 9-6 所示。这些数据都是从该品种上市之日算起，至 2016 年 8 月 5 日结束。有兴趣的读者，可以在这些数据的基础上继续添加数据。

表 9-1　白糖指数上涨概率与日均涨跌幅度数据

日期	上涨天数	下跌天数	上涨概率	日均涨跌幅（点）
星期一	265	239	52.58%	4.09
星期二	244	275	47.01%	−1.59

续表

日期	上涨天数	下跌天数	上涨概率	日均涨跌幅（点）
星期三	267	254	51.25%	-0.49
星期四	255	262	49.32%	1.05
星期五	265	249	51.56%	-0.51

表9-2 PTA指数上涨概率与日均涨跌幅度数据

日期	上涨天数	下跌天数	上涨概率	日均涨跌幅（点）
星期一	233	225	50.87%	5.46
星期二	216	257	45.67%	-9.33
星期三	238	237	50.11%	-1.07
星期四	231	240	49.04%	-5.08
星期五	254	213	54.39%	2.09

表9-3 菜粕指数上涨概率与日均涨跌幅度数据

日期	上涨天数	下跌天数	上涨概率	日均涨跌幅（点）
星期一	82	90	47.67%	-0.45
星期二	108	70	60.67%	-3.71
星期三	92	85	51.98%	0.80
星期四	83	91	47.70%	-0.09
星期五	73	101	41.95%	-4.21

表9-4 螺纹钢指数上涨概率与日均涨跌幅度数据

日期	上涨天数	下跌天数	上涨概率	日均涨跌幅（点）
星期一	179	170	51.29%	1.78
星期二	164	198	45.30%	-2.97
星期三	174	189	47.93%	-2.18
星期四	162	198	45.00%	-2.15
星期五	190	168	53.07%	2.70

表9-5 豆粕指数上涨概率与日均涨跌幅度数据

日期	上涨天数	下跌天数	上涨概率	日均涨跌幅（点）
星期一	394	371	51.50%	2.89
星期二	386	397	49.30%	-2.62
星期三	412	375	52.35%	0.78
星期四	404	378	51.66%	0.90
星期五	384	395	49.29%	-0.77

表 9-6　塑料指数上涨概率与日均涨跌幅度数据

日期	上涨天数	下跌天数	上涨概率	日均涨跌幅（点）
星期一	223	205	52.10%	6.57
星期二	213	231	47.97%	−15.65
星期三	235	211	52.69%	0.46
星期四	221	220	50.11%	−1.68
星期五	219	218	50.11%	2.02

我们在基础数据统计那一章就讲过，上涨概率还要参考日均涨幅才更有意义。当上涨概率大于 50% 时，日均涨幅为负数，说明虽然上涨的概率高，但下跌的幅度更大。如果这两组数据不统一，还出现了跳空情况，这时最好放弃。如果两组数据的方向一致，上涨概率小于 50%，并且日均涨幅为负数，开盘价向上跳空高开，则最好不要轻易买进。

但数据都很配合，且方向一致时，即使开盘价向上跳空高开，也可以买进，只要做好止损就可以了。止损价只能以前一日的最高价为参考，止损是交易的一部分。

9.3　菲阿里四价系统评测

短线交易系统的回测，对上证指数，只能用它的周线数据样本。在回测细节问题上，当开盘价处于前一周 K 线之内时，按照菲阿里四价系统正常交易。如果开盘价出现向上跳空情况，则按开盘价直接买入。由于菲阿里四价系统中存在着主观分析的情况，所以未设止损。评测结果如表 9-7 所示。

表 9-7　菲阿里四价评测

时间：1991 年—2016 年 7 月 29 日	
样本：上证指数周线	
利润总额（点）	6 840.2
交易笔数（笔）	695
平均每笔交易回报（点）	9.99
最大获利（点）	799.9
最大亏损（点）	−492.94

续表

毛利润（点）	18 726.38
毛亏损（点）	11 886.18
盈亏比	1.5755
获利交易笔数（笔）	416
亏损交易笔数（笔）	279
准确率	59.86%
平均毛利润（点）	45.02
平均毛亏损（点）	42.6
最大连续亏损次数（笔）	3
最大连续亏损数额（点）	−492.94

图 9-10 为菲阿里四价法的收益折线图。

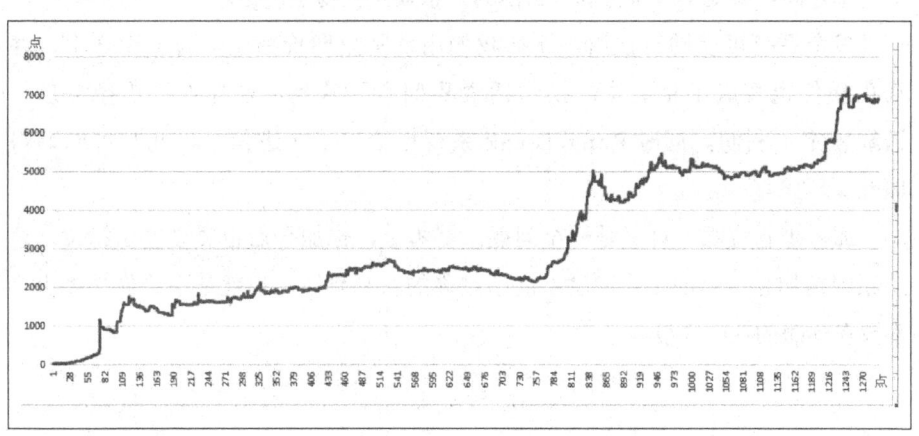

图 9-10　菲阿里四价法收益折线图

9.4　菲阿里四价系统的资金管理应用

在建仓之前，基本上就已经知道建仓的方向了。当价格临近前一日的高点时，准备建多。反之，当价格临近前一日的低点时，准备建空。根据上文所说的止损位的方法，知道了在何处建仓，也应该知道在何处止损。

假设你有 10 万元，并且以每次交易不损失总资金的 2% 为原则，那么你每次能交易的钱只有 2 000 元。若你的建仓位和止损位相距 24 点，在普通商品期货中，每点 10 元，也就是 1 手合约会损失 240 元。2 000 元可以涵盖多少手呢？2000÷240≈8.33，所以你只能建仓 8 手。若你更保守，可以每次拿出总资金的 1% 来交易，那只能做 4 手合约。

只要后续价格有一个小时突破了前期高点，止损位追随着小时 K 线的最低价向上推进，基本上连续两个小时向上破高后，止损位即可变为止盈位，不会再亏损了。当然这里也有你的主观判断，若价格向上的动力较弱，几个小时内获利较少，并且止损位一直没有变为止盈位，那么你可以放弃以小时线最低点为止损位的方法，改为以建仓位加一档价格为止盈位。为什么要加一档价格呢？为了付手续费。这样即便价格上涨的动能很弱，也不至于亏损，这种应用存乎于一念之间。如果不具备主观分析能力，按规定交易也没错。

多个系统可以同时使用，比如我们用菲阿里四价系统，向上建仓了，并且止损位也变成了止盈位，换句话说我们有了获利，在挂入了止盈单后，已经锁定了利润。同时 RangeBreak 系统也给出了买进信号，此时可以顺势加仓。

加多少仓位呢？这又是一个问题。基本上，你加仓后也要设置止损位。总的原则是加仓后总的止损额度不能超过你的获利额度，也就是不论你加多少，都要在你赚的钱的限度内。

9.5　菲阿里四价系统的视觉呈现

在软件的公式管理器中输入以下公式。

U:REF(H,1)

D:REF(L,1)

U——上轨

D——下轨

图 9-11 为菲阿里四价指标。

第9章 菲阿里四价

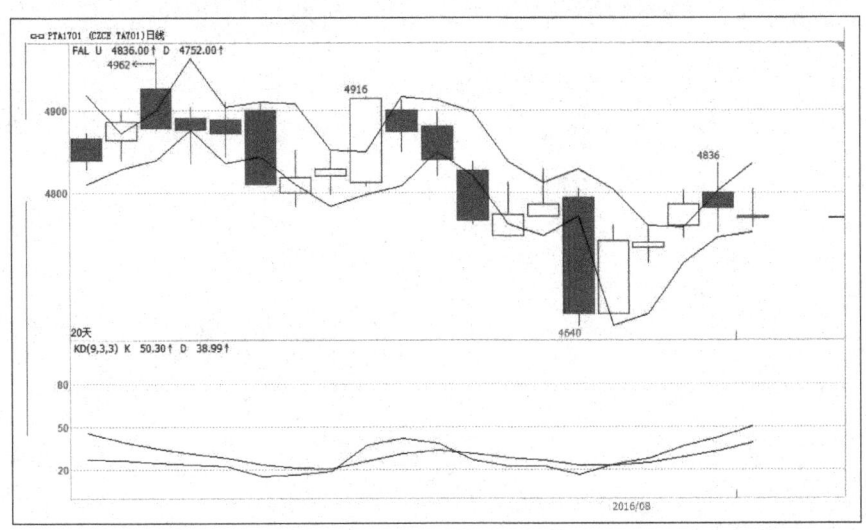

图9-11 菲阿里四价指标

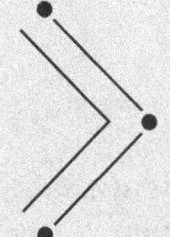

第 10 章

为什么要量化

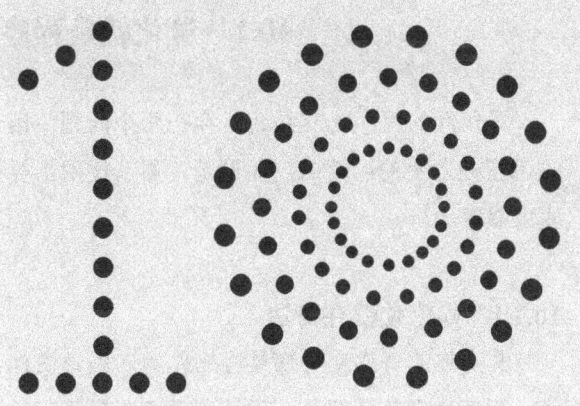

量化和程序化，听起来好像是专门给计算机准备的。而更多的看法是，交易虽然是一种技术，但它更是一种艺术。交易方法的使用讲究天人合一，讲究与市场融为一体。

不论是说的人还是听的人，想弄清一件事，想弄清楚交易，都要有理性的求知欲。

10.1　量化就是程序化吗

量化后的程序化交易还是存在两个问题：第一，程序化是不是建立在各种技术指标之上的；第二，如果是，那么技术指标中存在未来函数，这个指标就不太靠谱。

10.1.1　程序化就在身边

其实你的每次交易都是程序化的。先说说什么是程序化交易。官方的定义是：程序化交易系统是指设计人员将交易策略的逻辑与参数输入计算机程序中进行运算后，将交易策略程序化。

但凡不是靠拍脑袋做决定的交易，都可以算得上是程序化交易。为什么这么说？假如一个人是靠移动平均线策略进行交易的，短期均线上叉长期均线则做多，短期均线下叉长期均线则做空。又比如，价格突破前期高点则做多，价格突破前期低点则做空。这就是程序化交易，只不过它没有将这个策略编成程序，

然后把一切操作交给计算机。这种方法姑且称之为半自动化。

可更多时候，你会遇到那种貌似精英级人物的存在。他们凭借着主观分析，忽而根据波浪理论做多，忽而根据价格形态做空，并且在交易过程中夹杂着其他各种名目的分析方法。他们使用工具都是信手拈来，每次都不一样。这种交易也是程序化交易吗？

其实，这也是半自动程序化交易。

只不过是将所有的技术分析融会贯通后，再用一根绳子穿起来。该用什么的时候就用什么。比如用波浪理论看到价格已经走完前一级别下跌的C浪，那么必将启动新级别的推进1浪。此时我会在这里先找到K线图的底部反转形态，锤子线、倒锤子线、刺透形态、抱线形态。K线图形态具备后，我会在原下跌C浪上画出一条下降趋势线，等待价格向上突破这条趋势线。接下来，均线会形成多头排列，运行一段时间后，再次拧成一股绳，均线再次聚合，等待下次发散。再接下来会出现双重底、三重底或头肩底等价格形态。价格在底部时，会出现如此之多的特征，看似杂乱无章，其实也有章可循。如果将它编成程序怎么样呢？有条件的读者可以将它编为A、B、C、D、E、F 6个程序，只要价格走势符合其中某3个或4个，便做多。

在外人看来，做多条件一会儿是A、B、C，一会儿是D、E、F，一会儿是A、D、E，好像并不算程序化。其实这就是程序化。

只要遵循着某种理性的分析而产生的交易，都是程序化交易。只不过没有数字，没有程序，看起来不像而已，但不像不代表本质不是。

10.1.2 量化堆积成策略

《海龟交易法则》的作者柯蒂斯·费思说，程序化交易就是搭积木。各种程序化交易都是从最常见的几种方法中组合而成的。这些经典技术分析方法就是积木，最后搭建成形的东西就是交易系统。积木都是一样的，能搭建成大厦还是草棚，就看搭建者的本事了。

那有哪些积木呢？最常见的就是移动平均线，还有各种技术指标。比如，当MA5上叉MA10，同时K线上叉D线时，做多。这就是用积木搭建的一个非常简单的交易系统。

还有一些系统是用基础数据来搭建的，比如RangeBreak日内冲销系统，它只用 4 个基础数据开盘价、最高价、最低价、收盘价来搭建；或者海龟法则的交易策略，它以价格突破最近 50 个交易日的高低点为依据来建仓，以价格突破最近 20 个交易日的高低点为依据来平仓；以及菲阿里四价系统与空中花园系统等，但这些都与技术指标无关。

所以先回答第一个问题，程序化交易系统并不都是建立在技术指标之上的，只有一部分是。

交易系统建立的基础是技术指标，与它的好坏没有必然联系。闻名于世的程序化交易系统——三重滤网法，就是基于技术指标来搭建的。

第二个问题是未来函数。打个比方，你可能见过这样一些指标，在盘中它会在盘面上提示"买进""卖出"的信号，有些以箭头指示。当价格符合某些条件时，这些信号就出现了，但价格是变化的，价格变化到不符合条件时，这些信号又消失了。它一会儿出现一会儿消失，我们还能靠着未来函数无限制地进行交易吗？不能！

基本上，技术指标都有未来函数。比如移动平均线，MA5 上叉 MA10 时做多；在某一价格处上下，指标会像弹簧一样，即叉即离，或叉或离。KD 存在这种情况。MACD 也存在这种情况。

只要是带两根线的指标，都存在这种情况。如果选用一根线的指标，由于一根线的指标通常都有零轴，那么在这根指标线穿叉零轴时我们还是会面对同样的问题。

10.1.3　不要畏惧未来函数

未来函数的问题好像无解。这种无解的东西，放到交易系统里应该怎么用？用法有两种。

一种是单纯使用法。比如双均线法，短期均线上叉长期均线时做多，短期均线下叉长期均线时做空。这种方法看着挺普通的，但我们可以做个回测试试。

目前还没有一种方法在长期范围内比双均线法的收益更高，那我们为什么不用？因为价格在大部分时间内都处于震荡状态，也就是均线失效的状态。此时用双均线法会产生大量的伪信号，资金会受到长时间、大规模的侵蚀。

说回双均线法的使用，我们以日 K 线为例。均线就是未来函数，一会儿有叉上一会儿没叉上。在一个交易日中，这种情况可能会重复出现很多遍。

价格是变化的，但变化到什么时候？这是关键问题，变化到收盘，收盘后它就不动了。那你等它不动的时候再买进对吗？不动那不就到收盘了吗？

如果你这么问，我想问你 14：59：50 的时候，它再次发生变化的可能性是不是已经特别小了？当 14：59：50 的时候，MA5 上叉 MA10 基本已经确定下来了，此时，你就可以买进。

或者你会担心这样操作不准确，没准它真的在 14：59：50 的时候就变了，特别是当其正处于关键价位时，价格的微小变动都会导致变化发生，那你可以选择明天开盘时买进。第二天开盘时，前一天的变化已经确定了，此时就不会再发生变化了。

一般情况下，使用带线的指标都是追踪趋势类系统。那么差一天再买，价格即使发生跳空，对于随后的趋势来说也差不了太多。

另一种为复合使用法。我用原版三重滤网法来举例，只简单说一下它的策略，当日线趋势为上升趋势时，寻找小时线 KD 的值低于 30 的情况。当价格突破了它之前一根 K 线的最高点时，买进。

此时我们使用的指标是 KD，它也具有未来函数的属性。但是在这里，它不要求 KD 双线交叉来提示买点，而是通过 KD 的值低于 30 来提示。最后的交易确认也不是用指标来确认的，而是通过价格的突破来确认的。

那么还是那个问题，在这个小时内，KD 值可能一会儿在 30 之上，一会儿在 30 之下，这怎么办？一个小时很快就会过去，KD 值现在处于 30 小时之下，那就等。等这个小时过去，若 KD 值还处于 30 之下，那就进入"狙击"范围了，只要等待价格突破就好了。

如果在这个小时内 KD 值刚刚进入 30 以下，价格就已经向上突破了前一根 K 线的高点，那是否还买进？其实你会发现，当价格上涨时，随着价格突破了前一根 K 线的高点，KD 值也早已回到 30 之上了。

在这种情况下，三个条件中有一个条件不符合，这笔交易自然也就取消了，不存在 KD 是否有未来函数的问题。

10.2 技术分析史是一部量化史

一切技术分析方法的源头都应归于道氏理论。而我所想表达的，就是一部技术分析发展史，也是一部对道氏理论的量化史。对此我们就必须先弄清楚什么是道氏理论。

10.2.1 查尔斯·道

道氏理论是查尔斯·道（Charles Dow）、威廉姆·皮特·汉密尔顿（William Peter Hamilton）和罗伯特·雷亚（Robert Rhea）3人的研究结果。查尔斯·道是道琼斯公司（Dow Jones& Company）的创办人，也是《华尔街日报》的创办人之一，在1902年过世以前担任过该报编辑，他首先提出了股票指数的观念，道琼斯工业指数于1895年诞生。1897年他又提出道琼斯铁路指数，因为他认为这两项指数可以反映两大经济部门的生产与分配。

查尔斯·道本人并未将他的观点组织为正式的经济理论，但他的朋友A.J.尼尔森却试图这么做，并于1902年出版了《股票投机入门》一书。尼尔森正式将查尔斯·道的观点称为道氏理论。

威廉姆·皮特·汉密尔顿在查尔斯·道的指导下研究，他是当时道氏理论的最佳发言人。查尔斯·道过世后，汉密尔顿在1903年接替查尔斯·道担任《华尔街日报》的编辑工作，直至1929年过世为止，他继续阐扬与改进查尔斯·道的观念，这些内容主要发表在《华尔街日报》。另外，他也于1922年与罗伯特·雷亚共同出版了《股市晴雨表》一书，并使"道氏理论"具备较详细的内容与正式的结构。

雷亚是汉密尔顿与道的崇拜者，他从1922年到1939年，在病榻上勉强工作，利用两人的理论预测股票市场的价格，并有相当不错的收获。通过周详的研究，雷亚使道氏理论具备较严谨的原则与方法论，他还公布了第一组道琼斯工业指数与道琼斯铁路指数的每日收盘价图形，并附有成交量。

雷亚对于道氏理论的贡献极多，他在道尔理论中纳入成交量的观念，使价格预测又增加了一项根据。另外，他也提出相对强度的概念，虽然他并未采用这项名称。

10.2.2 道氏理论方法论

道氏理论的方法为以下5点内容。

（1）价格有3种走势，三者可以同时出现。第一种走势最重要，它是主要趋势，整体向上或向下的走势被称为多头市场或空头市场，持续时间可能长达数年。第二种走势最难以捉摸,它是次级的折返走势,它是主要多头市场中的回调下跌走势,或是主要空头市场中的反弹上涨走势。次要趋势通常会持续3个星期或者数月。第三种走势通常不重要,它是每天波动的走势。

(2)主要趋势代表整体的基本趋势,市场通常被称为多头或空头市场,持续时间可能在一年以内,也可能持续数年。正确判断主要趋势的方向,是交易成功与否的最重要的因素之一。没有任何已知的方法可以预测主要趋势的持续时间。

(3)主要的空头市场呈现为一种长期的下跌走势,其间夹杂着重要的反弹走势。它来自各种不利的经济因素,唯有股票价格充分反映出可能出现的最糟情况后,这种走势才会结束。空头市场会历经三个主要的阶段:第一阶段市场参与者不再期待股票可以维持过度膨胀的价格;第二阶段的卖压反映经济状况与企业盈余的衰退;第三阶段是来自健全股票的失望性卖压,不论价值如何,大部分人都急于套现至少一部分股票。

(4)主要的多头市场呈现为一种整体性的上涨走势,其间夹杂着次级回调走势,持续期间平均长于两年。在此期间,由于经济情况好转与投资活动转盛,投资性的需求增加,并因此推高股票价格。多头市场也有三个阶段:第一阶段人们对于未来的市场恢复信心;第二阶段股票对于已知的公司盈余改善产生反应;第三阶段投资情绪过热,股价明显膨胀。

(5)次要趋势是多头市场中重要的下跌走势,或是空头市场中重要的上涨走势,持续的时间通常在3个星期至数月。在此期间,次要趋势的幅度为前一次次要趋势结束后的主要趋势幅度的33%~66%。

这与市面上经常听到的道氏理论或许不同,但这种说法更接近于原版道氏理论。在约翰·默菲的著作《期货市场技术分析》一书中,其将道氏理论归结为6点内容。

(1)在市场中形成的价格包容并消化一切因素。价格的涨与跌都是受供需因素影响的,价格是供需关系的体现,甚至连天灾人祸都会直接反映到市场中的价格上。难以预料的事件所引起的供需影响都会以最快的速度反映到价格上。

(2)市场具有三种趋势。判断市场处于上升趋势中的条件为上冲的价格波峰要高过前一波的波峰,上冲的价格波谷要高过前一波的波谷。你可以理解为,依次上升的波峰与波谷就是上升趋势。如果看到依次下降的波峰与波谷,那就是下降趋势。三种趋势分别为主要趋势、次要趋势和短暂趋势。主要趋势为大方向,次要趋势为大方向中的回调或是反弹,短暂趋势为更低级别的无意义波动。

(3)主要趋势有 3 个阶段的演化,这与前文所述的第 3 点相同。

(4)各种平均价格必须相互验证。例如,道琼斯指数与标准普尔 500 指数都给出了买进信号,这就是互相验证。在我国可以理解为,上证指数和深证成份股指数(简称深圳成指)都给出了信号即为相互验证。

(5)交易量必须验证趋势。

(6)趋势具有惯性,一旦趋势发生,不会轻易改变。

前 5 点和后 6 点基本上完整阐述了道氏理论的使用方法。一旦趋势形成,不要总想着趋势可能发生改变;判断趋势形成一般依据一路上升的波峰波谷或一路下降的波峰和波谷;在判断趋势的同时,参考各种指数的相互验证情况和成交量情况。趋势一旦形成,一般为分三个阶段。但这些话说起来简单,操作起来又如何呢?

10.2.3 第一次量化——123 法则

透过波峰与波谷的排列顺序,我们就能判断趋势的方向了吗?我们一步一步来推演。如图 10-1 所示,价格一路上升,我们可以判断这是上升趋势。当价格再一次下跌,并未向上创出新高,或者与前期高点持平时,表示此时上升趋势受到了威胁,如图 10-2 所示。当价格不再继续向上,反而向下跌破了前期调整的低点时,趋势反转,如图 10-3 所示。

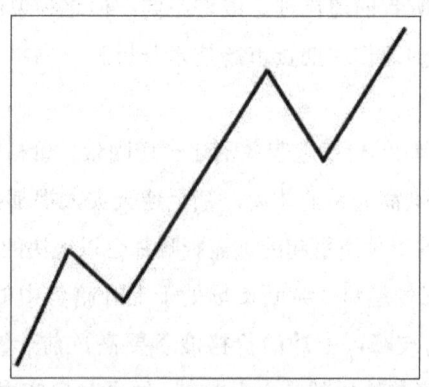

图 10-1 上升趋势

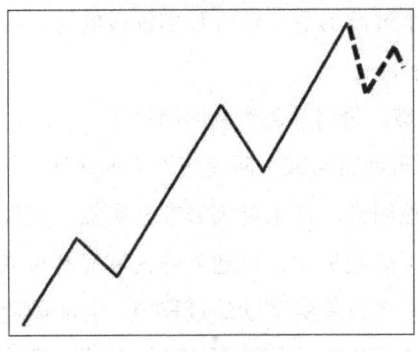

图 10-2　上升趋势受到威胁

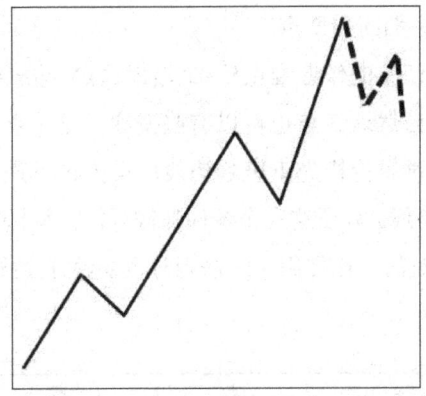

图 10-3　趋势反转

但果真如此吗？这样判断行情走势是不是过于草率？我们见过太多这样的图形，随后价格大幅上涨的案例也不少。所以此时我们必须对这种趋势判断的方法进行改进，或者说再给它加一个条件或过滤器。此时就要用到趋势线了，如果价格没有下穿趋势线，它再怎么向下跌破波峰和波谷都不能称为趋势反转，如图10-4所示。

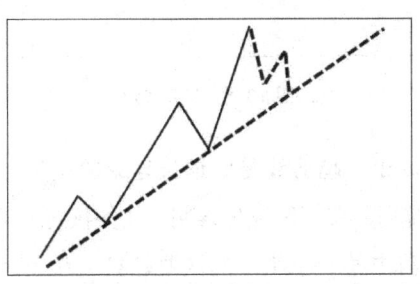

图 10-4　未破趋势上升趋势线

在加入趋势线这个过滤器后,结合我们说过的两点,利用道氏理论来判断趋势的反转,方法如下。

(1) 趋势线被突破。价格穿越绘制的趋势线。

(2) 上升趋势不再创新高或下降趋势不再创新低。例如,在上升趋势的回档走势之后,价格虽然回升,但未能突破前期高点,或仅稍做突破又回档,类似的情况也会发生在下降趋势中。这通常称为试探高点或试探低点,这种情况通常(但不是必然)发生在趋势变动的过程中。若非如此,价格走势会受重大消息的影响,向上或向下跳空,并形成异于常态的激烈价格走势。

(3) 在下降趋势中,价格向上穿越先前的短期反弹高点;或在上升趋势中,价格向下穿越先前的短期回档低点。

这是《专业投机原理》的作者维克托·斯波朗迪(Victor Aperandeo)总结出的,被他称为123法则。当然这3点也可以有些变通,第1点和第2点、第3点的顺序可以交换。有些时候价格先下破趋势线后反弹再下跌,也有些时候是先反弹后下跌,再下破趋势线。只要这三个条件都符合,基本上可以判断趋势的反转,但任何方法都不是绝对的,在使用123法则时也要做好止损。123法则如图10-5所示。

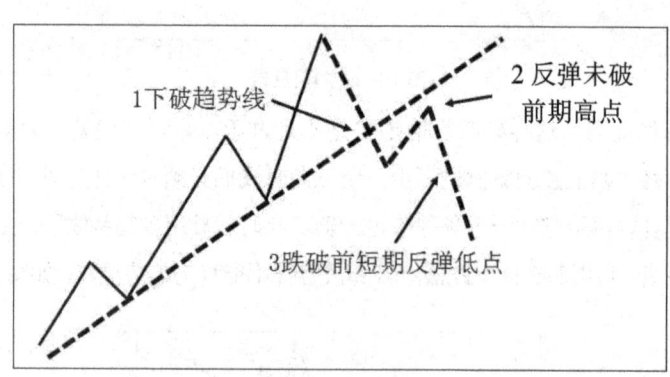

图10-5　123法则

那么我们现在可以说,趋势线是对道氏理论的量化。如果没有趋势线的加入,仅靠波峰波谷的排列,有可能发生误判。比如仅符合第2点和第3点条件,这很可能只是上升趋势中某一个小小的次要趋势。跌破趋势线标志着此次趋势线之下的下跌与趋势线之上的上涨是同一级别的走势。

这些分析从头到尾都只是图形而已，怎么能说是量化呢？其实，趋势线就是存于平面中的一次函数解析式（$y=kx+a$）。趋势线的角度就是趋势线的斜率，也表示在趋势线所涵盖的范围内价格上涨或下跌的速率。图10-6为上港集团（600018）2016年6月15日至8月16日的走势图。

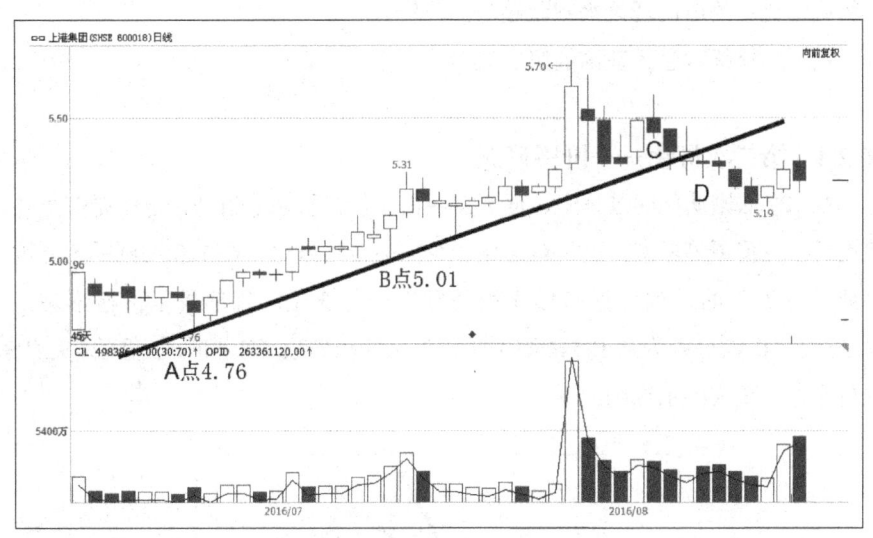

图10-6　上港集团（600018）2016年6月15日至8月16日走势图

根据A点和B点画出一条趋势线，A点与B点的价格分别为4.76元和5.01元，A点与B点之间相距12个交易日，那么很容易计算出平均每个交易日的上涨速率约为0.02[（5.01-4.76）÷12]。而在趋势线之上的任何一个点M，通过计算可得出，从A点至M点的平均涨幅都超过0.02。相反在趋势线之下的任何一个点N，通过计算可得出，从A点至N点的平均涨幅都低于0.02。

例如C点的收盘价为5.45元，距离A点的时间是28个交易日，平均涨幅约为0.025[（5.45-4.76）÷28]。D点的收盘价为5.34元，距离A点的时间是31个交易日，平均涨幅约为0.019[（5.34-4.76）÷31]。

上升趋势保持着某一恒定速度或者以更快的速度上行，如果上涨速度变慢了，趋势当然就发生了转变，当上涨速度小于0时，上升趋势变为下降趋势。趋势线由二维表中的点连接而成，而点是用坐标数据来表示的。你可以直接把趋势线看成数字，趋势线有固定的上涨速度，一旦速度变慢了，超出了趋势线所掌控的范围，上升趋势就会发生转变。

但这也不是绝对的,上升趋势变慢也只是变慢而已,它调整了速度还会继续上涨,那只不过是恒定的平均速度发生了调整而已,在这个时候单一使用趋势线来判断趋势是否发生转变就显得不太靠谱。所以还需要道氏理论中波峰和波谷位置的配合,形成123法则后就有双重保险,这样才能让我们利用经过了趋势线量化后的道氏理论来判断趋势的反转。

这是趋势线对道氏理论的第一次量化。

10.2.4 第二次量化——价格形态

在123法则演化的过程中,逐渐发展出了价格形态分析法,也就是头肩顶、双重顶、三重顶等形态。这是对道氏理论的另一种量化。在123法则的范围内,只要波峰波谷的排列位置和顺序稍稍发生一些变化,就形成了价格形态。图10-7至图10-12分别为从123法则中转化而来的头肩顶、双重顶、三重顶、头肩底、双重底、三重底的示意图。

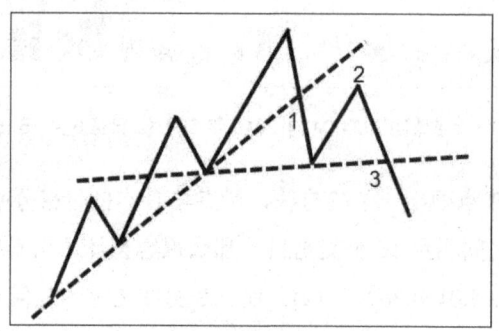

图10-7 头肩顶示意图

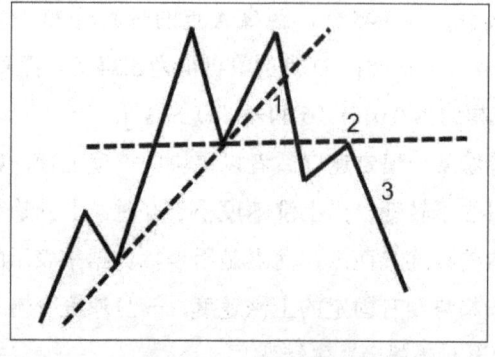

图10-8 双重顶示意图

第 10 章 为什么要量化

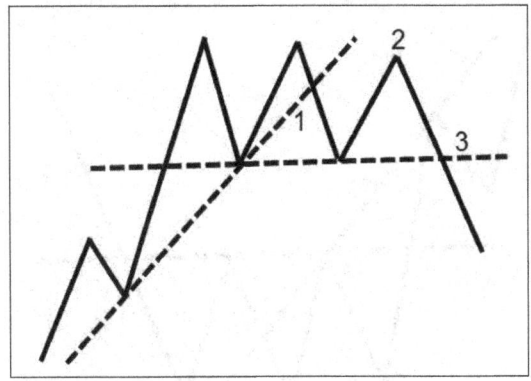

图 10-9 三重顶示意图

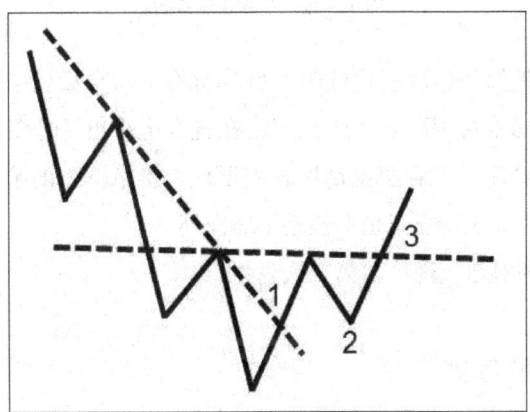

图 10-10 头肩底示意图

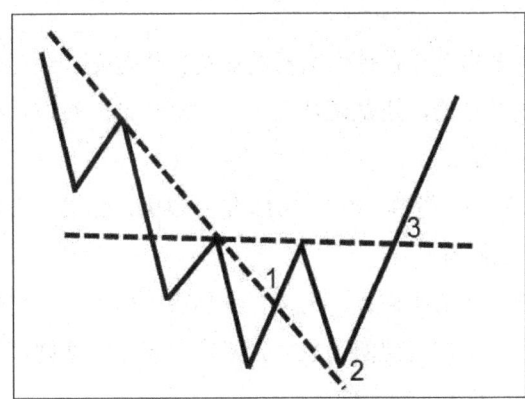

图 10-11 双重底示意图

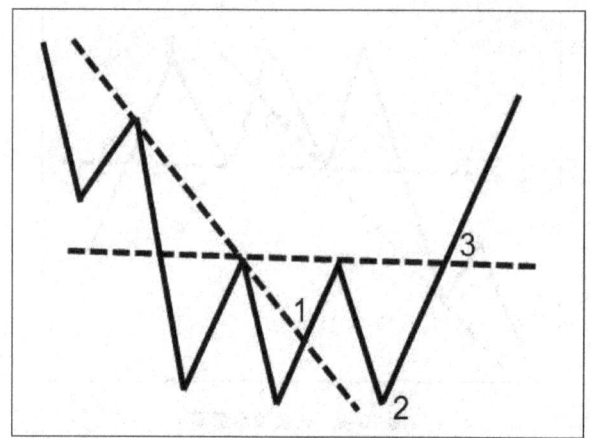

图 10-12 三重底示意图

那价格形态是如何体现量化的呢？反转价格形态只量化了趋势反转时的道氏理论。它通过峰谷排列配合 123 法则，在视觉上给出了非常直观的效果图。让晦涩的道氏理论通过"看图说话"轻松展现。价格形态的基础是道氏理论，而道氏理论转折点的表现形式也非价格形态莫属。

这是 123 法则对道氏理论的第二次量化。

10.2.5 愿闻将军之志

很多人不会提问题，他会随便拿出一张图来问你：你怎么看？"我怎么看"绝对不是你想知道的答案。所以一般情况下，有人问我问题，我通常会问一句："愿闻将军之志。"

什么是"将军之志"？它是你交易的前提。你是做长线还是短线？你是想了解技术分析给出的结论，还是想从基本上进行判断？没有这些前提，我想为你提供咨询都无从下手。

图 10-13 所示是上证指数 1992—2016 年月线图，如果有人拿这张图来问你怎么看，你应该怎么回答？

当然先看趋势。从长期来看，这是上升趋势，如图 10-14 所示。波峰和波谷不断向上抬高，至少在目前的图表中，没有出现 123 法则。这条上升很缓慢的趋势线，支持着指数不断向上攀升。

第 10 章 为什么要量化

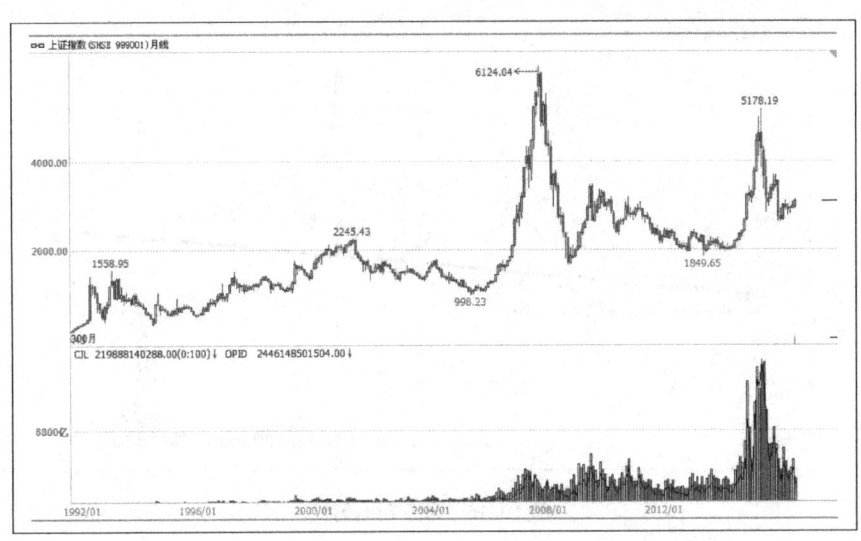

图 10-13 上证指数月线图

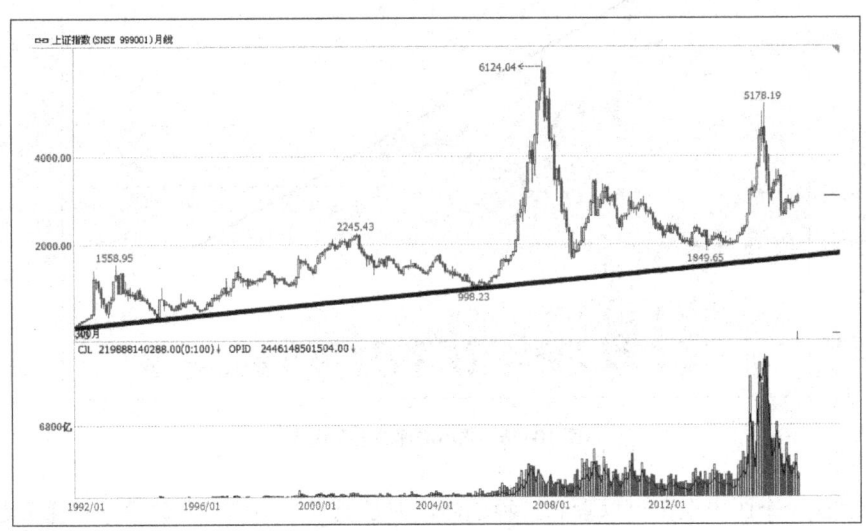

图 10-14 长期上升趋势

若从局部看，如图 10-15 所示。波峰波谷不断降低，它还处于下降趋势当中。

但若从更小的局部来看，它又变成了上升趋势。由于这个局部太小，我们只能用相对小级别的周线图表来看。如图 10-16 所示，指数上破趋势线，又向下回踩，没有超过前期低点，再次向上穿过回踩的起点，完全符合 123 法则，这就是上升趋势。

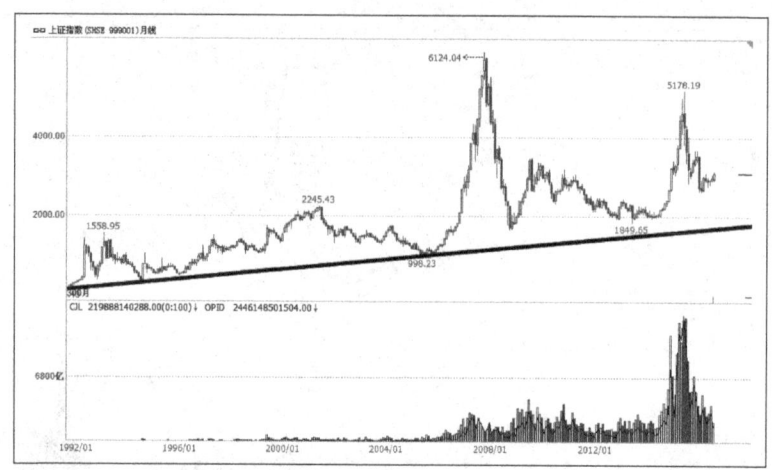

图 10-15　局部下降趋势

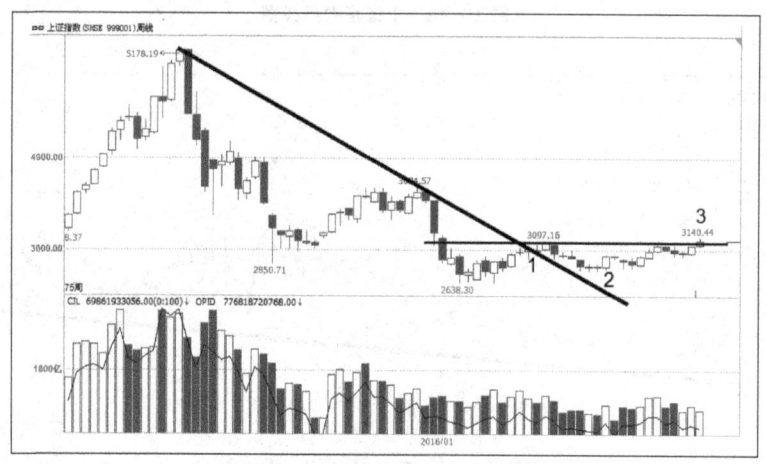

图 10-16　更小局部的上升趋势

在一个图中至少可以看到三种趋势，即道氏理论中的三种趋势——主要趋势、次要趋势、短暂趋势。主要趋势看涨，次要趋势看跌，短暂趋势看涨。若要问我对这张图怎么看？如果我有时间我会告诉你这三种意见，如果我没时间，我只会对你说我不知道。

提问者如果问：我想长期持有，现在是不是一个好的入市点？或者他问：我想做个波段，现在买进可以吗？哪怕他问：我想做个短线，三五天之内有没有大概率上涨的可能？我们都可以针对他的问题来回答他，但更多的人只想从你嘴里听到明天是否会上涨的答案而已。

第10章 为什么要量化

"愿闻将军之志"的重要性体现在道氏理论上,就是要区分级别。图10-17是最简单的主要趋势与次要趋势示意图,这也是最基本的"积木"单位。主要趋势是向上的,次要趋势是主要趋势中的修正走势,这一点非常重要。主要趋势是全部折返的总和,而次要趋势是在主要趋势内部,与主要趋势方向相反的修正走势。我们通常都会犯一些错误,即把每一个向上的走势说成是主要趋势,那是因为我们只看到局部而没有看到整体。

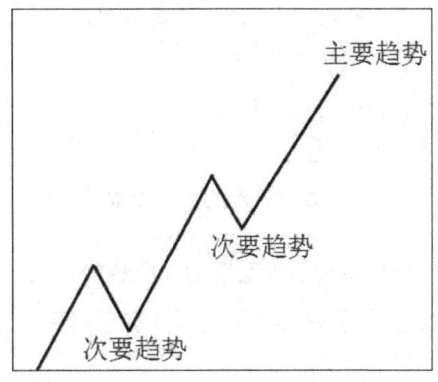

图 10-17 主要趋势和次要趋势示意图

举一个简单的例子,我们的身体全部组件构成了"人",而"人"就是整体,也可以说成是主要趋势。而体内的五脏、四肢、九窍等是局部,也可以说成是次要趋势。只有构成整体才能说这是一个"人"。所以像图10-18那样区分主要趋势和次要趋势的方法是错误的。

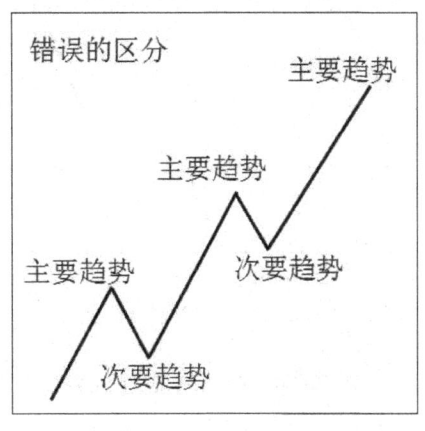

图 10-18 错误的区分

道氏理论说，主要的上涨分为三个阶段，那么这三个阶段连续就是两个折返的次要趋势了。我们将视野扩大一点，从远处看，它又会变成图10-19的样子。

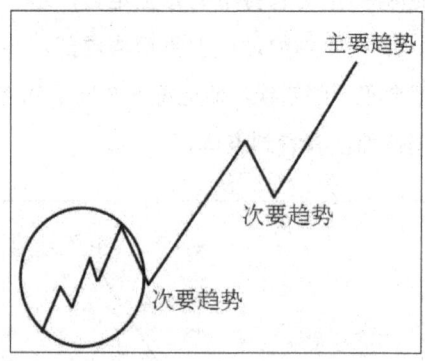

图10-19 次要趋势的远观图

图10-17的主要趋势只不过是大级别的主要趋势中的一小部分。这就是级别的问题。"愿闻将军之志"，就是你必须告诉我你想看多大、看多远，所谋为何？因为级别不同，所以方法也不同。

10.2.6 波浪理论方法论

波浪理论将道氏理论中的主要趋势分为3个推进浪，连接这三个阶段的两波修正走势称为调整浪。将这5段走势分别用1、2、3、4、5来标识，分别叫作1浪、2浪、3浪、4浪、5浪，如图10-20所示。

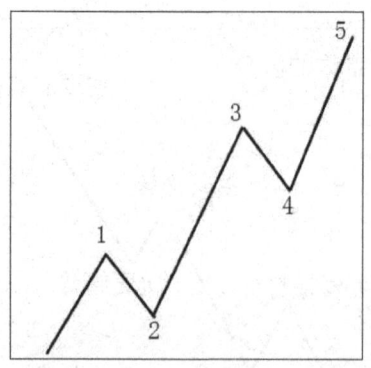

图10-20 主要趋势的5段走势

再参考图10-19，整体的三阶段上涨走势和两阶段修正走势只不过是大级别的主要趋势的一个阶段，图 10-20 中的 1 浪到 5 浪，只不过是大级别上升趋势中的某一个子级别浪而已，如图 10-21 所示。

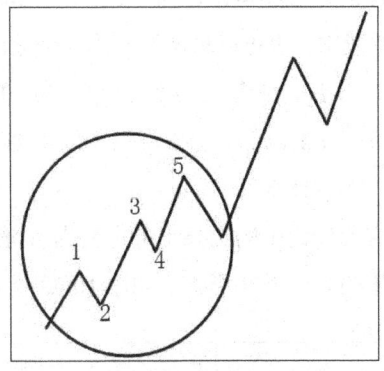

图 10-21　某一个子级别浪的 1 浪到 5 浪

这同样是级别的问题，而各种级别的记法有很多种，没必要非要按照书中规定的方法进行记录。一般情况下，最小级别的浪记为 1、2、3、4、5，高一个级别记做①②③④⑤，再高一个级别记做（1）（2）（3）（4）（5），再高一个级别记做Ⅰ、Ⅱ、Ⅲ、Ⅳ、Ⅴ，以此类推。

这样记太复杂了，一张略显复杂的表中，写得满是符号，这会使分析工作的效率降低。我的记法非常简单，比如 1 浪中的第 3 子浪我直接记成 1.3 浪，1 浪中的第 5 子浪我直接记成 1.5 浪。所以对于图 10-21 中的情况，使用这种方法标记出各浪后就变成了图 10-22 所示的情况。

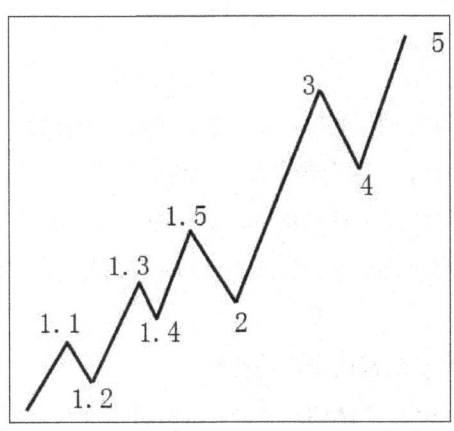

图 10-22　各浪的标识

在主要趋势中的 3 个阶段中，每个阶段的内部都可以再次细分出 5 个级别的浪，图 10-22 中的 1 浪，可以为分 1.1 浪、1.2 浪、1.3 浪、1.4 浪、1.5 浪。如果将 1 浪看成是一个整体的主要趋势，那么 1.1 浪、1.3 浪、1.5 浪就是主要趋势的三个阶段，在这三个阶段中，也可以再次细分为 5 个波浪。比如 1.1.1 浪、1.1.2 浪、1.1.3 浪、1.1.4 浪、1.1.5 浪，或者 1.3.1 浪、1.3.2 浪、1.3.3 浪、1.3.4 浪、1.3.5 浪。同理, 此时的 1.3.1 浪、1.3.3 浪、1.3.5 浪也可以再细分，虽然理论上可以无限细分，但在操作性上则没有什么意义了。

在波浪理论中，将道氏理论中的次要走势定义为 A 浪、B 浪、C 浪。与前 5 浪相结合，组成一个完整的 8 浪循环形态，如图 10-23 所示。

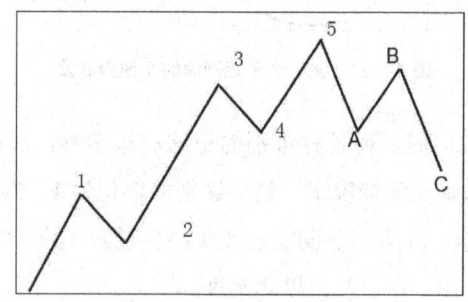

图 10-23　8 浪循环形态

那各浪之间会有什么变化吗？每一个主升浪可能会演化为延长浪；调整浪也可能会出现各种变化。但这都不是重点，我们的重点是波浪理论为什么是对道氏理论的第三次量化。利用波浪理论进行交易的方法论如下。

推进 1 浪

推进 1 浪是最难判定的，也是上涨的第一阶段，所有的一切都是从它开始的，如果推进 1 浪判断准确了，那么恭喜你，你找到了零点。

（1）首先在前期 C 浪下跌过程中，K 线图会出现底部反转形态。K 线图底部反转形态有：启明星形态、锤子线形态、倒锤子线形态、刺透形态、吞没形态、底部孕线反转形态等。

（2）向上穿越前期 C 浪的下降趋势线。

（3）摆动指数（RSI，MACD，KD）与价格之间出现底背离现象。

（4）推进 1 浪开始后，其内部子浪会形成新的、短期的上升趋势线。通常情况下，推进 1 浪后续走势不会向下穿越其内部的零点与第 2 浪子浪的底部连接成的趋势线。

（5）价格上涨速度如果发生变化，需要不断地调整趋势线的角度，来适应价格的最新变化。

（6）在推进 1 浪中，价格上涨的同时，成交量也会随着价格的上涨而上涨。

（7）如果能看到推进 1 浪的内部结构,其必然为 5 浪结构。如果没有 5 浪结构，那么就一定不是推进 1 浪，这是波浪理论最基本的原则。

调整 2 浪

如果你是一个真正的波段交易者，或是长线交易者，那么寻找调整 2 浪比寻找推进 1 浪更重要。通常情况下，中长线交易者都会在第一次回调后建仓。

（1）价格下穿推进 1 浪最新的趋势线时，推进 1 浪结束，调整 2 浪开始。

（2）调整 2 浪会以 3 种不同的形式展现，分别为锯齿形调整浪、平台形调整浪与持续形态调整浪。调整 2 浪与调整 4 浪的回调方式是可以互换的。

（3）锯齿形调整浪，其内部结构为 5-3-5 模式，其中 A 浪为 5 浪结构，B 浪为 3 浪结构，C 浪为 5 浪结构，B 浪向上反弹的高度不会太高，调整 2 浪通常会回撤推进 1 浪的 50%～61.8%。在调整 2 浪中的 C 子浪处画出一条下降趋势线，价格上穿这条趋势线时锯齿形调整 2 浪结束。

（4）平台形调整浪，又分为常规平台形调整浪、不规则形调整浪、内敛型调整浪与奔走型调整浪。

①常规平台形调整浪。其内部结构为 3-3-5 模式，个别情况也会出现 5-3-5 模式，但不常见。其中 A 浪为 3 浪结构，B 浪为 3 浪结构，C 浪为 5 浪结构，其中 A、B、C 3 浪的高点与低点几乎都处于同一水平位置，形成一个震荡平台，所以叫作平台形调整。平台形调整 2 浪通常会回撤推进 1 浪的 38.2%～50%。在平台形调整 2 浪的 C 子浪处画出一条下降趋势线，价格上穿这条趋势线时平台形调整 2 浪结束。

②不规则形调整浪。其内部结构为 3-3-5 模式，其中 A 浪为 3 浪结构，B 浪为 3 浪结构，C 浪为 5 浪结构，其中 A、B、C 3 浪震荡的幅度会越来越大，B 浪的震荡幅度超越 A 浪，C 浪的震荡幅度超越 B 浪，但整体 3 浪的高点与高点之间、低点与低点之间不会相差过远，会形成一种喇叭一样的形态，在不规则形调整浪 C 子浪处画出一条下降趋势线，价格上穿这条趋势线时不规则形调整 2 浪结束。

③内敛型调整浪。其内部结构为3-3-5模式，其中A浪为3浪结构，B浪为3浪结构，C浪为5浪结构，其中A、B、C 3浪震荡的幅度会越来越小，B浪的震荡幅度小于A浪，C浪的震荡幅度小于B浪，整体3浪的高点逐渐降低，低点逐渐抬高，在内敛型调整浪C子浪处画出一条下降趋势线，价格上穿这条趋势线时内敛型调整2浪结束。

④奔走型调整浪。其内部结构为3-3-5模式，其中A浪为3浪结构，B浪为3浪结构，C浪为5浪结构，B浪会远远高出推进1浪的高点，C浪运行的终点也会在推进1浪的高点之上。这种状况极少出现，我们也无法预先判断，如果在推进1浪后出现3浪结构的快速上涨，而后又跟随着5浪结构的小调整，那么就可以判断这是奔走型调整浪了。

（5）前期C浪与推进1浪、调整2浪会在底部形成各种反转价格形态，例如，头肩底形态、双底形态、三重底形态、充当底部的三角形形态和圆弧底形态。

（6）调整2浪向下运行，在价格下跌的过程中，成交量也会随之萎缩。

推进3浪

确定推进3浪只有一个办法，持有。

（1）价格上破调整2浪的C子浪下降趋势线之时，推进3浪开始。

（2）推进浪中会出现持续形态的K线图，如跳空窗口、向上跳空并列阴阳线、高位跳空窗口、上升三法、前进白色三兵等。

（3）推进3浪运行中，其自身子浪会形成新的上升趋势线。

（4）随着推进3浪上涨速度的不断变化，应该不断调整趋势线的角度来适应最新的价格变化。

（5）均线系统会在推进3浪处形成多头排列形态。

（6）推进3浪的内部必须是5浪结构。

（7）如果推进3浪上涨的幅度是推进1浪的1.618倍或1.618倍以上，那么基本可以判定目前的推进3浪出现了延长现象，进而可以判定推进5浪的涨幅与推进1浪的涨幅大致相同。

（8）在推进3浪中，随着价格的大幅上涨，成交量并不会追随着价格不断地创出新高。

（9）在调整2浪与推进3浪形成之间，可能会出现"持续头肩底形态"。

调整 4 浪

调整 4 浪如果没有出现持续调整形态，而是通过锯齿形或是平台形的方式进行调整，那将是非常恐怖的事情。

（1）当价格向下穿越了推进 3 浪最新的上升趋势线时，推进 3 浪结束，调整 4 浪开始。

（2）调整 4 浪同样会出现锯齿形调整浪、平台形调整浪与持续形态调整浪，本章以持续形态调整浪为主。

（3）看涨持续形态包括对称三角形形态、上升三角形形态、下降三角形形态、扩大三角形形态、旗形形态、矩形形态、持续楔形形态等。

（4）当价格上穿各种持续形态的上边线时，调整 4 浪结束。

（5）此时的均线形态由中长期均线支撑，中短期均线开始黏合。

（6）随着价格的停滞不前，成交量也会随之萎缩。

推进 5 浪

推进 5 浪是上涨阶段的最后一次推进，推进 5 浪是否延长要看推进 1 浪与推进 3 浪的关系。如果有延长的倾向，那么它将代替推进 3 浪的角色；如果没有延长的倾向，要时刻警戒着推进 A 浪的到来。

（1）推进 5 浪自身的子浪会形成新的上升趋势线。

（2）随着推进 5 浪上涨速度的不断变化，应该不断地调整趋势线的角度，来适应最新价格的变化。

（3）此时均线系统再次形成多头排列形态。

（4）如果推进 3 浪与推进 1 浪的涨幅大致相同，那么可以判定推进 5 浪极有可能发生延长。

（5）在推进 5 浪即将结束时，摆动指标会与价格形成顶背离的情况。

（6）推进 5 浪在其最后的子浪中可能会出现楔形反转形态。

（7）在推进 5 浪没有延长的情况下，推进 5 浪高点所对应的成交量通常会低于推进 3 浪高点所对应的成交量，形成量价背离的情况。

调整 A 浪

调整 A 浪是第一次大级别大幅度的下跌，在价格没有上破调整 A 浪趋势线之前，我们一定要经受得起各种诱惑。

（1）当价格下破推进5浪最新的上升趋势线之时，推进5浪结束，调整A浪开始。

（2）调整A浪的顶部会出现顶部反转形态，如上吊线形态、黄昏之星形态、乌云盖顶形态、看跌吞没形态、流星线形态、顶部孕线反转形态、三只乌鸦形态、向上跳空两只乌鸦形态等。

（3）调整A浪开始之时为完整的推进浪结束、大的回调浪开始之时，在顶部会形成各种底部反转形态，如头肩顶形态、双重顶形态、三重顶形态、圆弧顶形态、充当顶部的三角形形态等。

（4）均线系统随着价格快速大幅度的下跌，会由多头排列迅速转为空头排列。

（5）调整A浪的下跌是快速、迅猛且凌厉的，这与调整C浪的绵延形成了对比。

推进B浪

推进B浪比调整4浪更复杂，不论你是趋势交易还是波段交易，都要远离推进B浪。推进B浪深受短线投资者的喜爱。

（1）推进B浪是调整浪中的调整浪，所以它本身是很复杂的。

（2）均线系统由推进5浪的多头排列快速转换为推进A浪的空头排列，再转为横向调整的推进B浪，此时的均线系统会完全失效，陷入极度的混乱之中。

（3）推进B浪也会以锯齿形、平台形和持续形态三种方式展现，只是它调整的方向与我们之前所讲的调整浪的方向是相反的。

（4）推进B浪的持续形态为看跌持续形态，包括对称三角形形态、上升三角形形态、下降三角形形态、扩大三角形形态、旗形形态、矩形形态，持续楔形形态等，其方向与我们之前所讲的看涨持续形态的方向是相反的。

（5）在推进B浪中，成交量会逐渐萎缩。在推进B浪即将结束之时，通常会出现价涨量增的现象，这是推进B浪最后的陷阱，一定要注意。

（6）在锯齿形或平台形调整B浪中将两个低点相连接，当价格向下穿越了这条趋势线时，确定推进B浪结束，调整C浪开始。如果是持续形态调整B浪，当价格向下穿越下边线时，确定推进B浪结束，调整C浪开始。

（7）在推进B浪中，有时会形成比较特别的"持续头肩顶形态"。

（8）不论推进B浪有多么诱人，都不建议在其间进行操作。

调整C浪

调整C浪的结束预示着下一个新趋势的来临。

（1）调整C浪在推进B浪确认结束时即刻开始。

（2）调整C浪中会出现K线图的持续形态，如下降三法、向下跳空并列阴阳线、向上跳空窗口与低位跳空等。

（3）大多数调整C浪类似于"人"字右边的一捺，遇到此类情况，我们无法用界定其他推进浪的趋势线法来界定它，所以，在调整C浪中，价格每一次向上突破了下降趋势线后，我们都值得一试，如果价格再回落至趋势线下，我们要及时止损，然后再次等待机会，同时，将斜率较大的趋势线改成斜率较小的、角度较缓的下降趋势线。

（4）调整C浪中是市场人气的最低点，各种指标都在底部徘徊，成交量也降至最低谷。

（5）调整C浪一旦结束，摆动指标与价格会发生底背离的现象。

（6）均线系统由推进B浪时的混乱不堪转向为空头排列。随着调整C浪下跌越来越缓慢，均线系统会逐渐黏合。

10.2.7 第三次量化——波浪理论

关于对道氏理论的量化，首先定义了主要趋势中的3个上涨阶段的量化，也就是1浪、3浪和5浪的量化。例如，2浪是不能低于1浪底部的、4浪不可以低于1浪的顶部、3浪不能是最短的一浪，如图10-24至图10-26所示。

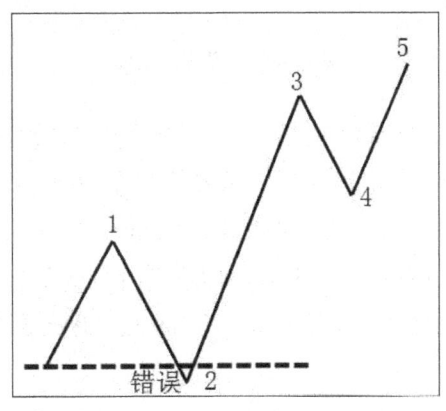

图10-24　2浪不能低于1浪底部

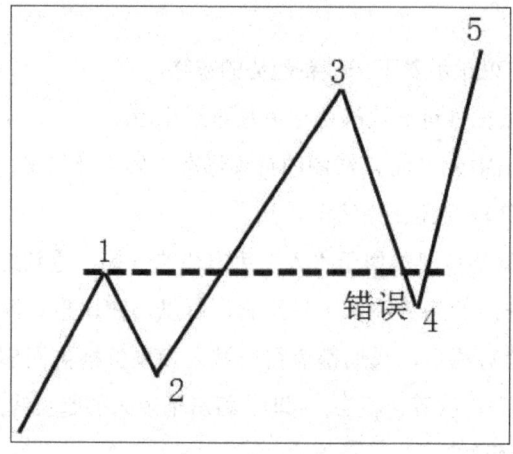

图 10-25 4 浪不能低于 1 浪顶部

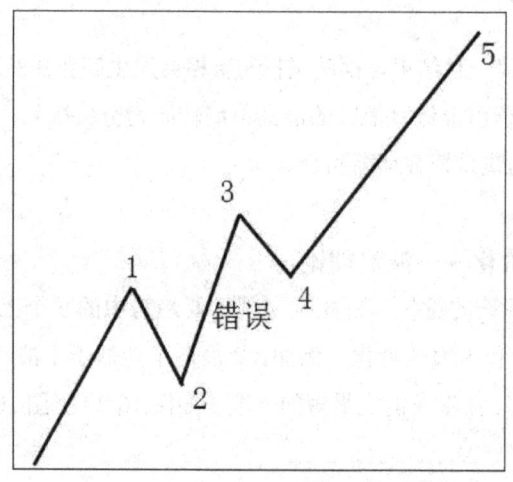

图 10-26 3 浪不能最短

但这只是一个大体的规定,并没有出现数字形式的量化,具体的量化需要放到具体的案例中进行分析。例如,1 浪的起点是 1 000 点,那么 2 浪就是这波主要趋势中的次要趋势,2 浪的回调再深也不能低于 1 000 点,这就是量化;例如 1 浪的顶部是 1 500 点,那么 4 浪回调得再深也不能低于 1 500 点,这就是量化;例如,1 浪的幅度是 500 点,3 浪的幅度是 300 点,那么 5 浪幅度最大不能超过 300 点,这也是量化。

在推进浪中,如果某两个推进浪的涨幅大致相同,那么另外一浪很可能会延长，而这一浪的涨幅也大约相当于另外两浪涨幅的 161.8%。换一种说法，如果 1 浪、3 浪等长，5 浪可能延长，并且涨幅是 1 浪和 3 浪幅度的 1.618 倍。如果 3 浪延长，那么 1 浪和 5 浪的涨幅很可能相同。1 浪延长，3 浪和 5 浪的涨幅可能相同。它们之间的关系如图 10-27 至图 10-29 所示。

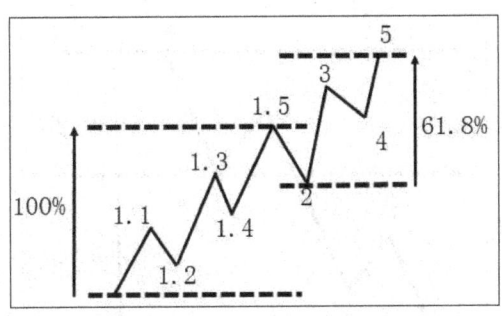

图 10-27　1 浪延长时 3 浪和 5 浪的涨幅

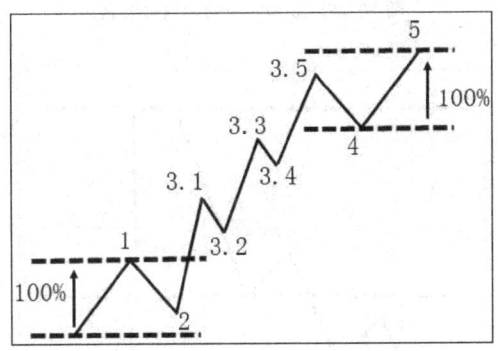

图 10-28　3 浪延长时 1 浪和 5 浪的涨幅

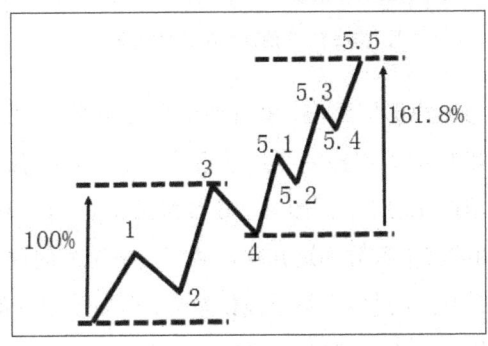

图 10-29　5 浪延长时 1 浪和 3 浪的涨幅

当然 1 浪延长的可能性极小，大多情况下都是 3 浪延长或 5 浪延长。如果将上升 5 浪看成是一个整体的话，那么 3 浪发生延长时，5 浪的涨幅占总体涨幅的 38.2%。若 5 浪发生延长的话，5 浪的涨幅占总体涨幅的 61.8%，如图 10-30 和图 10-31 所示。

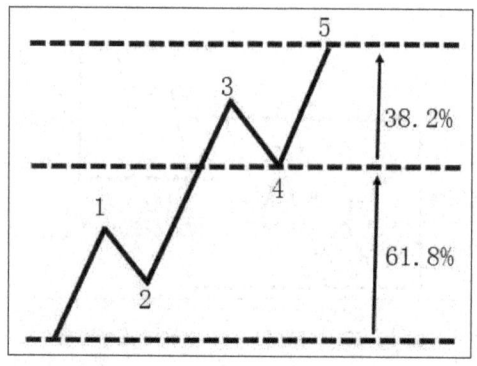

图 10-30　3 浪延长时的整体涨幅

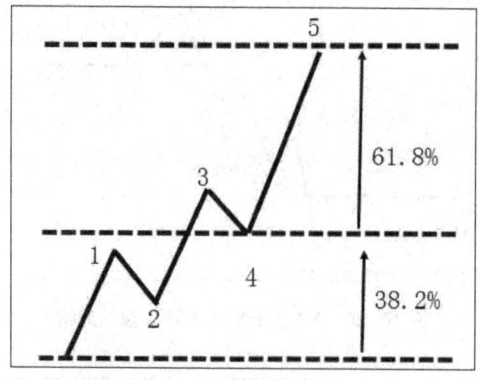

图 10-31　5 浪延长时的整体涨幅

调整浪又可分为锯齿形调整浪、扩张性调整浪和收敛型调整浪。如果是锯齿形调整浪，A 浪和 C 浪的调整幅度几乎相等；如果是扩张性调整浪，C 浪的调整幅度几乎为 A 浪的 1.618 倍；如果是收敛型调整浪，C 浪的调整幅度几乎为 A 浪的 0.618 倍。调整浪大致分为这几种，并不代表全部的调整浪，价格形态有时也会出现在调整浪中，不过本书只是浅谈量化，所以不展开叙述。各调整浪中，A 浪与 C 浪的调整幅度如图 10-32 至图 10-34 所示。

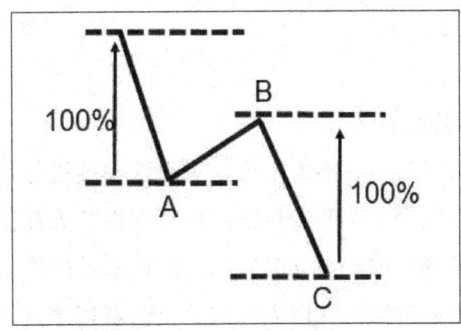

图 10-32　锯齿形调整浪中 A 浪和 C 浪的调整幅度

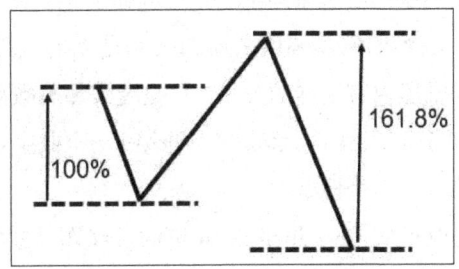

图 10-33　扩张性调整浪中 A 浪和 C 浪的调整幅度

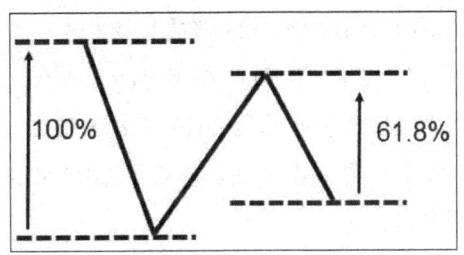

图 10-34　内敛型调整浪中 A 浪和 C 浪的调整幅度

最重要的是，虽然波浪理论对道氏理论给出了每个涨跌波段的量化数据，但这只是理论上的量化，在实际走势中并非一成不变。我们用各浪的涨跌幅度的量化数据来寻找的只是一个价格窗口，或者说价格范围，切不可按图索骥。

波浪理论对道氏理论的量化，其重点不在于涨跌幅度上的量化，而在于它对主要趋势和次要趋势的分段量化，旨在让你知道在主要趋势中存在着 1 浪、2 浪、3 浪、4 浪、5 浪，其中 2 浪、4 浪为次要趋势。这对于行情分析有着非常重要的指导意义，有助于我们解构道氏理论。波浪理论不只是具体的幅度数据，这一点尤其需要注意。

10.2.8　大盘的时间窗口

　　根据波浪量化的方法，它不单单可以对涨跌幅度进行量化，还可以对时间幅度进行量化。波浪理论是不断发展的，现在有很多人在做关于完善波浪理论的工作，我认为做得最好的，是《混沌理论》这本书中提出的各种理念，有了这些巨人的成果，我们可以站在巨人的肩膀上，看得更远。上一节中，我们提到了关于波浪理论中的时间比例问题，本节我们附上《混沌理论》中有关时间的理论，不要将其作为铁律，仅将其作为参考就够了。

　　在波浪理论中，各浪的涨跌幅度之间的关系是以斐波那契数列来维系的，其实各浪之间的时间幅度也有这样的关系，只是斐波那契数列有很多关键数字，比如1、0.5、0.382、0.618、1.618、1.382等。那么哪一个数字是关键中的关键呢？我们无法知晓，只能一个一个地试。

　　图10-35为深证成指从1991年至2014年的月线图。2007年10月主升5浪结束后，其后必然为下跌的A浪。从技术分析给出的大势来看，由1991年开始的主升浪至2007年，已经有16年（192个月）了。随后的A、B、C浪演化的时间必然要达到主升浪的0.618倍、0.5倍或0.382倍，那么A、B、C三浪彻底完成的时间窗口分别为9.89年（118.68个月）、8年（96个月）、6.11年（73.32个月），所以最早的时间窗口为2013年2月（192个月+73.32个月）。在2007年见顶后，96个月内大盘见底，成就了2015年的大牛市，这也是技术分析所带来的利润窗口。

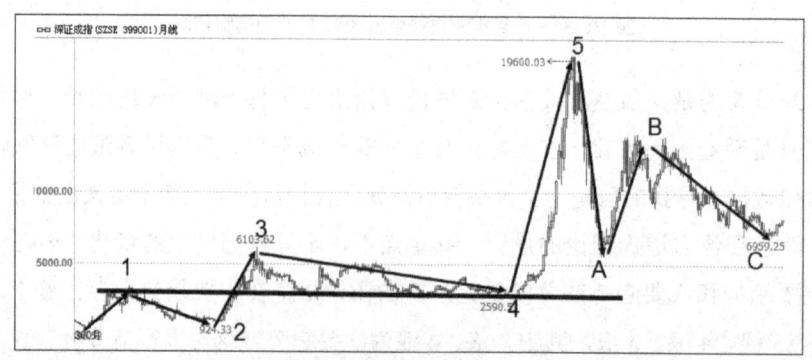

图10-35　深证成指1991年至2014年月线图

如果 C 处不是 C 浪怎么办？这有可能是上面的浪型我们数错了，也有可能是如图 10-36 所示的情况，这时我们还有另外一种数法。

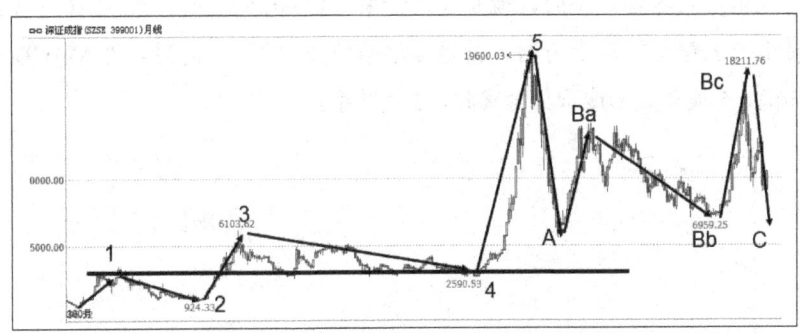

图 10-36　深证成指 1991 年至 2016 年月线图

也就是说之前确认的时间窗口 2013 年 2 月不是大 C 浪的终点，仅仅是 B 浪的终点，向上起一波 B 浪，还得再走个大 C 浪，才算完成。

所以不单单 73.32 个月是时间窗口，96 个月和 118.68 个月也同样是一个时间窗口。而哪个时间窗口是真正的底呢？还要往后看。

96 个月的时间窗口是 2015 年 1 月，118.68 个月的时间窗口是 2016 年 11 月。如果后市走势完全印证了最初的 2013 年 2 月是真正的 C 浪底部，那么后两个时间窗口也就没用了；如果后市走势还不明朗，后两个时间窗口就会一直在背后等着我们。新的走势出来以后，我们还要以类推的方式计算其他的时间窗口。

不论从解构道氏理论方面还是从各浪涨跌幅度或是时间窗口来看，波浪理论都是对道氏理论的第三次量化。

10.2.9　第四次量化——混沌理论

混沌理论借助波浪理论完成了对道氏理论的第四次量化。混沌理论利用 MACD（5/34/5）来判断 3 浪、4 浪、5 浪何时结束，其准确程度，让我们不敢相信这竟然是真的。

在使用 MACD（5/34/5）进行量化时需要一个前提条件，在所观察的 K 线图中，K 线数量必须在 100～140 根。如果你所看到的 K 线图只有不到 30 根 K 线，那么请打开更低级别的 K 线图。

图 10-37 所示为棉花 1701 合约 2016 年 2 月 17 日至 8 月 18 日的日线走势图。混沌理论的设定为，3 浪的 MACD 柱线比 1 浪和 5 浪的柱线高。当 MACD 柱线由高转低再进入零轴以下时，就是 3 浪结束、4 浪开始之时。当 MACD 柱线再由零轴下方上穿至零轴上方时，就是 4 浪结束、5 浪开启之时。当 MACD 的柱线与 3 浪、5 浪高点形成顶部背离时，5 浪结束。

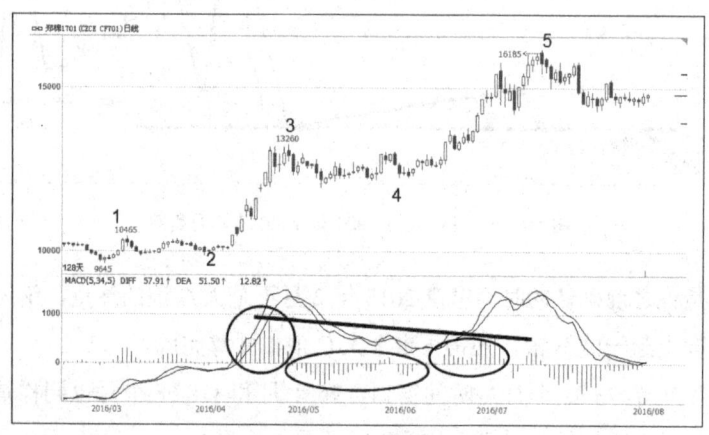

图 10-37　棉花 1701 合约日线走势图

图中 3 浪所对应的 MACD 柱线图最高，柱线逐步走低，进入零轴下方，4 浪开始。在此阶段，我们唯一要做的就是平掉多单，等待 MACD 柱线由绿变红。变红后，预示着 4 浪即将结束，可以建立新的多单。但 MACD 柱线可能在此时会发生反复，但也没关系，只要调整好仓位，便可以静待价格上涨。直到价格不断创出新高，但 MACD 柱线却无法跟上价格上涨的速度，形成顶背离时，5 浪结束。

说句实话，我们很难在实际的交易中找到如此完美的走势图，通常情况下，5 浪与 3 浪并不会发生背离。但混沌理论对于波浪理论的量化还有前两条内容可以应用，最重要的是它能告诉我们 4 浪来没来，这个意义重大。

当价格由高走低时，我们最先应思考的是，这是几个交易日内的一次短暂回调，还是一个级别上的回调。如果是短暂回调，那就是短暂走势，可以忽略不计。如果是一个级别上的回调，那就是仅次于主要趋势的次要趋势，这样的回调的幅度可能更大，时间可能更长，而这样的回调是必须回避的。

所以混沌理论的量化告诉我们 MACD 柱线走到零轴以下时，4 浪就来了，次要趋势也来了，我们应该回避这样的趋势。

混沌理论是对波浪理论的量化，也是借助于波浪理论对道氏理论的第四次量化。

再来回顾一下三重滤网法，它的精髓是在上涨—回调—上涨中，于回调处做多；在下跌—反弹—下跌中，于反弹处做空。或者我们可以把它再延长一下，上涨—回调—上涨—回调—上涨，这就是道氏理论了，在整体上涨的主要趋势中，两次回调是次要趋势，而三重滤网法就是在次要趋势快要结束时买进。

关于三重滤网法我们单独给出一章并进行了详细的讲解，此处不再赘述。三重滤网法是利用指标对道氏理论的第五次量化。

几乎所有的分析方法中都可以发现道氏理论的影子，它们都是或直接对道氏理论进行量化，例如趋势线、波浪理论；或借助于其他方法对道氏理论进行间接量化，例如混沌理论。所以我说技术分析的发展史就是一部道氏理论的量化史。

回到我们的主题，为什么要量化？并不是我在主观上想要量化，而是这些经典技术分析走的无一不是量化的道路，而且在量化的路上走得越来越远、越来越细、越来越精。这是一条无法避免的必经之路，因为抛开了道氏理论，技术分析便无从下手；抛开了量化，你就抛开了所有经典分析理论。什么都可以用数字来表述，数字表述的目的就是程序化。这就是为什么要量化的原因。

第 11 章

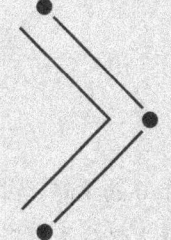

简明的交易

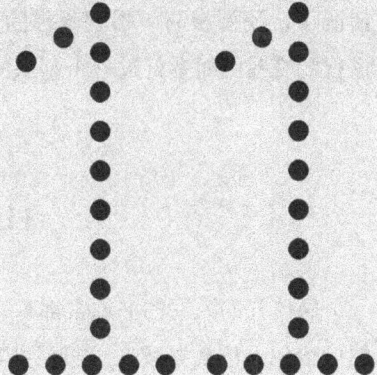

交易说起来非常简单明了，无外乎是找一个数学期望值大于 0 的策略，并将其加入资金管理，再进行执行就够了。但为什么交易总是会让人产生无尽苦恼呢？因为交易就是博弈，你就是这场博弈的参与者。

玩 BlackJack 的时候，你计算过概率吧；或者玩斗地主的时候，你也会记一下弃牌堆里面都大相关有什么牌吧，为什么交易时你不计算概率呢？这种问题只能让心理学家来给出解释了。但你在知道了短线交易其实与博弈差异不大的情况下，还要参与，那就是你的不对了。一个头脑冷静、会管理资金的普通人进行的交易绝对要好过一个蹩脚的交易员。

11.1 解构交易

做研究的人写的书通常都有详实的数据、方法，他们都会做统计、做调查，然后给你一份数据报告，告诉你应该用什么方法。往往无须说最后的结果是什么，但你可以用他的方法清楚地知道自己在做什么。

所以本着严谨、严肃的治学态度，我将交易解构成若干个模块，解决每个模块后再统一整合起来。这些模块大致可分为 3 个：统计、策略、资金管理。

11.1.1 概率统计

数据统计一直是本书的重点，本书开篇便提出了按每周 5 天的形式统计涨跌概率和涨跌幅度，还可以按每月 20 天的形式来统计或者按波段统计涨跌幅度和涨跌天数。还可以将 K 线图的各种形态的成功率和失败率，形态出现后两到三天内的最大涨跌幅度以及当时的换手率如何统计出来。当下一次出现相同形态时，你便知道这种形态出现后的成功率和失败率各是多少了。

为什么要进行这些基础数据的统计呢？比如以上证指数的月线进行统计，下跌幅度的平均值为 42%。先放下这个数据，看另外一个例子。假设按照统计数据，男人平均寿命为 75 岁，你在 75 岁时去买保险，只有两种情况，要么保险公司不卖给你，要么保费特别高。为什么不卖给你呢？因为你已经达到了平均寿命，你随后死亡的概率非常高，这不是保险公司歧视你、诅咒你，因为保险公司就是利用概率赚钱的。

那么我们以上证指数的月线为基准，统计出平均下跌幅度为 42% 时，和这个人已经达到平均寿命的情况是一样的。一个喷嚏可能诱发死亡，一个利好消息可能使大盘上涨。你统计的不是某个具体数据，而是每次上涨或下跌的平均数据，有了这个平均数据，你就会大致了解此次上涨或下跌将大概率在何时完结。

11.1.2 构建策略

有了统计数据在手，就要根据这些统计数据构建策略。虽然平均寿命是 75 岁，但也不是人人到了 75 岁就会死，那么有些下跌可能达不到 42%，有些下跌可能会超过 42%。

达不到 42% 的下跌，我们可以利用其他策略补救。但如果它的下跌水平超过了 42%，它就被纳入了我们的"狙击"范围，我们要时刻盯住它，只要它满足了我们建立多单的策略条件时，便可以出手。此时可用的策略有很多，比如道氏理论回插原来的波谷，三重滤网法要求在回调低位时买进，RangeBreak 系统要求在达到某个爆炸点后建多。

策略有很多种，在我们坚持某一种策略的时候，总会有发生重大亏损和连续亏损的时候。但我们在讲海龟法则时说过，追踪趋势的交易系统只在有趋势的时候起作用，而在无趋势和趋势反转时无作用，甚至还会产生亏损。但亏损只是赚取利润的成本，是游戏的一部分。

而更多的时候我们只看到了亏损，这时我们就会怀疑系统本身出了问题，会思考，是不是这次亏损重大并且连续亏损的开始？我们只从近期结果考虑问题，而不是策略本身的质量考虑问题。这多少关乎一些运气，某一个策略可能在你刚刚开始使用时就会出现连续的亏损,所以在选择策略时,你只能在策略质量上多下一些功夫,运气这种事,从来都说不清楚。

在你开始怀疑策略是否出问题的同时,你可能不会继续重新思考策略本身,而是转向采用其他策略。在此策略不起作用时,其他策略可能恰好取得了良好的效果。最大的可能性是你会立刻换成其他策略进行交易,但这多少也关乎一些运气,可能你换策略的时间点又是另外策略发生连续亏损的时机。

11.2 多策略不纠结

在一次交易中可以同时使用不同的策略,只要这个策略的数学期望值大于零。在接下来的例子中,会涉及很多种不同的策略。不过这里还要先讲一下小数定律。

11.2.1 小数定律

小数定律是概率论中的概念。很著名的一个例子就是世界杯的1982轴心定律。该定律认为世界杯夺冠球队,是以1982年(第12届)世界杯的时点为中心,呈现对称分布。第11届和第13届为阿根廷。第10届和第14届为德国,第9届和第15届为巴西,第8届和第16届为东道主队,第7届和第17届为巴西。其后1982轴心定律不再起作用。

各种稀奇古怪的规律基本都属于小数定律的范畴。小数定律认为人类行为的本身并不总是理性的,在不确定的情况下,人的思维过程会系统性地偏离理性法则而走捷径,人的思维定式、外界环境等因素会使人出现系统性的偏见,采取并不理性的行为。

小数定律是一个伪定律,由于它的统计样本非常小,都是一些典型事件,或极端事件。用这些事件得来的经验应用于基本概率上,基本上与刻舟求剑无异。只要样本足够多,小数定律就一定会被推翻。就像最近几届世界杯都脱离了1982轴心定律一样。虽然小数定律在未来有可能会被推翻,但在它未被推翻之前,我们可以在有限的范围内利用它。

例如橡胶和铜每年12月不是见底就是上涨,所以在12月时可以以做多为主。如表11-1所示。除了2013年有个例外以外,其他年份的12月都可以不同程度地做多。

表 11-1　橡胶和铜每年 12 月走势情况

时间	情况
2001 年 12 月	见底
2002 年 12 月	持续上涨
2003 年 12 月	见小底
2004 年 12 月	见底
2005 年 12 月	持续上涨
2006 年 12 月	见底
2007 年 12 月	持续上涨
2008 年 12 月	见底
2009 年 12 月	持续上涨
2010 年 12 月	持续上涨
2011 年 12 月	见底
2012 年 12 月	持续上涨
2013 年 12 月	下跌
2014 年 12 月	见小底
2015 年 12 月	见底

这类的小数定律还有很多，例如豆粕见底的日子通常在冬至，豆油每年清明节后的一周内都要上涨。更有意思、更有规律的是豆粕见大顶的日子。1996 年 9 月、2000 年 12 月、2004 年 3 月、2008 年 6 月、2012 年 9 月。每次见大顶的时间都整齐地间隔了 4.25 年。按照这个小数规律，豆粕在 2016 年见大顶的日子可能处于 2016 年 12 月，所以在这之前都应以做多为主，如图 11-1 所示。

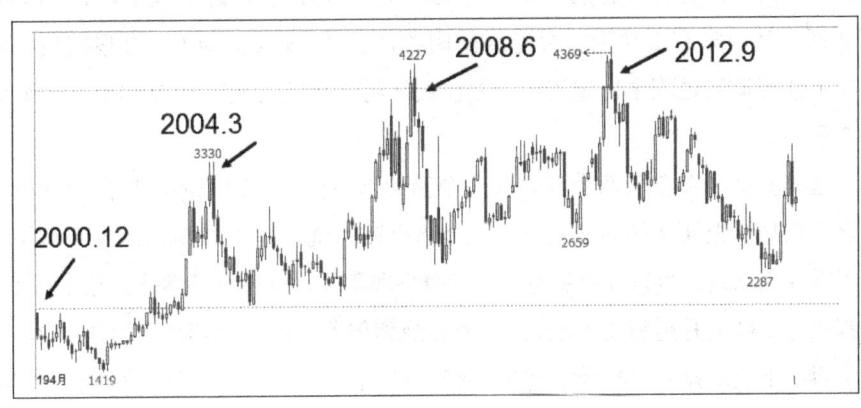

图 11-1　豆粕见顶时间

此外白糖的上涨波段和下跌波段时间几乎相等。从月线上看，第一波下跌为 2006 年 2 月到 2008 年 10 月，共 33 个月。第二波上涨从 2008 年 10 月到 2011 年 7 月，共 33 个月。第三波下跌从 2011 年 7 月到 2014 年 9 月，共 37 个月。为什么会出现这样的规律呢？因为甘蔗每 3 年就要重新种一批，否则根茎会烂。所以才会出现近 3 年一个循环的情况。所以在不到三年的阶段中，我们应该以做多为主，如图 11-2 所示。

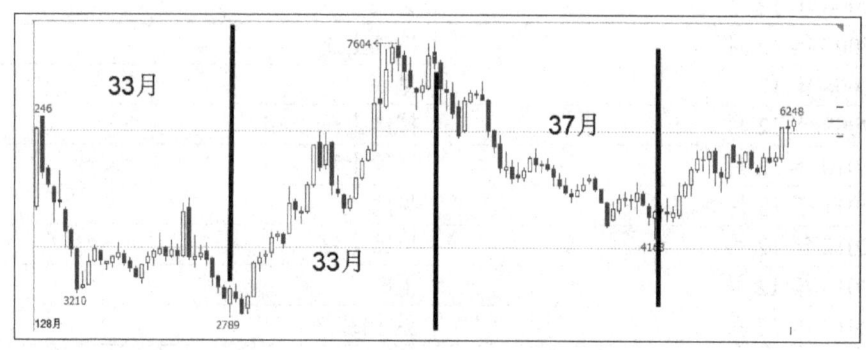

图 11-2　白糖涨跌时间间隔

11.2.2　随手交易

在这些小数定律没有被打破之前，我们要充分地利用它们。例如铁矿，通过观察它的历史走势来看，在单边下跌中共出现过 93 次回调，其中只有 4 次为 3 根连续的阴线，另外 89 次皆为 1～2 根阴线。所以在下跌反弹的过程，出现连续 3 根阳线，趋势反转的概率约为 95.7%。同理，在单边上涨中，共出现 67 次回调，其中只有 2 次为 3 根连续的阴线，另外 65 次皆为 1～2 根阳线。所以在上涨回调的过程中出现连续 3 根阴线，趋势反转的概率约为 97.01%，如图 11-3 所示。

这其间至少存在着两个策略和一个辅助判断方法。在刚刚给出的数据中，上涨中出现 3 根连续的阴线的时候，趋势反转的概率为 97.01%，此次下跌还插入了前期高点内。所以此时做空的成功概率非常高，行情继续演化。还记得 123 法则吗？下破上升趋势线为法则 1，价格反弹但不会超过前期高点为法则 2，当价格再次下破反弹起点时为法则 3。此时正处于法则 2 中，至于后面将会如何演化，还要进行动态分析，如图 11-4 所示。

所以策略是多种多样的，可能在此时 A 策略适用，在彼时 B 策略适用。而且这种关系是递进的，随着行情的演进，B 策略可能会进一步验证 A 策略。不用纠结于必须执行某一策略，只要这个策略经过你的统计或经过历史的验证，它的成功率足够高，就可以了。

图 11-3　铁矿指数

图 11-4　铁矿指数 123 法则

11.3 一致性焦虑

最后就是资金管理了,首先你要计算一下盈亏比。盈亏比即指我们要冒多大的风险,去博取多大的利润。这个盈亏比,最好能达到1:3以上,也就是我们冒1分的风险,能博取3分的收益。具体是怎么计算的呢?

11.3.1 盈亏比计算交易规模

(建仓位 - 止损位)÷(目标价位 - 建仓位)≤ 1/3

如果止损幅度为20,那么你的目标收益必须大于等于60。拿上一个例子来说,在价格连续下跌了3个交易日后,我们开始建立空单,以收盘价448.5为准。此时非常不好设置止损位,如果以前期高点483为止损位的话,幅度太大了,所以我们只能用反推法来计算。

向下的第一目标位,至少是之前最近的低点处403,那么目标收益幅度为45.5(448.5-403),止损幅度用反推法来计算,为45.5的三分之一,也就是止损幅度约为15点,止损位为463.5(448.5+15)。463.5恰好与第3根阴线的最高位464.5非常接近,这也符合菲阿里四价原则。你看,策略之间的递进及互相验证的关系又体现出来了。

那么通过盈亏比将止损幅度计算出来后,就要考虑交易的头寸规模了。如果你有10万元,我建议每次亏损不超过总资金的2%,也就是2 000元。而15点为1 500元,2 000÷1 500≈1.3,所以你有10万元的话只能交易1手铁矿。

是不是太少了呢?其实不是,只不过是这次的止损幅度有些大而已。如果止损幅度很小的话,能交易的手数就会非常多。如果止损幅度只有5个点,10万元就可以做4手。但任何事有利必有弊,止损幅度大,虽然交易的头寸规模小,但是不容易被震出,也就是止损概率很小。如果止损幅度小,虽然交易的头寸规模大,但是很容易经过窄幅震荡被震出市场,止损的概率更高。

再者,一个市场中不会只有一个品种出现交易信号,多策略多品种,在同一时间一定会有很多信号同时出现,10万元的资金分散交易,资金利用率还是很高的。所以不必纠结于资金管理虽然安全但获利太小的问题。

对于更加保守的人来说,你认为每次亏损2%还是太多了吗?前面说过,你的策略要经过统计数据的验证,数学期望值要大于零,或者准确率高于50%,

或者盈亏比高,总之准确率乘以盈亏比要大于1。

即便我们所有的策略都只有50%的准确率,那么连续把资金分成50份后,连续亏损50次的概率是多少?约为8.88178×10^{-16},你大可以放心了。我们再把头寸规模公式总结一下。

头寸规模=(总资金×2%)÷止损幅度

11.3.2 试图说服你的一些数据

数据总是会说服我,我想试试看能不能说服你。

如果你有3万元,那么总资金的2%的就是600元。按照我们所说的,按盈亏比1:3来选择性进行交易。拿豆粕来举例,如果止损幅度为200元的话,你可以做3手。如果你的策略成功率为80%的话,做10次交易,获利8次,亏损2次。获利14 400(8×600×3)元,亏损1 200元(2×600),10次交易过后,共获利13 200元,获利44%。

那么你现在共有资金4.32万元,总资金的2%的就是864元,你可以准备下一个10次的交易了。获利8次获利20 736元(8×864×3),亏损2次为1 728元(2×864)。10次交易过后,共获利19 008元,获利44%。此时你共有资金62 208元。20次交易后你的本金就已经翻了一倍了。

进行20次交易需要很长时间吗?用菲阿里四价配合每周涨跌概率进行交易,成功率非常高,甚至高于80%。但是获利幅度可能没有这么高,那么我们打个对折,40次交易后你就可以将本金翻倍。或者我们再打个对折,80次交易后你就可以将本金翻倍,80个交易日,只有4个月而已。

11.4 收益靠时间沉淀、靠效率放大

本书至此就要结束了,我尝试着把交易讲述得更简单、更科学、更具有操作性。

交易很简明,无非是策略和资金管理。策略之上有概率统计,资金管理之上有盈亏比计算。而太多的人把交易想得过于复杂。

交易不是预测,交易是跟随。技术分析给你的并不是摸顶抄底的技术,而

是跟随的技术。而这些跟随技术也可以用突破跟随来总括，比如道氏理论的峰谷突破，均线、指标的交叉突破，价格形态的颈线、边线突破。

策略应该建立在大概率成功的基础之上，没有形成的头肩底，它的成功概率很低，因为价格形态会随时转换成其他的形态。突破颈线、边线是检验形态是否完成的唯一方法。反证也可以说明，突破跟随是技术分析的精髓。就像我们所说的 RangeBreak 系统，当价格走过爆炸点后跟随；就像我们所说的海龟法则，当价格突破一个时段的最高点或最低点时跟随；就像我们所说的三重滤网策略，当价格回调后再次形成"V"字形转折时跟随；就像我们所说的菲阿里四价，当价格突破前期高点，前期低点时跟随；就像我们所说的123法则，当价格完成3个步骤后跟随。

站在高概率的一边，根据概率来制定策略，可以是单一策略，也可以是多种策略，这并不冲突，再辅以盈亏比来计算交易规模、收益靠时间沉淀、靠效率放大。做到这些，相信你定会成功。